丛书编委会

融媒体版

高等院校小学教育专业融媒体教材
GAODENG YUANXIAO XIAOXUE JIAOYU ZHUANYE RONGMEITI JIAOCAI

课程与教学论

修订版

索桂芳 /主　编

邢秀荼　潘新民　马晓红 等 /副主编

KECHENG
YU
JIAOXUELUN

北京师范大学出版集团
BEIJING NORMAL UNIVERSITY PUBLISHING GROUP
北京师范大学出版社

图书在版编目(CIP)数据

课程与教学论 / 索桂芳主编 . —修订本 . —北京：北京师范大学出版社，2024. 1
高等院校小学教育专业融媒体教材
ISBN 978-7-303-29400-8

Ⅰ. ①课… Ⅱ. ①索… Ⅲ. ①课程—教学理论—高等学校—教材 Ⅳ. ①G423

中国国家版本馆 CIP 数据核字(2023)第 176411 号

教材意见反馈 **gaozhifk@bnupg. com 010-58805079**
营销中心电话 010-58802135 58802786
北师大出版社教师教育分社微信公众号 京师教师教育

出版发行：北京师范大学出版社 www. bnup. com
北京市西城区新街口外大街 12-3 号
邮政编码：100088
印 刷：天津旭非印刷有限公司
经 销：全国新华书店
开 本：787 mm×1092 mm 1/16
印 张：17
字 数：325 千字
版 次：2024 年 1 月第 1 版
印 次：2024 年 1 月第 1 次印刷
定 价：45. 00 元

策划编辑：王剑虹 责任编辑：林山水
美术编辑：李向昕 装帧设计：焦 丽
责任校对：陈 民 郑淑莉 责任印制：马 洁 赵 龙

总　序

PREFACE

20世纪90年代以来，随着社会发展水平的提高，社会对高质量教育的需求越来越强烈，为顺应社会需求，我国对教师培养体系进行了重大变革——小学教师的培养由原来的中等师范学校改由专科学校和本科院校培养。1998年南京师范大学晓庄学院首次尝试开设小学教育（本科）专业，开创小学教师本科化培养的先河。1998年教育部颁布的《普通高等学校本科专业目录》中，小学教育专业以“经教育部批准同意设置的目录外专业”出现，标志着小学教育专业开始纳入高等教育体系中。2012年，小学教育专业以教育学二级学科的身份，正式纳入教育部颁布的《普通高等学校本科专业目录》。经济发达的地区把小学教师的学历提升到专科或本科水平，并在全国范围内扩招教育硕士。

自小学教育纳入高等教育体系以来，小学教育专业取得了一定的成效，为我国输送了大批本专科学历的小学优秀教师。

为了保证教师的培养质量，教育部于2011年10月8日颁布了《教育部关于大力推进教师教育课程改革的意见》，其附件《教师教育课程标准（试行）》是国家对教师教育课程改革提出的建议和要求，也是认定教师资格的重要依据。这对我国小学教师教育类课程结构调整和优化提出了新的要求；对深化教师教育改革，规范和引导教师教育课程与教学，培养和造就高素质专业化教师队伍具有纲领性的作用。

小学教育专业被纳入高等教育体系的时间短，在专业建设的过程中需要解决的问题很多，亟须解决的是小学教育专业的课程及教材建设问题。河北省教育学教学指导委员会组织全省教育学、心理学相关领域专家进行了充分的调研，分析了小学教育专业人才培养存在的问题，针对目前权威教材匮乏的现状，组织专家编写了目前河北省小学教育专业的系列教材，并于2016年正式出版。经过近7年的使用，河北省教育学教学指导委员会审时度势，根据《深化新时代教育评价改革总体方案》要求，坚持以习近平新时代中国特色社会主义思想为指导，坚持社会主义办学方向，全面落实立德树人根本任务，牢记为党育人、为国育才的使命，并根据《义务教育课程标准（2022年版）》对小学教育专业系列教材进行修订。

此次教材编写既维持理论的系统性与前沿性，也注重解决教育实践问题的应用性与操作性；既注重编写过程的学术性，也注重教材形式上的趣味性等特点，又强调了新时期对教师专业成长的要求及对学生全面发展的评价观。希望成为小学教育专业学生喜读、乐读的基本学习素材。

本套小学教育专业系列教材共包括十几种，分别是《教育学》《教育政策与法规》《教育测量与评价》《教育科研方法》《现代教育技术应用》《课程与教学论》《小学教育管理》《小学语文课程与教学论》《小学数学课程与教学论》《小学英语课程与教学论》《小学科学课程与教学论》《教育心理学》《儿童心理学》《小学生心理健康教育》《小学综合实践活动》《小学班主任工作原理与实践》和《小学教师专业技能训练》。

本套教材编写参与人员较多，涉及学科较广，是一项艰巨的工程，能顺利付梓得益于所有参编人员的辛勤工作、密切配合；也得益于北京师范大学出版社王剑虹女士的积极协调与沟通。在此向所有参与此次编写活动的作者及编辑人员表达我们的敬意。

教材编写过程中由于编者的学术视野及学术能力的限制难免会出现不足之处，我们将在教材使用中进一步总结反思，不断修订和完善。同时，也欢迎广大学界同人及读者予以批评指正。

郭健

前　言

FOREWORD

课程与教学是各级各类学校教育构成的基本要素，课程与教学的改革是当代世界教育改革的核心课题，课程与教学的理论是整个教育科学体系中的重要分支。21世纪以来，课程与教学改革一直是我国基础教育改革的中心和主题。如何有效提高中小学教师的课程意识和课程开发能力，深入推进基础教育课程与教学改革，全面提高教育教学质量，是教育理论与实践研究面临的一个重大课题。在这种形势和背景下，我们组织相关专业人员编写了这本《课程与教学论》教材。

作为师范生和在职教师学习的文本，本教材在具体编写工作中力求遵循如下原则。

一是理论与实践的统一。本教材共计12章，包括：课程与教学论概述，基础教育课程改革，课程开发与校本课程开发，课程与教学目标，课程内容，课程组织，课程实施与教学，教学过程与教学原则，教学方法、教学组织形式与教学模式，教学工作的基本环节与教学反思，课程与教学评价，课程管理。这12章包含了课程与教学论的基本理论，同时，紧密结合基础教育课程与教学改革的实践，注重课程与教学现实问题的探讨，做到理论与实践的统一。

二是教与学的并重。本教材编写基于以学习者为中心、为学习服务等理念，力求概念明了、文字简练、举例精要、文献翔实。每章的内容包括学习目标、主体部分、本章小结、关键术语、思考题、案例研究、拓展阅读。这样安排是为了便于教师的教学，更是为了促进学生的自主学习。

本教材由河北师范大学索桂芳教授担任主编，负责总体策划、编制提纲、审稿、统稿和定稿工作。全书各章编写人员如下。索桂芳编写第一章、第二章，河北师范大学的潘新民编写第三章、第九章，石家庄学院的邢秀茶、刘普编写第四章，邢秀茶、赵书超编写第五章，邢台学院的马晓红编写第六章、第七章，河北民族师范学院的李月华编写第八章，张家口学院的崔新玲编写第十章，河北科技师范学院的韩振华编写第十一章，河北民族师范学院的陈博编写第十二章。感谢各位编写人员的精诚合作和辛勤劳动！感谢北京师范大学出版社的领导和各位编辑的大力支持！

本教材编写中引用了许多国内外专家、学者的观点和材料，在此，我们一并表示衷心的感谢！以团队合作的方式编写《课程与教学论》是一项具有挑战性的工作，由于我们自身的视野和水平的限制，尽管我们付出了很大的努力，本教材仍然存有一些问题。恳请诸位读者不吝赐教，批评指正，以便今后修订时改正、完善。

编　者

目　录
CONTENTS

第一章　课程与教学论概述

学习目标 ▶

1. 理解课程与教学的含义，明晰课程与教学的关系。

2. 理解课程与教学论的研究对象及任务。

3. 识记课程与教学论的发展历程，了解不同阶段的主要代表人物及其观点。

4. 掌握课程与教学论的学习方法，反思和改进现有的学习方法。

5. 体会学习课程与教学论的意义，培养对本课程的兴趣。

课程与教学是各级各类学校教育构成的基本要素，课程与教学的改革是当代世界教育改革的核心课题，课程与教学的理论是整个教育科学体系中的重要分支。那么，究竟什么是课程与教学呢？课程与教学之间是什么关系？课程与教学论的研究对象是什么？课程与教学论的研究任务是什么？这门学科经过了一个怎样的发展历程？为什么要学习课程与教学论？怎样学习课程与教学论？这正是本章要回答的主要问题。

第一节　课程与教学的含义及关系

研究课程与教学问题，首先应澄清课程与教学的基本概念。但是，课程与教学是教育领域内有很大争议的概念，要对课程与教学给出一个精确而又被大家认可的定义是相当困难的。因为课程与教学本身是复杂的、发展变化的。而不同的人看问题的视角又有所不同，因而对课程与教学的理解莫衷一是。为了澄清课程与教学论的核心概念，我们需要赋予课程与教学一些基本内涵。

一、课程的含义与课程观

(一)课程的含义

在教育领域，“课程”一词是含义最复杂、歧义最多的概念之一。理论界的许多学者也对此进行了广泛探讨，但对课程是什么却没有达成共识，没有统一的界定。

“课程”一词在我国最早出现于唐代，孔颖达在注疏《诗经·小雅》时说：“维护课程，必君子监之，乃得依法制也。”这里的“课程”主要指礼仪活动程式。另外，宋代的朱熹在《朱子全书·论学》中也多次使用课程一词，如“宽着期限，紧着课程”“小立课程，大作功夫”等。“课程”一词在这里含有学习的范围和进度的意思。在西方，英国著名哲学家、教育家斯宾塞(H. Spencer)在1859年发表的一篇著名文章《什么知识最有价值》中最早提出“curriculum”(课程)一词，意指“教学内容的系统组织”。

随着教育的发展，人们对课程产生了不同的见解，众多的课程定义，仔细梳理一下，大致可归为以下三类。①

1. 课程作为学科

这是最普遍也是最常识化的课程定义。例如，《中国大百科全书·教育》中的课程是这样定义的：课程是指所有学科(教学科目)的总和，或学生在教师指导下各种活动的总和，这通常被称为广义的课程；狭义的课程则是指一门学科或一类活动。

---

① 张华．课程与教学论[M]．上海：上海教育出版社，2000：67～72.

这种课程定义把课程内容和课程过程割裂开来，片面强调内容，而且把课程内容仅限于源自文化遗产的学科知识，其最大的缺陷是把课程视为外在于学习者的静态的东西，对学习者的经验重视不够。

2. 课程作为目标或计划

这种课程定义把课程视为教学过程中要达到的目标、教学的预期结果或教学的预先计划。例如，课程论专家塔巴(H. Taba)认为课程是"学习的计划"；奥利沃(P. Oliva)认为课程是"一组行为目标"；约翰逊(M. Johnson)认为课程是"一系列有组织的、有意识的学习结果"。这种课程定义把课程视为教学过程之前或教育情境之外的东西，把课程目标、计划与课程过程、手段割裂开来，并片面强调前者，其缺陷也是忽略了学习者的现实经验。

3. 课程作为学习者的经验或体验

这种课程定义把课程视为学生在教师指导下所获得的经验或体验，以及学生自发获得的经验或体验。例如，美国课程论专家卡斯威尔(H. L. Caswell)和坎贝尔(D. S. Campbell)认为"课程是儿童在教师指导下所获得的一切经验"。这种课程定义的突出特点是把学生的直接经验置于课程的中心位置，从而消除了"见物不见人"的倾向，消除了内容与过程、目标与手段的二元对立。但这种课程定义却忽略了系统知识在儿童发展中的意义和倾向。

每一种定义的提出都源自一定的社会背景，以一定的认识论和方法论为依据。认真辨析每种定义便会发现它们都有一定的合理性，但也无一例外地存在着局限性，如把课程视为学科，却割裂了课程的内容与过程，忽视了学生的经验和体验，而这些经验和体验对学生的态度、动机、价值观的形成和发展有着十分重要的作用；若把课程看为经验，又会导致忽视系统知识在学生发展中的意义。

基于对诸多关于课程的定义的探讨，我们认为要明确课程的内涵必须注意以下几点。

第一，课程不仅包括正规的课堂教学内容，还应包括课外学习的内容。

第二，课程不仅要着眼于书本知识，还应包括学生的各种活动。

第三，课程编排既要服从知识本身的逻辑体系，还要服从学生认识发展的逻辑体系。

第四，课程不仅要有利于知识的传递、经验的积累，还要有利于学生创新。

第五，课程应有一个明确的目标体系。

综上所述，我们认为课程有狭义和广义之分。狭义的课程是指各级各类学校为了实现培养目标而开设的学科及其目的、内容、范围、活动、进程等的总和，主要体现在课程计划(课程方案)、学科课程标准和教科书中。广义的课程指学生在学校获得的全部经验，是教师、学生、教材、环境四个因素间持续交互作用的动态情境，是一种动态的、生长的生态系统和完整文化。

(二)课程观

随着课程实践的变化发展以及对课程研究领域的不断深入，人们对课程的认识以及课程观念也在发生着变化，正经历着由传统到现代的转变，在课程本质观、课程构成观、课程过程观以及课程价值观等方面都发生了巨大的变化。

1. 全面的课程本质观

传统的课程观对课程本质的看法往往过于单一，总是片面看待课程。在新课程改革的背景下，人们正在建立起较为全面的课程本质观，认为课程不仅仅是一种“教学计划”，还是一种“预期结果”，也是“学生获得的教育经验”，从人的本性的高度看，课程的本质还是一种社会性的活动，是人的学习生活及其活动。因此，课程的研究和改革不仅仅是教育领域内部的行为，还需要全社会参与，是一种社会性的教育行为。

2. 多元化的课程构成观

对于课程构成，我们认为可以从两个层次进行研究：一方面，从课程物化构成的角度看，课程应该包括课程原理、课程计划、课程标准、课本、教学指南、教师指导、补充材料、课程包等；另一方面，从课程的层次构成上进行探索，课程由学者的理想课程、政府的官方课程、学校的校方课程、教师教的课程以及学生得到的课程组成。因此，对于新课程改革而言，应该注重从课程物化构成和层次构成的角度进行改革。第一，在进行课程改革时，不仅需要重视课程计划、课程标准和教材，还需要重视课程物化构成的因素，即重视对课程原理、教学指南、教师指导以及网络课程和多媒体课程的建设。第二，课程改革不仅要着力于官方课程，还需要赋予学校、教师以及学生改革的权利，需要对校方课程、教师教的课程以及学生得到的课程进行系统化的规划、实施和评价。

3. 宏观的课程过程观

传统的课程观认为课程过程仅仅是一种课程设计和规划的过程，是微观的课程过程观。现代课程观认为课程过程应从宏观和微观两个层次进行研究。课程宏观过程包括课程规划、课程实施以及课程评价三个环节。课程微观过程指课程的规划过程。对于课程研究和改革而言，课程的过程是一种创新的过程，是一种持续不断的动态发展的过程。

4. 整合的课程价值观

过去人们对课程价值观的理解也存在一定的片面性。由于课程研制者为成人，所以过于强调课程的教育社会性工具价值，忽视课程的个体价值。新课程观认为，应树立辩证整合的课程价值观，即强调课程的社会价值和个体价值、教育的各种社会价值以及各种个体价值之间的整合。

二、教学的含义与教学观

(一)教学的含义

在中国古代，“教”有“教授、教诲、教化、教训、告诫、令使”等含义。许慎在《说文解字》中写道：“教，上所施，下所效也。”深入分析，“其‘施’，就是操作、演示，即传授蓍占和龟卜；其‘效’，就是模仿、仿效，即学习蓍占和龟卜”①。后来，人们过于强调“施”，以“施”支配“效”，突出了“教”的“传授”的含义。在欧美，“教”在英语中为“teaching”，它的含义是“讲授”和“教导”。所以在中国及欧美国家，“教”的基本含义是一致的，即“传授”“教导”和“教授”。而“学”字，无论在中文还是在英文中，基本含义均为“学习”(“learning”是“学”)。

在西方，从古到今，人们先是格外强调“教授”，后来又走向反面，格外强调“学习”，继而两方面都强调，于是提出“教与学”(teaching and learning)。20 世纪，人们格外重视教学过程中教师的引导作用，强调教与学的有机统一，更多地用“instruct”来指称“教学活动”。我国古代长期过分强调“教”的传授作用，只提“教授”，不提“学习”。20 世纪初，陶行知先生留美回国后大力提倡改“教授”的提法为“教学”的提法。

无论中外古今，人们赋予“教学”的基本含义是：“教”是传授，“学”是仿效；合起来是传授和学习。与“课程”相比，人们对“教学”这一概念的理解还是比较一致的：教学是教师的教和学生的学的共同活动。学生在教师有目的、有计划的指导下，积极、主动地掌握系统的文化科学基础知识和基本技能，发展能力，增强体质，并形成一定的思想品德。强调教学是教师的教与学生的学共同活动的统一过程，是促使受教育者身心发展的一种特定的实践活动。

首先，教学是教师和学生的双边活动，是教师的教与学生的学共同活动的统一过程。“教”与“学”是统一过程的两个方面，彼此既不可分，也不可替代，教学不是教和学的简单相加。在教学中，没有无学之教，也没有无教之学。诚然，在这个过程中，教师是教育者，肩负“传道、授业、解惑”的重任，发挥着主导作用；学生是受教育者，既是教师“教”的对象，又是学生“学”的主体。这里的“学”指学生主体独立的能动的活动，它是任何教师的“教”无法替代的。其实，“教”是为了“学”，“学”是“教”的归宿和体现。因此，教学过程只有充分发挥教师的主导作用与学生的主体作用，才能保证教学活动的成功。

其次，教学作为一种特定的实践活动，实质是促使受教育者身心发展的活动。在这一实践活动过程中，教师要向学生传授系统的科学文化基础知识和基本技能，发展学生的智力和体力，奠定学生科学的世界观的基础和养成良好的思想道德品质。

---

① 何启贤．也说“教”“育”二字[J]. 教育研究，1995(12)：67.

各项基本任务互相关联，又各有其独特的内涵，既不可分割，又不可混同，它们统一在一个教学活动过程之中。而要完成这些任务，教师就要注意处理好传授系统的科学文化知识与丰富学生感性知识的关系，传授知识与发展智力的关系，传授知识与思想品德教育的关系，传授知识、发展智力与发展非智力因素的关系，班级授课与个别施教的关系，教学内容与年龄特征的关系等。

最后，教学是师生交往、积极互动、共同发展的过程。师生双方相互交流、相互沟通、相互启发、相互补充，在这个过程中，教师与学生分享经验和知识，交流情感、体验与观念，丰富教学内容，求得新的发现，从而达成共识、共享、共进，实现教学相长和共同发展。

(二)教学观

当代社会正在从工业社会向信息社会转型，当代教育正在从专才教育向通识教育转换，这一切有力地推动着教学观念的变革。当代教学观念的变革主要体现为以下五大走向。

1. 强调学生与教师的共同发展

传统的教学强调对知识的传授，忽视了对人的发展。新的教学观强调在教学中要体现以人为本的精神，呼唤人的主体精神。因此，教学的重点在于强调人的发展。教学的任务不仅要注重知识的传授，更要培养学生良好的品德，教学过程应该促进学生全面和谐地发展。因此，对于学生而言，教学过程是他们掌握知识、身心发展以及潜能开发的过程。教学是一个交往的过程，对于教师而言，教学是其专业化发展的过程。总而言之，新的教学观将兼顾学生和教师的发展。

2. 强调差异性教学

传统的教学过程往往强调同步性，即用同一个标准培养不同的学生。新课程改革(简称新课改)认为这种一刀切的行为既不符合学生的实际，又不利于人的培养。因此，我们强调在教学过程中要研究学生的差异，寻找因材施教的科学依据，实施差异性教育，发展学生的个性，从而促进其全面发展。

3. 强调学生的主体地位

在传统的教学中，教师往往处于教学过程中的主体地位，学生要围绕着教师转。显然，传统的教学过程不利于学生的发展。新课改提倡在教学过程中要体现学生的主体地位，教师的“教”是为了让学生更好地“学”，要从学生的需求出发，在教学中体现学生的主体地位，更应该关注学生的学习状况。

4. 强调教学的过程性

新课改认为教学不应把现成的结论教给学生，而应引导学生自己去探索。在教学过程中，教师要提出探索目标，激发学生的学习动机，师生心理同步；教师要质疑设问，激励学生独立思考，使各类学生的思维都呈现积极状态；教师要精讲，学生动脑、动手、动口，使学生对知识自求得知。在教学过程中，教师要逐渐培养学生的自学能力，学生有了自学能力，就有了独辟蹊径的本领，在知识的海洋里，就能自如地徜徉。当然，强调探索过程就意味着学生要面临问题、困惑、挫折和失败，这同时也意味着学生可能花很多时间和精力，结果却一无所获，但是，这却是一个人的学习、生存、生长、发展、创造必须经历的过程，也是一个人的能力、智慧发展的内在要求。

5. 强调关注学生的学习方式

传统的学习方式过于强调接受学习、死记硬背、机械训练。新课改强调转变学生的学习方式，倡导自主、合作与探究的学习方式，促进学生在教师指导下主动、富有个性地学习，更好地培养学生的创新精神和实践能力，从而使学生全面和谐地发展。

三、课程与教学的整合

教学与课程的关系是课程与教学发展必须处理好的一对关系。某种意义上，课程与教学是不可分离的统一体，二者之间相互制约，又相互促进。课程借助教学活动得以展开，而教学则是以课程为桥梁的特殊交往活动。

长期以来，我们习惯一种将课程与教学进行区分的概念：课程的有关问题属于课程论研究的范畴，教学的有关问题属于教学论研究的范畴，二者有着相对清晰的界限。在课程论研究的范畴中，我们确立课程目标，制订课程计划，建立课程标准，形成课程结构，组织课程内容等；在教学论研究的范畴中，我们确立教学目标，研究教学过程、组织形式、操作模式、教学方法、教学评价等。前者是课程的设计问题，后者是课程的实施问题，分属两个不同的领域。因此，在我们的认识与实践中，课程与教学是分离的，课程与教学是两张“皮”，这就必然会出现两种倾向：一是课程设计与课程实施成为互不相干的两回事，课程设计者脱离教学实践和中小学教改实践进行“一厢情愿”的设计，教学实践者则痛苦地戴着设计者为实践者提供的“镣铐”，或被动地“忠实执行”，或艰难地有所突破；二是学校和教师成为课程的“局外人”，变成与课程无关的课程实施者，直接导致中小学教师课程意识和课程能力的缺乏。

其实早在20世纪初，杜威(J. Dewey)就提出了认识的“连续性”原则并系统地阐述了以“经验”为基础将儿童与学科统一起来、将课程与教学整合为一体的思想。之后，英国课程论专家斯腾豪斯(L. Stenhouse)强调课程与教学过程中的一系列相互作用；美国课程论专家坦纳(Tanner)夫妇断言，把课程与教学看成相互孤立的要素只会使人误入歧途。20世纪80年代，美国学者韦迪(R. Weade)提出“课程教学”(curriculum instruction)概念，认为误程在本质上是一种教学事件，教学在本质上是一种课程开发。[1]

第一，课程是由教学事件构成的一种生态系统。课程在本质上是一种教学事件。教学事件是美国教育心理学家加涅(Gagne)提出的一个概念。加涅将所有构成教学的事件称为教学事件。教学事件就是一个个的教学活动，以及这个活动的展开过程。其作用是帮助或支持学习者对所学内容的获得和保持。第二，教学是课程开发过程。教学不只是忠实地实施计划、教案的过程，更是课程创新和开发的过程。真实的课程是发生在学校中的，发生在课堂里，发生在师生互动中。学生与教师共同参与课程的开发，教学过程成为课程内容持续生成与转化、课程意义不断建构与提升的过程。这样，教学与课程相互转化、相互促进，彼此有机地融为一体。

第二节　课程与教学论的研究对象及任务

课程与教学论是教育学的一门分支学科。这门学科的研究对象是什么？它的研究任务是什么？这些问题是课程与教学论必须予以回答的。

一、课程与教学论的研究对象

(一)已有观点分析

无论国内还是国外，教育界在课程与教学论的研究对象是什么的问题上的看法不一致，主要有四种观点：一是要素说，即把课程与教学活动的要素作为研究对象；二是现象说，即把课程与教学活动的现象作为研究对象；三是规律说，即把课程与教学活动的规律作为研究对象；四是问题说，即把课程与教学活动的问题作为研究对象。西方学者大多赞同要素说，中国学者大多赞同现象说或规律说。我们应当看到，问题源于对现象或要素的观察与概括，规律源于对问题的研究，规律是我们研究的目的，而不是对象。我们的研究对象只能是问题。

(二)课程与教学问题

1. 课程与教学问题的提出

日本学者在反思教育学的理论问题时，对“教育学是研究教育现象的科学”产生了疑问，深入独到地把“教育学称作以‘教育问题’为研究对象的科学”；我国的孙喜亭教授也指出：“教育学的研究对象，可以说是研究以教育事实为基础的教育问题。”这些见解是一种超越、是一种深化，对我们具有启发价值和意义。科学研究是发现和解决科学问题的过程，同样的道理，课程与教学论的研究对象应该是课程与教学问题。

---

① 张华．课程与教学论[M]．上海：上海教育出版社，2000：88～93.

2. 课程与教学问题的含义

按照《现代汉语词典》(修订本)的解释，问题就是“须要研究讨论并加以解决的矛盾、疑难”。课程与教学论所研究的课程与教学问题，也就是在课程与教学领域存在的需要讨论和解决的矛盾。回想一下自己的学习经历，你一定会找出好多课程与教学问题。如小学为什么要开设语文、数学、体育、艺术等课程呢？为什么语文、数学课比体育、艺术课的课时多？为什么语文要求读书、写字，而数学要求解题运算呢？这样的问题，可谓不胜枚举。

课程与教学问题是课程与教学领域存在的、需要探明和解决的种种矛盾和疑难。面对课程与教学现象，课程与教学论研究并不会自然发生，教师面对课程与教学现象，不会自觉进行课程与教学论研究。同样，面对课程与教学规律，课程与教学论研究也不会自然产生。这里的问题实质在于，课程与教学现象和规律作为纯粹客观存在，不能进入大脑成为思维作用的直接对象。只有人们面对客观存在，进而就课程与教学现象和规律提出了“是什么”“应该是什么”和“怎么样”等问题后，课程与教学现象和规律才打破了与主体的对立与隔离而主体化，结果是课程与教学问题进入人的大脑成为思维的直接对象。科学哲学家波普尔(Popper)指出：“科学与知识的增长永远始于问题，终于问题——越来越深化的问题，越来越能启发大量新问题的问题。”课程与教学论的发展也是始于课程与教学问题，终于课程与教学问题，课程与教学论正是通过许多学者对一系列重大课程与教学问题的研究而逐步形成、发展起来的。1902 年，杜威提出并探讨了儿童与课程的关系问题；接着，博比特(F. Bobbitt)探讨了怎样编制课程的问题；到了 20 世纪 40 年代，拉尔夫·泰勒(R. Tyler)研究了课程设计与课程评价问题；50 年代末，布鲁纳(J. S. Bruner)提出了学科结构问题……通过对这一系列重大课程与教学问题的研究，课程与教学论便形成和发展起来了。[①]

二、课程与教学论的基本任务

课程与教学论作为教育科学的一门分支学科，它的基本任务可以表述为认识课程与教学现象，揭示课程与教学规律，指导课程与教学实践。

(一)认识课程与教学现象

课程与教学论的首要任务是认识纷繁复杂的课程与教学现象。课程与教学现象是指课程与教学活动所表现出来的外部的形态和联系，是课程与教学外在的、活动易变的方面。在学校教育中，课程与教学现象表现为三个方面或层面：一是物质性的，如课程计划、课程标准、教学材料、教学指南、补充资料、视听教学材料、电子教学材料、教室和实验室及其结构、教学设备及其结构、校园成分及其结构等；

---

① 黄甫全．课程与教学论[M]. 北京：高等教育出版社，2002：10～12.

二是活动性的，如课程与教学规划、课程与教学实施、课堂教学及其结构、实验教学及其结构、校内外教学见习和实习及其结构、个别教学及其结构、课程与教学评价等；三是关系性的，如内容选择与教育目的的关系、内容组织与文化结构以及学生发展的关系、教师与学生的关系、教学过程与教学结果之间的关系、课程研制与课程产品之间的关系等。现象是研究的门径，我们首先要从繁杂的课程与教学现象中选择一些我们认为重要的问题进行研究，通过事实的呈现、现状的描述，把握课程与教学的实际状况。

(二)揭示课程与教学规律

人的认识不会仅仅停留在现象性层面，必然要深入课程与教学的内在联系和内在结构中，揭示课程与教学规律。研究客观存在而不带任何主观随意性的规律，这是任何一门科学成为真正科学的根本立足点。规律是事物发展变化过程中的本质联系和必然趋势，是不以人的意志为转移的。任何事物的运动、变化和发展都有其规律性，比如，一年四季的更迭、生物界的优胜劣汰就是自然界的客观规律。教育科学研究表明，课程和教学同样有其规律性。如教学是学校的中心工作和教育的基本途径、课程内容源自人类社会创造的文明成果、儿童身心发展水平制约课程内容的选择和组织、教学效果受到师生积极性的影响等，都是被人类的实践证实了的课程与教学规律。应该说，自教育产生以来，人们一直没有中断过对课程与教学规律的探索。最初，主要是基于个人的经验感悟，到了现代社会，则主要借助专门学科来探讨。依托专门学科的研究探讨，人们对课程与教学规律的认识达到了新的层次，即科学认识的层次。也就是说，课程与教学论体现了人类系统认识课程与教学规律的追求，它承担着帮助人们超越个人经验的局限性，全面、整体、理性和具体地认识课程与教学问题的历史使命。

(三)指导课程与教学实践

课程与教学理论来源于实践，但又反过来能动地作用于课程与教学实践。我们研究课程与教学论的根本用意是要建立符合客观实际的课程与教学理论，用以指导人们的课程与教学实践，使课程与教学工作者设计出科学、合理的课程计划、课程标准和各类教材，组织各类科学、有效的活动，从而引导和促进受教育者生动、活泼、主动地发展。

总之，课程与教学论是以课程与教学活动中的问题为研究对象，认识课程与教学现象，揭示课程与教学规律，指导课程与教学实践的一门学科。

第三节 课程与教学论的发展历程

课程与教学论和其他任何学科一样，也经历了一个从无到有，从简单到复杂的发展过程。课程与教学现象古已有之，但是以课程与教学作为固有对象独立进行研究，形成有理论体系的课程与教学论则是人类社会发展到一定阶段后产生的。回顾漫长的历史进程，课程与教学论的起源、发生和发展可以划分为萌芽期、建立期和繁荣期三个时期。

一、萌芽期

从课程与教学产生到16世纪，课程与教学理论经历了漫长的萌芽时期。在这个时期，课程与教学研究还处于萌芽阶段，人们关于课程与教学思想的论述多是经验的总结、感性的描述，课桯与教学问题没有成为独立的研究对象，课程与教学理论没有成为独立的学科。

在这一时期，学校教育被社会的统治阶层垄断，规模比较小，主要是上层社会的贵族教育和宗教教育。典型的课程与教学代表有：古代苏美尔人的“文吏学校”以泥板为载体的“文吏”课程与教学；我国古代社会中尧、舜实施的“德教”课程与教学；古希腊雅典时代形成并到中世纪规范化的“七艺”课程与教学；我国古代孔子建立的“六艺”课程与教学等。[①] 这一时期，有不少思想家、教育家以自己的哲学观点为基础，结合认识论、伦理学研究课程与教学问题，总结课程与教学经验，积累了丰富的课程与教学思想。

以孔子为例，他是我国古代伟大的思想家和教育家，首创私学，教学50多年，积累了丰富的经验，他提出的教学原则和教学方法至今仍具有借鉴意义。孔子也谈到教师修养问题，认为好教师要学而不厌、诲人不倦，教师先学好，才能教好，学好是教好的基础。孔子在课程方面的一项重要贡献，是他整理了《诗》《书》《礼》《乐》《易》《春秋》，即“六经”，并使之成为儒家教育的经典教材。但孔子没有留下关于教育的专著，他的课程与教学思想散见于《论语》中。

大约到了战国后期，教育史上出现了论述教育问题的专著《学记》，这是中国也是世界上最早论述教育理论的专著，也是最早论述课程与教学问题的专著，比古罗马昆体良(Quintilianus)的《论演说家的培养》(*Institutio Oratoria*)早300多年。《学记》对教学原则和方法以及师生关系都有论述，对教育经验的总结有的已经达到规律性认识，如“教学相长”“不凌节而施”在一定程度上具有普遍意义。《学记》还提出了课程设置的思想：“比年入学，中年考校。一年视离经辨志；三年视敬业乐群；五年视博习亲师；七年视论学取友，谓之小成；九年知类通达，强立而不反，谓之大成。”这可能是世界上最早关于课程设置的精彩论述。

在西方，要追溯课程与教学的思想来源，毫无疑问，首先要提到的是古希腊的哲学家苏格拉底(Socrates)，柏拉图(Plato)和亚里士多德(Aristotle)。苏格拉底的

---

① 黄甫全．课程与教学论[M]．北京：高等教育出版社，2002：31～32.

“产婆术”、柏拉图的《理想国》(*The Republic*)都产生了很大的影响。柏拉图被普遍认为是西方第一个提出系统的教育理论的人，他的教育理论中的一个重要部分，就是根据教育目的和学校系统，提出的各级学校的课程设置。亚里士多德被恩格斯称为古希腊哲学家中“最博学的人物”，他曾经创办一所学校，叫“吕克昂”，从事教学活动多年，积累了丰富的教学经验。古罗马的昆体良系统总结古罗马教学成就和自己的教学经验，写出了古代西方第一部教学法专著《论演说家的培养》。古希腊也是西方课程思想的发源地。斯巴达和雅典的教育体系产生了两种截然不同的课程体系：斯巴达教育的主要课程围绕军事、体育教育设置，如赛跑、跳跃、掷铁饼、投标枪、角力军事五项；雅典教育的课程则充分体现了和谐教育的思想，在各个教育阶段都分别设置文化、艺术、体育等方面的课程。以古希腊教育的课程实践为主，雅典的智者派创立了“三艺”课程，即文法学、修辞学、辩证法，加上在古希腊各种学校里普遍实行的“四艺”，即算术、几何、天文、音乐，形成了“七艺”的雏形。

可见我国和西方的一些古代思想家在课程与教学实践中作出的经验总结，其中不少是符合课程与教学发展客观规律和人的认识规律的，他们留下的珍贵遗产，为课程与教学论的产生奠定了理论基础。但是由于历史条件限制，这阶段的所有著作停留在经验描述和简单逻辑推理上，缺乏科学理论分析，没有形成独立形态的课程与教学论体系，课程与教学论发展处于萌芽状态。

二、建立期

在经历了长期的积累以后，课程与教学论在欧洲正式建立起来了。尽管人们一般把夸美纽斯(J. A. Comenius)1632 年出版的《大教学论》(*Great Didactic*)看成课程与教学论诞生的标志，但课程与教学论从雏形到基本成熟，经历了从 17 世纪到 20 世纪中叶持续 300 多年的建立期。

在那个年代，欧洲经过文艺复兴运动以后，新兴资产阶级已经在思想文化领域占据了主导地位，在政治上也逐步掌握了政权，社会急剧变革，实现了从封建社会向资本主义社会的转型。文化和政治的变革，极大地促进了科学技术的发展和应用，从而大大地提高了社会生产力，各种新兴作坊、工厂不断出现，同时农村的自然经济逐步解体，大量农民流向城镇。这些人及其子女为了进作坊和工厂工作，必须接受一定的教育，掌握一定的知识和技能。这就极大地刺激了学校教育的发展，在欧洲，学校教育第一次走出家庭、走出上层社会、走向市民社会。同时，因为社会发展的局限，尽管受教育的人增多了，但能专门从事教育的教师人数则是十分有限的。“一对一”的个别教学组织形式已不能满足需要，于是一位教师教几十个学生组成的一个班的班级授课制被创造出来。在前所未有的规模宏大的教育背景里，在班级授课的组织形式中，课程与教学问题成了人们和社会关注的重大问题，专门的研究应运而生，研究成果越来越丰富，专门的课程与教学论著作不断问世，从而形成了课程与教学论的专门的学科领域，涌现了一批代表性人物、流派及观点。①

1632 年，捷克的教育家夸美纽斯写出了《大教学论》，这是近代最早的一部教育学著作，也是最早的一部课程与教学论著，它标志着课程与教学论形成独立学科。夸美纽斯本人被尊崇为教育史上的“哥白尼”，资产阶级教育家的鼻祖。在这本著作中，作者提出实施百科全书式的教育，在各级学校内皆设立百科全书式的课程体系的主张；主张建立适应学生年龄特征的学校教育制度，论证了班级授课制度；提出了教学的便利性、彻底性、简明性与迅捷性的原则；高度地评价了教师的职业，强调了教师的作用。

1806 年，德国教育家赫尔巴特(J. F. Herbart)的代表作《普通教育学》出版。在这部著作中，赫尔巴特以伦理学为基础建立了教育目的论，以心理学为基础建立了教学方法论，提出了较为完整的课程理论。赫尔巴特的课程理论的一个基本的主张是：课程内容的选择必须与儿童的经验和兴趣相一致。赫尔巴特还提出了教学过程阶段的理论，他将教学过程分为明了、联想、系统、方法四个阶段，对班级授课制下的教学过程给予了系统的说明。

1916 年，美国教育家杜威的代表作《民主主义与教育》(*Democracy and Education*)出版。杜威对课程与教学论的发展作出了突出贡献，他将课程与教学论建立在实用主义哲学之上，提出了“教育即生长”“教育即生活”“教育即经验的持续不断地改造”3 个重要哲学命题。杜威通过系统的理论研究和实践探索，完整地确立了经验自然主义的课程范式。在课程与学习者的关系问题上，杜威批评传统教育将系统化、逻辑化的理论知识传授给学生，使得教材和课程完全脱离儿童生活实际。在他看来，这种关系应当扭转过来，即从儿童出发设置课程，儿童的生活、儿童的需要才是课程的出发点，课程不是凌驾于学生之上、外在于学生的知识体系，课程必须由经验才能构成。他提出了以经验为本质的课程观。杜威倡导“做中学”并将其贯串教学过程、教学方法、教学组织形式等教学领域的各个问题中。

在经历了长期的积累之后，20 世纪初，课程论作为一个相对独立的研究领域从教育学中分离出来。1918 年，美国教育学者博比特(Bobbitt)出版的《课程》(*The Curriculum*)，是人类历史上第一部课程理论专著。该书的问世，标志着课程作为专门研究领域的诞生。1924 年，博比特发表了《怎样编制课程》(*How to Make Curriculum*)，系统阐述了研究课程编制问题的意义，探讨了课程编制的若干原理。查特斯(Charters)于 1923 年发表了《课程建设》(*Curriculum Construction*)。这些论著为课程论发展成为一门相对独立的教育学分支学科奠定了基础。

美国教育家拉尔夫·泰勒是课程与教学论发展史上的里程碑式的人物，1949 年出版的《课程与教学的基本原理》(*Basic Principles of Curriculum and Instruction*)

---

① 黄甫全. 课程与教学论[M]. 北京：高等教育出版社，2002：33.

被誉为“现代课程与教学论的圣经”。泰勒针对课程开发的基本程序和方法提出了4个著名的问题：学校应该达到哪些教育目标？应该提供哪些教育经验才能达到这些目标？怎样才能组织这些教育经验？我们怎样才能确定这些目标得到实现？这4个问题后来被称为泰勒原理，并且在世界范围内的课程与教学领域的理论和实践中产生了广泛、持久的影响。

三、繁荣期

20世纪是教育的黄金时期，首先，全球范围的义务教育得到普及；其次，终身教育观念被提出和得到发展，教育规模持续扩大。人类在追求教育规模的同时，格外地注重追求教育质量；相应地，人们在追求教育效率的同时，格外地注重追求教育公平。这样，教育规模进一步扩大，追求教育质量和教育公平，就构成了课程与教学论发展的新背景。随着教育规模的扩大，对教育质量和教育公平的追求就具体化为对学校课程与教学质量和学校课堂教学平等的追求，从而提出了大量的要解决的课程与教学问题，刺激了课程与教学研究的大发展，使课程与教学论进入了一个繁荣时期，各种课程与教学论流派不胜枚举，主要有以下几个课程与教学论流派。

(一)要素主义的课程与教学论

要素主义的课程与教学论的产生源于对以杜威为代表的实用主义“儿童中心”课程与教学论的反思。该理论流派认为，儿童中心的课程与教学难以保证学生获得基本的知识、技能，而教育和课程应当将人类文化要素传授给下一代。简言之，课程应当以文化要素为基础，而不是以儿童的生活经验为基础。因此，要素主义的课程与教学论重视系统知识的传授，重视传统的学科课程。

(二)结构主义的课程与教学论

结构主义的课程与教学论是以结构主义心理学为基础的课程与教学理论，其代表人物是瑞士心理学家皮亚杰(J. Piaget)和美国教育家布鲁纳。他们的理论的共同点是，认为儿童在不同的发展阶段具有不同的心理结构，教育必须建筑在这种结构之上，以这种结构为基础。从结构主义方法论、儿童认知发展论出发，布鲁纳、施瓦布(J. J. Schwab)等结构主义课程与教学论者提出了包括学科基本结构论、“螺旋式”课程编制论、“发现教学”的结构主义的课程与教学理论。

(三)人本主义的课程与教学论

人本主义的课程与教学论是人本主义心理学发展的结果。人本主义课程与教学论没有典型的代表人物，但有一些心理学家，如马斯洛(H. Maslow)、罗杰斯(C. R. Rogers)在人本主义的课程与教学领域享有盛名。人本主义者认为，课程的目的在于满足学生个人的自由发展和自我实现的需要。在课程的组织上，人本主义批评传统课程的学科逻辑，认为传统课程没有与学生的心理建立联系。同时，从个性的完整性出发，主张课程的综合。人本主义的课程与教学论要求在学生与教师之间建立情感关系的背景中实施课程，反对各种测量和考试，注重过程评价，注重教师和学生对课程的主观评价。

(四)施瓦布的实践性课程论

施瓦布是美国的课程论专家、泰勒的学生，参与了结构主义课程改革运动。结构主义课程运动受挫后，施瓦布进行了反思，在此基础上建立了他的实践性课程论。在施瓦布看来，没有一个理论能完整地反映具体课程的全貌，因为理论会将具体的课程抽象化。施瓦布主张课程研究应当立足于具体的课程实践，从课程实践出发，而不是从现成的所谓普遍的、科学的课程原理出发。

施瓦布的理论的主要特点是实践取向，课程本身是动态的、变化的。即使是在课程相对稳定的时期，在特定的地区、学校、年级，甚至教师那里，也总是会存在个性化的特征。这些特征对于课程的实施及其结果产生重要的影响，而这些特征往往又是标榜普遍性、规范性和严谨性的理论无法解释和给予指导的，二者之间存在着矛盾冲突。施瓦布提出这一问题，并且试图通过课程审议来解决问题的思想，对于课程论的发展是极为重要的。①

(五)斯腾豪斯的课程与教学论

斯腾豪斯是英国课程与教学理论专家，他鞭辟入里地批评了泰勒的目标模式，提出了过程模式的课程与教学理论。在他看来，课程的研究和编制不应当是按照某些事先决定的行为目标制订出一套方案，然后再加以评价，而应当是一个持续研究的过程。这个过程要涉及所有相关的因素，课程的研究、编制、评价不是分别独立的阶段，而是一体的。所有这些都集中在课堂实践当中，教师在其中充当着最为关键的角色。斯腾豪斯把讨论而不是传递作为课堂教学活动的核心。编制好的课程只是提供了一个基础，在激发课堂教学时产生更多的材料，使这个基础得以发展，而不是作为学生学习的全部内容。用讨论来协调探究过程，并不断提出新问题，使探究过程继续下去。总之，过程模式把发展学生的主体性、创造性作为教育的广泛目标，尊重并鼓励学生的个性特点，并把这一目标与课程活动、教学过程统一起来，进而又统一于教师的主体作用中。斯腾豪斯将课程看成把教育理论转化为实践的一种尝试，是一个不断发展和修正的过程。过程模式的课程编制方法符合这一精神。过程模式实际上表明，课程编制的基本问题(内容选择，教学过程的开展、评价)不是通过把一般的教育目的分解成具体的目标而得到解决的，它直接关注教育过程的不断调试，目的在于使教育产生最大限度的效益，使学生最大限度地学习和发展。

---

① 陈旭远．课程与教学论[M]．长春：东北师范大学出版社，2002：19.

第四节　学习课程与教学论的意义和方法

课程与教学论是师范教育中的教育类课程系列中的一门基础课程，学好这门课程是成为一位合格教师的先决条件。学习课程与教学论将为我们未来的职业生涯打下坚实的基础，具有极为重要的意义和价值。我们要高度重视这门课程的学习，并采用科学的学习方法，提高学习的效率。

一、学习课程与教学论的意义

（一）有助于树立正确的课程与教学观

课程与教学观就是人们对课程与教学的基本观点和看法，它是指导人们课程与教学活动的先导。有什么样的课程与教学观，就会有什么样的课程与教学本质观、内容观、过程观以及价值观等，也会有与之相应的课程与教学设计、课程与教学实施、课程与教学评价等。研究表明，一些教师仍然存在模糊甚至错误的认识或观念，如把升学率看作评价教师、学生甚至学校的唯一标准等，这些观念不同程度地影响了教育教学的效果与质量，也对课程与教学的改革产生了直接而重要的影响。这说明我们必须树立科学的课程与教学观。学习课程与教学论有助于我们树立正确的课程与教学观，不断提高教育教学的效果和质量，实现学校的培养目标。

（二）有助于教师的专业发展

要促进教师的专业发展，必须学习课程与教学论。因为，课程与教学是各级各类学校教育的核心要素，教师和课程与教学有着天然的联系。教师主要从事课程与教学工作，这是再自然不过的事情了。首先，课程与教学变革可以赋予教师专业发展崭新的内容，促进教师不断更新专业知识和能力结构，使教师的职业生涯可持续发展。其次，教师的专业成长是学校变革的核心，对课程与教学改革具有重要的支撑、促进和动力作用，有利于课程与教学改革的实施。教师专业发展需要课程与教学理论的指导。学习课程与教学论，可以使教师认识到课程与教学的重要性，可以掌握课程开发的原理，提高课程开发的技能，有效地开展课程与教学活动，促进教师的专业发展。

（三）有助于新一轮基础教育课程改革的推进

近年来，随着我国基础教育课程改革的推进，教师在课程与教学的各个方面拥有了更多的自主权，课程开发成为教师的分内之事。教师要胜任这些工作，掌握课程与教学的基本知识和专业技能就显得十分迫切，课程与教学论的学习势在必行。首先，学习课程与教学论有助于我们准确定位课程与教学目标，合理设计课程与教学方案，择优选择教学方法与手段，从而有效推进课程实施，优化教学过程。其次，学习课程与教学论有助于我们遵循和贯彻国家课程，调整或重组地方课程，开发和规划校本课程，从而实现国家课程、地方课程、校本课程的有机结合和统一。最后，学习课程与教学论有助于我们正确理解和把握综合实践活动的实质，更加形式多样、更加富有成效地开展综合实践活动，如研究性学习等。总之，学习课程与教学论有助于新一轮基础教育课程改革的推进。

二、学习课程与教学论的方法

学习和掌握课程与教学论是一个长期的过程，除了思想上高度重视外，在具体的学习过程中要注意以下几点。

（一）掌握学科的基本结构

学好一门课程，关键是要掌握学科基本结构。所谓学科基本结构，就是一个学科的基本概念、原理、方法和价值观。在课程与教学论中，有一些核心的概念、原理、方法和价值观，它们构成一个有机联系的体系。我们学习这门学科，先要整体掌握这些基本概念、原理、方法和价值观，把握其内在精神和基本特性，并把它们有效内化到自己的认知结构中去。布鲁纳在《教育过程》（*Educational Process*）中写道："不论我们选教什么学科，务必使学生理解该学科的基本结构。"他认为掌握学科结构具有 4 个优点：第一，掌握学科结构可以使学科更容易被理解；第二，掌握学科结构有助于记忆；第三，掌握学科结构是通向适当的"训练迁移"的大道；第四，掌握学科结构能够缩小"高级"知识和"初级"知识之间的差距。

（二）联系实际，学思结合

理论联系实际是马克思主义认识论的重要思想，也是学习课程与教学论的重要原则。课程与教学论既是一门基础学科，又是一门实践性学科。我们学习的主要是课程与教学论的一般理论，或者如前所述，是课程与教学论的基本概念、原理、方法和价值观，这些内容多以相对抽象和概括的知识体系呈现。要真正掌握这些知识，必须注意理论联系实际。一方面，我们要积极运用实际经验来阐释和理解理论，即借助个人经验、典型案例和现实情境等，促进对概念和原理的把握。我们每个同学都有丰富的学习经历，在学习理论时要紧密联系已有的经验。如因材施教是教学的基本原则，那么教师做到了吗？为什么不能做到？原因是什么？理论学习和实际经验结合起来，可以使理解更准确、更具体，可以促进理论在个人头脑中根深蒂固。另一方面，我们要学以致用，即关注教育现实，努力运用所学理论去分析和解决现实问题。如当前我国正在推进基础教育课程改革，这是必须关注的重大现实问题，在学习课程与教学论时，就应具体了解新一轮基础教育课程改革的内涵、现状及其未来走向，并学会使用一般原理来分析课程改革遇到的各种困难与问题。

学习和思考的关系问题是学习课程与教学论需要解决的重要方法问题。孔子很早就指出："学而不思则罔，思而不学则殆。"学思结合是可行的求学之道。那么，怎样把学习和思考有机结合起来呢？首先，学必有思。掌握知识需要积极地思考。在学习过程中，我们应充分发挥思维的作用，多方面展开分析、对比、归纳、概括、抽象、质疑和猜想等思维活动，从而在有效思考和理解的基础上接受知识。其次，以学促思。学习过程不仅是接受知识的过程，而且是不断产生疑问的过程，要善于抓住学习过程中的疑问并进行独立思考。如因材施教为什么难以做到？应该如何做？信息技术时代为因材施教提供了哪些有利条件？深入思考这样的问题，学习就成了主动探索的过程。

（三）扩大视野，拓宽学习领域

通过大量的课外学习来丰富和扩展课内学习，这是大学教育的重要特点。教材和课堂只是提供学科基本结构，在学科基本结构的背后，还涉及大量相关的知识和技术，需要自己在课外下功夫学习。具体到课程与教学论，应该从哪些方面进行扩展学习呢？

首先，了解课程与教学的历史，了解国内外课程与教学的基本状况。古人云：以史为鉴。读史使人明智。历史是一面镜子，可以照见过去，了解当代，也可以透视未来。学生学历史能够明白课程与教学的演进过程，可以从历史中吸取经验、教训，在思考和解决问题时能站在前人的肩膀上，从而少走弯路。因此，可以尽可能多地学习和掌握教育史知识，了解当前国内外课程与教学的前沿动态和发展趋势。

其次，研读课程与教学论名著，整体提升自身的教育学素养。课程与教学论名著是论述课程与教学问题的经典之作，具有很高的学术价值，如夸美纽斯的《大教学论》关于教学原则的论述、赫尔巴特的《普通教育学》关于教学阶段的理论、杜威的《民主主义与教育》对儿童经验和需要的关注、泰勒的《课程与教学的基本原理》提出的课程编制的四大问题、赞科夫(L. V. Zankov)的《教学与发展》对发展性教学的系统研究等。这些名著都是具有里程碑意义的经典之作。

最后，多看专业杂志，了解学术前沿动态。教材反映的主要是一个学科比较稳定的专业共识，难以及时反映最新学术动态。而专业杂志发表的各种论文一般是对某个专题比较深入地介绍和分析，也时常出现新的见解。及时关注这些专业杂志有助于了解、把握学术的前沿动态。

总之，学习永无止境。为了学好课程与教学论，我们应该积极优化学习方法，牢牢把握该学科的基本结构，打好专业发展的坚实基础，在学习过程中，把理论和实际联系起来，使学习和思考统一起来，并不断强化、扩展学习，扩大视野，拓展学习领域。

本章小结

课程有狭义和广义之分。狭义的课程指各级各类学校为了实现培养目标而开设的学科及其目的、内容、范围、活动、进程等的总和，主要体现在课程计划(课程方案)、学科课程标准和教科书中。广义的课程指学生在学校获得的全部经验，是教师、学生、教材、环境4个因素持续交互作用的动态情境，是一种动态的、生长的生态系统和完整文化。

教学首先是教师和学生的双边活动，是教师的教与学生的学共同活动的统一过程。其次，教学作为一种特定的实践活动，实质是促使受教育者身心发展的活动。最后，教学是师生交往、积极互动、共同发展的过程。

课程与教学呈现出一种整合的趋势：课程是由教学事件构成的一种生态系统，教学是课程开发过程。

课程与教学论的研究对象是课程与教学问题。课程与教学问题是课程与教学领域存在的、需要探明和解决的种种矛盾和疑难。课程与教学论的基本任务是：认识课程与教学现象，揭示课程与教学规律，指导课程与教学实践。

课程与教学论的发展可以划分为萌芽期、建立期和繁荣期3个时期，在各个时期出现了一些代表性的人物及思想。

学习课程与教学论有助于我们树立正确的课程与教学观，有助于教师的专业发展，有助于新一轮基础教育课程改革的推进。

在课程与教学论的学习过程中要注意以下几点：掌握学科的基本结构；联系实际，学思结合；扩大视野，拓宽学习领域。

关键术语

1. 课程
2. 教学
3. 课程与教学的整合

思考题

1. 简述课程的含义及现代课程观的主要内容。
2. 简述教学的含义及现代教学观的主要内容。
3. 简述课程与教学整合的内涵。
4. 为什么说课程与教学论的研究对象是课程与教学问题？
5. 简述课程与教学论的研究任务。

6. 简述课程与教学论发展各阶段的主要代表人物及其观点。
7. 论述学习课程与教学论的意义。
8. 学习课程与教学论可以采用哪些方法?
9. 试提出一个课程与教学问题，并进行分析说明。

案例研究

有一次，我和一所小学的教学副校长聊起学校校本课程开发的情况，这位副校长说："我们学校正在培训教师如何编写校本教材呢!"试分析该副校长的课程观是否正确。

拓展阅读

1. 黄甫全．课程与教学论[M]. 北京：高等教育出版社，2002.
2. 马云鹏．课程与教学论[M]. 北京：中央广播电视大学出版社，2002.

第二章　基础教育课程改革

学习目标

1. 初步了解基础教育课程改革的国际和国内背景。

2. 理解基础教育课程改革秉承的核心理念和基本理念。

3. 掌握基础教育课程改革的总体目标与具体目标。

4. 掌握基础教育课程改革的内容。

5. 认识基础教育课程改革的意义，树立“一切为了每一位学生的发展”的理念。

课程改革是基础教育改革的核心问题。改革开放以来，我国基础教育取得了辉煌成就，基础教育课程改革也取得了显著成绩，但是基础教育的总体水平还是不高，原有的基础教育课程已不能完全适应时代发展的需要。在20世纪与21世纪之交，我国启动了新一轮基础教育课程改革，这是中华人民共和国成立以来的第八次大的课程改革。国家为何要开展这次基础教育课程改革？这次基础教育课程改革的背景是什么？基础教育课程改革的基本理念是什么？基础教育课程改革要达到什么目标？基础教育课程改革的内容有哪些？这是本章要学习的基本内容。

第一节　基础教育课程改革的背景

一、基础教育课程改革的国际背景

(一)知识经济对课程改革的要求

社会经济的发展变化是课程改革的动因之一，课程也总是伴随着社会经济的变化而变化。21世纪是以知识的创新和应用为重要特征的知识经济时代，科学技术迅猛发展，国际竞争日趋激烈，一个国家国力的强弱越来越取决于本国劳动者的素质。社会的信息化、经济的全球化使创新精神与实践能力成为影响世界发展、整个民族生存状况的基本因素。因此，21世纪将是教育和学习起核心作用的时代。

知识经济对人的素质提出了更高的要求，要求每个人都要有自主学习的能力，学会自我选择，不但拥有知识、技能，掌握学习的过程和方法，还要形成良好的情感、态度和正确的价值观，做到全面和谐地发展。这也就需要基础教育课程作出相应的改革，将不符合时代发展要求的内容剔除，以使课程与经济的发展、变化相协调、相适应。

(二)世界基础教育改革对我国基础教育改革产生的影响

在科学技术突飞猛进，国际竞争日趋激烈和知识经济加速到来的国际形势下，国家发展越来越需要高素质的劳动者和大量的创新人才，越来越依赖教育发展的水平和质量，如何培养适应社会发展的高素质的国民是各国教育共同面临的严峻挑战。20世纪80年代以来，各国掀起了新一轮的基础教育课程改革热潮。纵观各国课程改革的情况，表现出的主要趋势为：调整培养目标，注重基础学力的提高，信息素养的养成，创造性和开放性思维的培养，强调价值观教育和道德教育，尊重学生经验，发展学生个性，使新一代国民具有适应21世纪社会、科技、经济发展必备的素质；改变人才培养模式，实现学生学习方式的根本变革，使现在的学生成为未来社会具有国际竞争力的公民；课程内容进一步关注学生经验，反映社会、科技最新进展，满足学生多样化的发展需要；发挥评价促进学生潜能、个性、创造性等方面发展的作用，使每一个学生具有自信心和持续发展的能力。

二、基础教育课程改革的国内背景

(一)基础教育课程改革是国家发展的需要

当今世界科学技术日新月异，各国之间的竞争越来越激烈。我国在激烈的竞争中并没有占据优势地位。人才的缺乏是影响我国竞争力的重要原因。因此，要提高我国的政治、经济、文化水平，增强竞争力，提高人才培养的质量是关键。面对竞争激烈的国际形势和我国现代化建设的需要，1992 年，党的十四大提出："必须把教育摆在优先发展的战略地位……这是实现我国社会主义现代化的根本大计。必须把经济建设转到依靠科技进步和提高劳动者素质的轨道上来。"1993 年，《中国教育改革和发展纲要》明确提出："中小学要由'应试教育'转向全面提高国民素质的轨道。"全面推进素质教育从此成为贯彻教育方针、深化教育改革的根本性任务。1999 年，第三次全国教育工作会发出了全面实施素质教育的动员令。《中共中央、国务院关于深化教育改革，全面推进素质教育的决定》指出："实施素质教育，就是全面贯彻党的教育方针，以提高国民素质为根本宗旨，以培养学生的创新精神和实践能力为重点，造就'有理想、有道德、有文化、有纪律'的、德智体美等全面发展的社会主义事业建设者和接班人。"要实施素质教育，培养高质量的人才，课程改革是核心。基础教育新课程在我国现代化建设中有先导性、基础性、战略性的重要地位。只有切实抓好基础教育新课程改革与实施，我国才能在激烈的国际竞争中立于不败之地。

(二)基础教育课程改革是教育发展的必然

课程改革之所以被紧迫地提出来，首先，由于它是整个基础教育改革的核心内容。基础教育课程承载着党的教育方针和教育思想，规定了教育目标和教育内容，是国家意志在教育领域的直接体现，在立德树人中发挥着关键作用。其次，当前突出地强调课程改革，是因为我国以往的基础教育课程教材体系不适应全面推进素质教育的要求，不适应时代发展的要求，存在很多问题：教育观念滞后，人才培养目标同时代发展的需求不能完全适应；思想品德教育针对性、实效性不强；课程内容存在着"繁、难、偏、旧"的状况；课程结构单一，学科体系相对封闭，难以反映现代科技、社会发展的新内容，脱离学生经验和社会实际；学生死记硬背、题海训练的状况普遍存在；课程评价过于强调学业成绩和甄别、选拔功能；课程管理强调统一，致使课程难以适应当地经济、社会发展的需求和学生多样发展的需求。这些问题严重影响了我国基础教育的质量，因此这也决定了改革势在必行。这次课程改革也不同于以往的修补式改革，而是在新的理念的指导下进行的全面彻底的重构。

第二节　基础教育课程改革的理念

一、基础教育课程改革的核心理念

基础教育课程改革的核心理念：为了中华民族的复兴，为了每一位学生的发展。这一基本的价值取向预示着我国基础教育课程体系的价值转型。基础教育课程改革顺应时代的发展需要，全面推进素质教育，努力培养学生健全的个性和完整的人格，造就新一代高素质的社会公民，培养担当民族复兴大任的时代新人，加快我国从人口大国迈向人力资源强国的步伐，实现中华民族的伟大复兴。

新课程的根本价值，在于以学生为中心，以学生的发展为本，把在教师的指导下学生自主学习、自主发展放在教育的第一位。学生的全面发展、个性充分发展和终身学习、终身发展是各行各业公民素质综合发展的基础，是促进经济发展和社会发展、提升综合国力的基础。

学生的发展，既指促进全体学生的发展，也指学生全面和谐的发展、终身持续的发展、活泼主动的发展和个性特长的发展。“学生为本”，就是要在价值观上“一切为了学生”，在伦理观上“高度尊重学生”，在行为观上“充分依靠学生”。

新课程的核心理念就是教育以人为本，即“一切为了每一位学生的发展”。

第一，课程要着眼于学生的发展。这是课程价值取向定位问题。在如何处理经济发展、社会发展与人的发展的关系上，新课程定位在人的发展上，具体指向以能力和个性为核心的发展。课程改革要培养学生的信息收集和整理的能力、发现问题和思考问题的能力、分析问题和解决问题的能力、终身学习和创新的能力以及生存和发展的能力；课程改革要培养学生的良好个性品质。

第二，关注每一位学生。基础教育是国民的奠基工程，既要瞄准知识经济的需要，培养高素质尖端人才；又要为农业经济、工业经济培养人才和合格的建设者。因此，在新课程实施中，必须面向全体学生，认清每个学生的优势，开发其潜能，培养其特长，使每位学生都具备一技之长，使全体学生各自走上不同的成才之路，成长为不同层次、不同规格的有用人才。

第三，关注学生全面和谐地发展。学生并不是单纯的、抽象的学习者，而是有着丰富个性的完整的人。学生的发展不是某一方面的发展，而是全面和谐的发展。新课程着力发展学生核心素养，达到了知识习得、思维训练、人格健全的协同，实现了在促进人的发展目标上的融合。学生是完整的人，要把学生作为完整的人来对待，就必须反对那种割裂人的完整性的做法，还学生完整的生活世界，丰富学生的精神生活，给予学生全面展现个性力量的时间和空间。正如苏霍姆林斯基所说：“全面发展并非仅仅意味着使学生在德、智、体、美、劳几方面都得到收获，最根本的、最重要的在于形成儿童统一的丰富的精神世界，也就是说，要让儿童有一个广阔的心胸和各方面素质得到高度和谐发展，并反映内心生活的精神风貌。”

在线点拨

基础教育课程改革的核心理念是高频考点，需准确识记。

真题再现

基础教育课程改革的核心理念是（　　）。

A. 一切为了每一位学生的发展
B. 提高升学率
C. 提升教师的综合素质
D. 促进社会进步

二、基础教育课程改革的基本理念①

跟以往的课程改革相比，新一轮基础教育课程改革在提高课程的适应性和促进课程管理的民主化、重建课程结构与倡导和谐发展的教育、提升学生的主体性和注重学生经验等方面体现出对传统课程模式的本质性突破。

（一）促进课程的适应性和管理的民主化

《基础教育课程改革纲要（试行）》规定：“为保障和促进课程对不同地区、学校、学生的要求，实行国家、地方和学校三级课程管理。”这标志着我国基础教育在课程权力方面进行了重大的调整，它突破了以往课程权力过于集中、难以适应地方与学校具体情境的弊端，提高了课程的适应性和推进了课程管理民主化的进程。

（二）重建课程结构与倡导和谐发展的教育

“课程结构”是指课程体系各部分的配合、组织和比例关系。课程结构决定课程功能，决定人才培养的质量。本次课程改革对基础教育的课程结构进行了重建，强调综合性，加强选择性，并确保均衡性。它在每一个教育阶段都以具体课程形态的方式有计划地安排了学生的学习机会，体现了课程的综合化，强化了课程对学生个体差异的选择性，保证了每位学生全面、均衡地发展。正是在这一点上，我们说，新课程体系倡导了一种和谐发展的教育。

（三）提升学生的主体性和注重学生经验

学生是构成教育活动的基本要素，是认识和实践活动的主体。我国长期以来对学生的主体地位不够重视，忽视了学生主体性的培养和发挥。本次课程改革力求改变这种状况，强调课程要促进每位学生的身心健康发展，要求把学生放在学习主体的地位上，照顾到学生的日常生活的经验和体验。

---

① 钟启泉，杨明全．基础教育课程改革的背景与理念[J]．河南教育，2002(1)：14～15.

第三节 基础教育课程改革的目标

21世纪的课程改革应体现时代及社会发展的要求，特别是在现代社会，各国的联系越来越密切，相互之间的交流也越来越频繁，国际化的特点越来越明显，各国只有在保持民族性的前提下才能真正地融入国际社会，做到在国际社会中既保持自己的特色，又能为世界的发展作出自己的贡献。从世界各国的教育改革中，我们也可以看出各国的教育改革对学生提出了许多共同的要求。我国的这次课程改革也力图体现这些要求，体现时代及社会发展的特色。

素质教育理论与实践也对课程改革有重要的指导作用。这些指导思想契合时代发展的脉搏，与时俱进，反映了时代发展的要求，从根本上确保了课程改革的方向。

这次课程改革的目标分为总目标和具体目标，总目标体现了时代对学生的要求和学生应具备的共同素质，具体目标进一步说明了总目标的要求和实现总目标的途径。

一、基础教育课程改革的总目标

本次基础教育课程改革的总目标是：使学生具有爱国主义、集体主义精神，热爱社会主义，继承和发扬中华民族的优秀传统和革命传统；具有社会主义民主法治意识，遵守国家的法律和社会公德；逐步形成正确的世界观、人生观和价值观；具有社会责任感，努力为人民服务；具有初步的创新精神、实践能力和人文素养以及环境意识；具有适应终身学习的基础知识、基本技能和方法；具有健壮的体魄和良好的心理素质，养成健康的审美情趣和生活方式，成为有理想、有道德、有文化、有纪律的一代新人。

可见，总目标与世界各国的教育改革的共同特点是一致的，具有完整性，把对学生的全面发展和个性培养的要求结合起来，重视学生对基础知识的掌握和基本素质的提高，强调学生的创新精神、实践能力的培养，关注学生的环境意识的培养，强调科学和人文素养的结合，使学生既能做到身体健康和心理健康，又能很好地适应社会生活，体现了时代对每个公民的要求和以学生发展为本的目标取向。

二、基础教育课程改革的具体目标①

第一，改变课程过于注重知识传授的倾向，强调形成积极主动的学习态度，使获得基础知识与基本技能的过程同时成为学会学习和形成正确价值观的过程。

---

① 宋乃庆，徐仲林，靳玉乐．中国基础教育新课程的理念与创新[M]．北京：中国人事出版社，2002：33～38.

我国基础教育的一个传统就是注重学生的基础知识的掌握和基本技能的培养，这在国际上也是我们的一个优势。但问题的关键是，教学过程过分强调本门学科领域的基础知识、基本技能的掌握，而忽视了学生情感、态度与价值观等方面的发展。

新一轮基础教育课程改革聚焦中国学生发展核心素养，培养学生适应未来发展的正确价值观、必备品格和关键能力，引导学生明确人生发展方向，成长为德、智、体、美、劳全面发展的社会主义建设者和接班人。

第二，改变课程结构过于强调学科本位、科目过多和缺乏整合的现状，整体设计九年一贯的课程门类和课时比例，设置综合课程，以适应不同地区和学生发展的需求，体现课程的均衡性、综合性和选择性。

本次课程改革要重建新的课程结构。一是加强课程结构的均衡性。我们要培养德、智、体、美、劳全面、和谐、均衡发展的人，而不是培养某一方面得到发展的人。要培养全面发展的人，必须有均衡的课程结构做保障。二是强调综合性，构建分科课程与综合课程相结合的课程结构，在一定范围内设置综合课程。小学以综合课程为主。初中设置分科和综合相结合的课程，鼓励选择综合课程。高中以分科为主，探索学分制管理。从小学至高中设置综合实践活动课程并作为必修课。重组课程内容，加强学科知识之间的内在联系，加强学科知识与学习者的联系，加强学科知识与社会生活现实的联系。三是加强选择性，以适应地方、学校、学生发展的多样化需求。课程根据不同地区经济、文化发展的需求以及学生多样化发展的需求，具有较强的个性和选择性。国家以法规的形式规定国家课程，并确定其基本标准，使学生通过对课程的全面学习，养成基本态度，掌握基础知识、基本技能。地方和学校根据自身的特点和需要，在执行国家课程的同时，设置和开发地方课程和校本课程，地方课程、校本课程和国家课程融为一体，实现课程的多样化。农村中学的课程设置要根据现代农业发展和农村产业结构调整的需要，深化“农科教结合”和基础教育、职业教育、成人教育的“三教统筹”等改革，试行“绿色证书”教育并与农业科技推广等结合。

第三，改变课程内容繁、难、偏、旧和过于注重书本知识的现状，加强课程内容与学生生活以及现代社会科技发展的联系，关注学生的学习兴趣和经验，精选终身学习必备的基础知识和技能。

以往课程内容确实存在着不容忽视的问题：教材内容陈旧；重视学科经典内容的选择；大量的教学内容塞满了教材。这些内容与学生现实生活中需要的知识、技能和能够反映现代社会、经济、科学等领域问题的内容缺乏联系；课程内容繁、难、偏、旧现象严重。

新课程改革的目标是，一方面要选择适合现代社会发展需要的内容；另一方面要紧密联系学生的学习兴趣和生活经验，精选学生终身学习与发展必备的基础知识和技能，正确处理现代社会需求、学科发展需求与学生发展需求在课程内容的选择与组织中的关系，体现课程内容的现代化。

第四，改变课程实施过于强调接受学习、死记硬背、机械训练的现状，倡导学生主动参与、乐于探究、勤于动手，培养学生搜集和处理信息的能力、获取新知识的能力、分析和解决问题的能力以及交流与合作的能力。

新课程改革倡导建构性学习。学习是一个主动的过程和个性化的过程，学习的途径是多方面的，包括生活中、实践中的学习。教师在教学过程中应与学生积极互动，共同发展，正确处理传授知识与培养能力的关系，注重培养学生的独立性和自主性，注重学生的经验与兴趣，推行研究性学习，培养学生运用主动参与、探究发现、交流合作的学习方法，引导学生质疑、调查、探究，在实践中学习，促进学生在教师的指导下主动地、富有个性地学习，使每个学生的能力都得到发展。

第五，改变课程评价过分强调甄别与选拔的功能，发挥评价促进学生发展、教师提高和改进教学实践的功能。

本次课程改革把课程评价作为重要内容，建立发展性评价体系，改变课程评价过分强调甄别与选拔的功能，是对课程评价理论和实践的一大突破。一是要建立促进学生全面发展的科学评价体系。提出评价不仅要关注学生的学业成绩，而且要发现和发展学生多方面的潜能，了解学生发展中的需求，帮助学生认识自我，建立自信；促进学生在原有水平上的发展，发挥评价的教育功能。二是要建立促进教师不断提高的评价体系。强调教师对自己的教学行为的分析与反思，建立以教师自评为主，校长、教师、学生、家长共同参与的评价制度，使教师从多渠道获得信息，不断提高教学质量。三是建立促进课程不断发展的评价体系，周期性地对学校课程执行的情况、课程实施中的问题进行分析评估，调整课程内容、改进教学管理，形成课程不断革新的机制。

第六，改变课程管理过于集中的状况，实行国家、地方、学校三级课程管理，增强课程对地方、学校和学生的适应性。

中小学课程与地区的差异有着直接的关系。教育要适应并推动当地经济和社会的发展，就必须培养适合当地实际需要的人才。如果课程脱离当地的实际，就会影响教育和经济的发展。现实中，我国各地的经济、文化、教育发展的不平衡性问题突出，不是短时期可以改变的。然而，我国的课程管理体制一向是中央集权式的，长期使用全国统一的教学计划、教学大纲和教材，忽视了地区和学生的差异。中小学课程管理体制和教材的多样化仍存在许多问题：课程模式单一，所有的学生面对同一种课程要求，出现了有的学生"吃不饱"，有的学生"消化不良"的现象；教材的品种虽然打破了"一纲一本"的局面，但是从全国范围来看，"多样化"还远未实现，难以满足不同地区和不同学生发展的需要；教材的难度虽然有所降低、重点有所分散，但在一些地区，教师和学生仍难以适应。

从世界范围来看，过去集中管理课程的国家都增加了课程的灵活性、多样性，而过去非集中管理课程的国家都在加强统一的要求。各国的教育虽然千差万别，但是也有共同的规律可以遵循。国内外的实践证明，权力的过分集中和分散都不利于课程管理的科学化。因为，管理的过分分散将影响一个国家的整体教育质量，这是国家利益不允许的；相反，管理的过分集中则使课程缺乏灵活性，趋向“僵化”，不能适应不同社会个体和不司地区社会发展的需要。良好的课程管理体制必须使“集中”与“分散”恰当结合。因此，课程的结构和内容要适应不同地区的差异、不同学校的特点以及学生的个体差异。为学生提供更多的选择，就必须充分发挥地方、学校和教师乃至学生作为课程资源开发的主体作用，给地方和学校较大的机动时间和自由空间。新一轮基础教育课程改革提出实行国家、地方、学校三级课程管理体制，把中央集权和地方分权、社会需要和学生发展、国家统一的教育目的和学校教育的办学特色辩证地结合起来，是对课程管理理论和实践的一大发展。

第四节　基础教育课程改革的内容

迎着世界课程改革的浪潮，我国基础教育课程改革迈出了坚实的步伐。此次基础教育课程改革涉及培养目标的变化、课程设置的优化、国家课程标准的制定、教材的开发与管理、课程实施与教学改革、评价体系的建立、实行三级课程管理政策等，是一个由课程改革牵动的涉及整个基础教育的全面改革，必将对我国基础教育乃至整个教育的发展产生深远的影响。

一、优化课程设置

(一)义务教育课程设置

1. 课程类别

义务教育课程包括国家课程、地方课程和校本课程三类。以国家课程为主体，奠定共同基础；以地方课程和校本课程为拓展补充，兼顾差异。

国家课程由国务院教育行政部门统一组织开发、设置。所有学生必须按规定修习。

地方课程由省级教育行政部门统筹规划，确定开发主体。充分利用地方特色教育资源，注重用好中华优秀传统文化资源和红色资源，强化实践性、体验性、选择性，促进学生认识家乡，涵养家国情怀，铸牢中华民族共同体意识。校本课程由学校组织开发，立足学校办学传统和目标，发挥特色教育教学资源优势，以多种课程形态服务学生个性化学习需求。校本课程原则上由学生自主选择。

2. 科目设置

义务教育课程九年一贯设置，按“六三”学制或“五四”学制安排。

国家课程设置道德与法治、语文、数学、外语(英语、日语、俄语)、历史、地理、科学、物理、化学、生物学、信息科技、体育与健康、艺术、劳动、综合实践活动等，有关科目开设要求说明如下。

历史、地理在初中阶段开设，实行“五四”学制的地区，可从六年级开设地理。

小学阶段开设英语，起始年级为三年级；有条件的地区和学校可在一至二年级开设，以听说为主。初中阶段开设外语，可在英语、日语、俄语等语种中任选一种。

科学在一至九年级开设(初中阶段可选择分科开设物理、化学、生物学)。初中阶段若选择开设科学，需统筹科学和地理中自然地理学习内容。

信息科技在三至八年级独立开设。

艺术在一至九年级开设，其中一至二年级包括唱游·音乐、造型·美术；三至七年级以音乐、美术为主，融入舞蹈、戏剧(含戏曲)、影视(含数字媒体艺术)相关内容；八至九年级包括音乐、美术、舞蹈、戏剧(含戏曲)、影视(含数字媒体艺术)等，学生至少选择两项学习。

综合实践活动侧重跨学科研究性学习、社会实践。一至九年级开展班团队活动，内容由学校安排。

地方课程由省级教育行政部门规划设置，原则上在部分年级开设。校本课程由学校按规定设置。

专题教育以渗透为主，融合到相关科目中，原则上不独立设课。

(二)普通高中课程设置

为使学生在普遍达到基本要求的前提下实现有个性地发展，课程标准应有不同水平的要求，在开设必修课的同时，设置丰富多样的选修课程，开设技术类课程。积极试行学分制管理。

1. 课程类别

普通高中课程由必修、选择性必修、选修三类课程构成。其中，必修、选择性必修为国家课程，选修为校本课程。

必修课程由国家根据学生全面发展需要设置，所有学生必须全部修习。

选择性必修课程由国家根据学生个性发展和升学考试需要设置。参加普通高等学校招生全国统一考试的学生，必须在本类课程规定范围内选择相关科目修习；其他学生结合兴趣爱好，也必须选择部分科目内容修习，以满足毕业学分的要求。

选修课程由学校根据学生的多样化需求，当地社会、经济、文化发展的需要，学科课程标准的建议以及学校办学特色等开发设置，学生自主选择修习。

2. 科目设置

普通高中开设语文、数学、外语、思想政治、历史、地理、物理、化学、生物学、技术(含信息技术和通用技术)、艺术(或音乐、美术)、体育与健康科目和综合实践活动、劳动等国家课程，以及校本课程。有关科目开设要求说明如下。

外语包括英语、日语、俄语、德语、法语、西班牙语。学校自主选择第一外语语种。鼓励学校创造条件开设第二外语。

技术包括信息技术和通用技术，其必修内容分别按 3 学分设计模块。

艺术可与音乐、美术两科相互替代，具体开设科目由学校自行确定。

体育与健康的必修内容，必须在高中三学年持续开设。

综合实践活动共 8 学分，包括研究性学习、党团活动、军训、社会考察等，研究性学习 6 学分(完成 2 个课题研究或项目设计，以开展跨学科研究为主)。劳动共 6 学分，其中志愿服务 2 学分，在课外时间进行，三年不少于 40 小时；其余 4 学分内容与通用技术的选择性必修内容以及校本课程内容统筹。

二、制定国家课程标准

国家课程标准规定课程性质、课程理念、课程目标、课程内容、学业质量和课程实施等，是教材编写、教学、考试评价以及课程实施管理的直接依据。

制定国家课程标准要依据各门课程的特点，结合具体内容，加强德育工作的针对性、实效性和主动性，对学生进行爱国主义、集体主义和社会主义教育，加强中华民族优良传统、革命传统和国防教育，加强思想品质和道德教育，引导学生树立正确的世界观、人生观和价值观；要倡导科学精神、科学态度和科学方法，引导学生创新与实践。

幼儿园教育要依据幼儿身心发展的特点和教育规律，坚持保教结合和以游戏为基本活动的原则，与家庭和社区密切配合，培养幼儿良好的行为习惯，保护和启发幼儿的好奇心和求知欲，促进幼儿身心全面和谐地发展。

义务教育课程标准应适应普及义务教育的要求，让绝大多数学生经过努力都能够达到教育目标，体现国家对公民素质的基本要求，着眼于培养学生终身学习的愿望和能力。

普通高中课程标准应在坚持使学生普遍达到基本要求的前提下，有一定的层次性和选择性，并开设选修课程，以利于学生获得更多的选择和发展的机会，为培养学生的生存能力、实践能力和创造能力打下良好的基础。

三、改善课程实施(教学)过程

教师在教学过程中应与学生积极互动、共同发展，要处理好传授知识与培养能力的关系，注重培养学生的独立性和自主性，引导学生质疑、调查、探究，在实践中学习，促进学生在教师指导下主动地、富有个性地学习。教师应尊重学生的人格，关注个体差异，满足不同学生的学习需要，创设能引导学生主动参与的教育环境，激发学生的学习积极性，培养学生掌握和运用知识的态度和能力，使每个学生都能得到充分的发展。

大力推进信息技术在教学过程中的普遍应用，促进信息技术与学科课程的整合，逐步实现教学内容的呈现方式、学生的学习方式、教师的教学方式和师生互动方式的变革，充分发挥信息技术的优势，为学生的学习和发展提供丰富多样的教育环境和有力的学习工具。

四、规范教材的开发与管理

教材改革应有利于引导学生利用已有的知识与经验，主动探索知识的发生与发展，同时也应有利于教师创造性地进行教学。教材内容的选择应符合课程标准的要求，体现学生身心发展特点，反映社会、政治、经济、科技的发展需求；教材内容的组织应多样、生动，有利于学生探究，并提出观察、实验、操作、调查、讨论的建议。

积极开发并合理利用校内外各种课程资源。学校应充分发挥图书馆、实验室、专用教室及各类教学设施和实践基地的作用；广泛利用校外的图书馆、博物馆、展览馆、科技馆、工厂、农村、部队和科研院所等各种社会资源以及丰富的自然资源；积极利用并开发信息化课程资源。

完善基础教育教材管理制度，实现教材的高质量与多样化。实行国家基本要求指导下的教材多样化政策，鼓励有关机构、出版部门等依据国家课程标准组织编写中小学教材。建立教材编写的核准制度，教材编写者应根据教育部的《关于中小学教材编写审定管理暂行办法》，向教育部申报，经资格核准通过后方可编写。完善教材审查制度，除经教育部授权的省级教材审查委员会外，按照国家课程标准编写的教材及跨省使用的地方课程的教材须经全国中小学教材审查委员会审查；地方教材须经省级教材审查委员会审查。教材审查实行编审分离。

改革中小学教材指定出版的方式和单一渠道发行的体制，严格遵循中小学教材版式的国家标准。教材的出版和发行实行公开竞标，国家免费提供的经济适用型教材实行政府采购，保证教材质量，降低价格。

加强对教材使用的管理。教育行政部门定期向学校和社会公布经审查通过的中小学教材目录，并逐步建立教材评价制度和在教育行政部门及专家指导下的教材选用制度。改革用行政手段指定使用教材的做法，严禁以不正当竞争手段推销教材。

五、建立发展性评价体系

(一)学生发展评价

建立促进学生全面发展的评价体系。评价不仅要关注学生的学业成绩，而且要发现和发展学生多方面的潜能，了解学生发展中的需求，帮助学生认识自我，建立自信。发挥评价的教育功能，促进学生在原有水平上的发展。

(二)教师发展评价

建立促进教师不断提高的评价体系。强调教师对自己教学行为的分析与反思，建立以教师自评为主，校长、教师、学生、家长共同参与的评价制度，使教师从多种渠道获得信息，不断提高教学水平。

(三)课程发展评价

建立促进课程不断发展的评价体系。教师周期性地对学校课程执行的情况、课程实施中的问题进行分析评估，调整课程内容、改进教学管理，形成课程不断革新的机制。

(四)继续改革和完善考试制度

在已经普及九年义务教育的地区，实行小学毕业生免试就近升学的办法。鼓励各地中小学自行组织毕业考试。完善初中升高中的考试管理制度，考试内容应加强与社会实际和学生生活经验的联系，重视考查学生分析问题、解决问题的能力，部分学科可实行开卷考试。高中毕业会考改革方案由省级教育行政部门制订，继续实行会考的地方应突出水平考试的性质，减轻学生考试的负担。

高等学校招生考试制度改革，应与基础教育课程改革相衔接。要按照有助于高等学校选拔人才、有助于中学实施素质教育、有助于扩大高等学校办学自主权的原则，加强对学生能力和素质的考查，改革高等学校招生考试内容，探索提供多次机会、双向选择、综合评价的考试、选拔方式。

考试命题要依据课程标准，杜绝设置偏题、怪题的现象。教师应对每个学生的考试情况作出具体的分析指导，不得公布学生考试成绩并按考试成绩排列名次。

六、实行三级课程管理政策

为保障和促进课程适应不同地区、学校、学生的要求，实行国家、地方和学校三级课程管理。

(一)教育部的职责

教育部总体规划基础教育课程，制定基础教育课程管理政策，确定国家课程门类和课时。制定国家课程标准，积极试行新的课程评价制度。

(二)省级教育行政部门的职责

省级教育行政部门依据国家课程管理政策和本地实际情况，制订本省(自治区、直辖市)实施国家课程的计划，规划地方课程，报教育部备案并组织实施。经教育部批准，省级教育行政部门可单独制定本省(自治区、直辖市)范围内使用的课程计划和课程标准。

(三)学校的职责

学校在执行国家课程和地方课程的同时，应视当地社会、经济发展的具体情况，结合本校的传统和优势、学生的兴趣和需要，开发或选用适合本校的课程。各级教育行政部门要对课程的实施和开发进行指导和监督，学校有权力和责任反映在实施国家课程和地方课程中遇到的问题。

本章小结

课程改革是基础教育改革的核心问题。改革开放以来，我国基础教育取得了辉煌成就，基础教育课程改革也取得了显著成绩，但是基础教育的总体水平还是不高，原有的基础教育课程已不能完全适应时代发展的需要。在20世纪与21世纪之交，我国启动了新一轮基础教育课程改革，这一方面是由于知识经济对课程改革提出了新的要求，世界基础教育改革对我国基础教育改革产生了巨大影响；另一方面又是国家发展的需要，是教育发展的必然。

基础教育课程改革的核心理念：为了中华民族的复兴，为了每一位学生的发展。这一基本的价值取向预示着我国基础教育课程体系的价值转型。基础教育课程改革的基本理念：促进课程的适应性和管理的民主化，重建课程结构与倡导和谐发展的教育，提升学生的主体性和注重学生经验。

基础教育课程改革的总体目标与世界各国的教育改革的共同特点是一致的，具有完整性，把对学生的全面发展和个性培养的要求结合起来，体现了时代对每个公民的要求和以学生发展为本的目标取向。

基础教育课程改革的具体目标：

第一，改变课程过于注重知识传授的倾向，强调形成积极主动的学习态度，使获得基础知识与基本技能的过程同时成为学会学习和形成正确价值观的过程。

第二，改变课程结构过于强调学科本位、科目过多和缺乏整合的现状，整体设计九年一贯的课程门类和课时比例，设置综合课程，以适应不同地区和学生发展的需求，体现课程的均衡性、综合性和选择性。

第三，改变课程内容繁、难、偏、旧和过于注重书本知识的现状，加强课程内容与学生生活以及现代社会科技发展的联系，关注学生的学习兴趣和经验，精选终身学习必备的基础知识和技能。

第四，改变课程实施过于强调接受学习、死记硬背、机械训练的现状，倡导学生主动参与、乐于探究、勤于动手，培养学生搜集和处理信息的能力、获取新知识的能力、分析和解决问题的能力以及交流与合作的能力。

第五，改变课程评价过分强调甄别与选拔的功能，发挥评价促进学生发展、教师提高和改进教学实践的功能。

第六，改变课程管理过于集中的状况，实行国家、地方、学校三级课程管理，增强课程对地方、学校和学生的适应性。

基础教育课程改革的内容包括：重建课程结构，制定国家课程标准，改善课程实施(教学)过程，规范教材的开发与管理，建立发展性评价体系，实行三级课程管理政策。

关键术语

1. 课程功能
2. 课程结构
3. 课程内容
4. 课程实施
5. 课程评价
6. 课程管理

思考题

1. 试析基础教育课程改革的国际和国内背景。
2. 试析基础教育课程改革的核心理念和基本理念。
3. 试述基础教育课程改革的总目标与具体目标。
4. 试述基础教育课程改革的内容。
5. 你怎样理解“为了每一位学生的发展”的理念？

案例研究

一次，我到一所学校去联系课题实验的事情。当和教师们谈起正在进行的新课程改革时，一位教师抱怨道：“我刚熟悉教材，怎么又要变教材?”试用本章所学的理论分析该教师的观点是否正确。

拓展阅读

1. 宋乃庆，徐仲林，靳玉乐．中国基础教育新课程的理念与创新[M]. 北京：中国人事出版社，2002.

2. 钟启泉，崔允漷，张华．为了中华民族的复兴　为了每位学生的发展——《基础教育课程改革纲要(试行)》解读[M]. 上海：华东师范大学出版社，2001.

第三章　课程开发与校本课程开发

学习目标▶

1. 理解课程开发、校本课程开发的基本概念。

2. 领会影响课程开发的因素，掌握课程开发的三种模式。

3. 理解校本课程开发的理念以及需要具备的条件。

4. 掌握校本课程开发的程序和途径，运用所学知识尝试开发一门校本课程。

课程开发的一般原理是校本课程开发的理论基础，理解了课程开发的一般原理，校本课程开发工作能更好地展开。那么，什么是课程开发呢？如何进行课程开发呢？校本课程开发的条件、理念、意义和程序又是什么呢？本章将就这些问题进行探讨。

第一节 课程开发的一般原理

课程开发是指为了“改进课程功能，提高学校教育质量而进行的包括从提出变革课程的动议、确立课程原理、编制课程文件、实施课程、开展教学到评价课程等的一系列复杂事项”①。它是沟通课程理论与实践的桥梁，是将教育理想和观念付诸实践的有力工具。因此，本节重点讲述课程开发，以期读者能够深刻理解课程开发的概念，掌握课程开发的三种经典模式，学会控制和调节影响课程开发的因素，并了解课程开发的思想基础——三种经典的课程理论流派。

一、课程开发的概念

课程开发一词由我国学者对国外学者常用的“curriculum development”翻译而来，但有文献表示，在课程开发(curriculum development)一词出现之前，英美国家学者常用英文“curriculum making(课程编订，博比特用的词)，curriculum construction(课程建设，查特斯用的词)，以及其他人使用的 curriculum building 等类似的词”②。我国教育界在 20 世纪 20 年代至 40 年代，也常用“课程编制”或者“课程编订”的表述。直至 1935 年，美国学者卡斯威尔和坎贝尔合著的《课程开发》(*Curriculum Development*)一书，用“development”取代以往的“making”“construction”等词，“课程开发”的概念才引起广泛关注。不同于过去的“课程编制”“课程建设”等术语，“development”隐含发展、创建、形式之意，既包含了课程的设计和编制过程，也暗示着课程开发是一个不断发展、改进的动态变化的过程，学生丰富多样的需求、社会的快速发展、科学技术的不断进步以及学校日新月异的变化，无不对课程产生重大变革，因此“development”一词更加符合课程理论和实践的发展需要。

关于课程开发的概念，“1974 年，在日本东京举行的‘课程开发国际研讨会’上，与会专家就明确提出了课程开发的概念及其基本方向。‘课程开发’是表示新的课程的编订、实验、检验—改进—再编订、实验、检验……这一连串作业过程的整体，大体相当于课程改造、课程改革之类的概念”③。除此之外，我国学者在

---

① 黄甫全．现代课程与教学论[M]. 2 版．北京：人民教育出版社，2011：183.

② 王本陆．课程与教学论[M]. 2 版．北京：高等教育出版社，2009：87.

③ 汪霞．小学课程与教学论[M]. 上海：华东师范大学出版社，2011：34.

各自的课程论书刊中也对课程开发作出了不同的理解，通观文献，可以发现有如下几种释义。

第一，课程开发“主要是指使课程的功能不断适应社会、文化、科学等方面的要求，进而持续不断开发课程的活动与过程。这个过程既包括课程的编订、实验、检验，还包括通过反馈进行改进，进而再编订、实验、检验”①。

第二，课程开发是指通过精细计划的活动，开发出一项课程并将其提供给教育机构的人们，以此作为教育方案的过程。②

第三，为了改进课程的功能，以适应文化、社会、科学及人际关系的需求，就得有持续不断的课程改进活动。所谓“课程开发”，就是指借助学校计划—课程的实施和评价，以改进课程功能的活动的总称。③

第四，从根本上说，课程研制(课程开发)是一种促进人的成长与发展的文化选择、传递和创新活动过程。课程研制是教育过程的核心，它是有关的教育人员、机构和团体，按照一定思想和标准从文化中选择出教育内容，并进行专门的组织和开发，以优化课程结构和改进课程功能，将文化内容转化成学习者的经验，促进学习过程和提升学习结果，从而实现学生与教师的健康成长。

以上四种关于课程开发的解释，虽然是从不同的角度审视课程开发的，但有着内在的一致性，即都将课程开发看作一系列优化课程功能的活动，是一个循环往复、贯串社会和人类发展始终的过程，这一过程涉及社会、历史、文化、人口等诸多要素。我们要不断发现教学实践中出现的问题，适时调整课程内容、结构、目标等要素，以更好地实现培养全面发展的人的终极目的。在此，我们将课程开发定义为：课程开发是指有关的教育人员、机构和团体，按照一定的思想和课程标准，选取课程内容，通过对课程进行编订、实验、检验，并通过反馈进行改进，进而再编订、实验、检验课程这样一个持续动态的过程，以优化课程结构和改进课程功能，使课程的功能不断适应社会、文化、科学等方面的要求，不断促进学习过程和提升学习结果，从而实现师生的健康发展。

二、课程开发的模式

由课程开发的概念可以看出，课程开发是一项复杂的工程，它涉及课程开发主体、课程决议、课程目标、课程内容、课程实施、课程评价以及后续的修订等各个环节，需要考虑各种不同的因素，以协调、适应学生和社会等的需求和发展。因此，科学、规范的课程开发模式成为必要，它能为教师和专家学者研制课程提供抓手。课程开发模式主要有三类：目标模式、过程模式和实践模式。

---

① 王本陆．课程与教学论[M]．2版．北京：高等教育出版社，2009：87.

② 钟启泉，汪霞，王文静．课程与教学论[M]．上海：华东师范大学出版社，2008：83.

③ 汪霞．小学课程与教学论[M]．上海：华东师范大学出版社，2011：34.

(一)目标模式

1. 目标模式的产生和发展

目标模式(objectives model)是以目标为课程开发的基础和核心，围绕课程目标的确定及其实现、评价而进行课程开发的模式。① 目标模式被很多学者称为“工艺模式”，此概念源于博比特，他将当时盛行的科学管理原则应用于课程设计与开发，在该模式下，学校像一座“工厂”，学生被视为“原材料”，学校依据社会需要将学生塑造成一定的“成品”。与博比特同时代的美国课程论专家查特斯，更加强调对人类职业领域的分析。

博比特和查特斯的思想为课程开发的科学化奠定基础，“现代课程理论之父”拉尔夫·泰勒，作为二者的集大成者，创立了“泰勒模式”。目标模式在其著作《课程与教学的基本原理》里得以阐述，被看作课程开发的经典模式。继泰勒之后，塔巴、惠勒(D. Wheeler)等学者对泰勒模式进行了补充和发展，共同创立了课程开发领域影响深远的经典模式。

2. 泰勒的目标模式

泰勒围绕课程目标将整个课程开发的过程分为四个步骤，围绕四个基本问题展开：

第一，学校应该试图达到什么教育目标？

第二，提供什么教育经验最有可能达到这些目标？

第三，怎样有效组织这些教育经验？

第四，我们如何确定这些教育目标正在得以实现？

实际上，这四个基本问题可以精简为：确定教育目标、选择教育经验(学习经验)、组织教育经验、评价课程计划四个步骤。泰勒原理就是由这四个步骤构成，并包含了对这些步骤的进一步说明。泰勒认为，由于学校性质、教育阶段的不同，这些基本问题的答案并不唯一，他只是提出研究这些问题的程序、方法和原则。目标模式历久弥新，对现代课程开发仍然发挥着指导作用。

(1)确定教育目标

在泰勒看来，课程开发始于教育目标的确定，目标是后续三个步骤的核心。对于如何选择和确定教育目标，泰勒提到了三个来源作为依据。

第一，对学习者自身的研究。课程的学习主体是学生，教育目标是学生预期的行为模式需要的变化，同时也是学生在学习课程之后要达到的行为改变的结果。对学习者自身的特征、兴趣爱好、思维水平等进行分析，是确定目标的内在依据。对学习者的研究可以通过两个步骤实现：一是了解学生的现状；二是将学生现状与教育者要求学生达到的状态做比较，从而得出教育目标。

---

① 张华．课程与教学论[M]．上海：上海教育出版社，2000：95.

第二，对当代生活的研究。自工业革命之后，现代社会随着科学知识的爆炸式增长，更新速度不断加快，学校课程要能够打开视野，与当代生活接轨，向学生传递受用的知识和能力，唯有与学生生活情境贴切的学习内容，才有利于他们将所学知识应用到实际，为他们日后走向社会做好准备。关于怎样通过分析当代生活确定教育目标，泰勒给出了如下建议：一是通过“工作分析”法和“活动分析”法；二是发掘那些使学生有机会将所学知识运用到生活中的领域；三是致力于使学生理解存在于当代生活问题中的基本原理；四是教育目标一定要适应学生的年龄特征、兴趣和需要；五是确定的目标一定要经过可接受的教育哲学的选择，并与通过其他来源确定的目标相权衡。

第三，学科专家的建议。课程开发过程中，学科专家是参与人员中的主要部分，他们更加了解学科结构，能够提出比一般人更加有效的建议，也是一种常见的课程目标来源。

通过以上三个来源得到的教育目标是站在不同的角度编制的，其数量也远远超过课程编制时需要的数量，这就需要通过一定的标准进行筛选和权衡，才能进一步确定教育目标。泰勒提出了两个“筛子”——学校信奉的教育和社会哲学；学习心理学。泰勒认为，每一个学校和社区都是有生命的、动态的实体，它们有自己的一套价值观和哲学信念，这种哲学可以检验、甄别那些具有高度价值的目标，那些与学校信奉的教育和社会哲学相符合的目标，都可以确定为课程目标。教育目标与学习者息息相关，学习心理学涉及科学的学习理论，它能够鉴别哪些目标对于学生的身心发展是有益的。

在目标表述上，泰勒提出了行为目标模式（behavior objective model），即用可以观察的或可以测量的行为来描述课堂教学目标。在泰勒的影响下，美国行为派心理学家马杰（R. Mager，1962）系统地提出了用行为术语陈述教学目标的理论与技术。他认为，教学目标应该陈述学生能做什么以证明他的成绩以及教师怎样知道学生能做什么。马杰提出行为目标有以下三个要素：一是可观察的行为。在目标表述时，教师要尽量避免使用描述内部心理过程的动词，要用可以观察的行为动词来表述，如“理解”“知道”“记住”“欣赏”等，这样的行为动词便于教师观察到目标行为是否实现以及何时实现。二是行为发生的条件。行为目标中的条件要素说明了在评价学习者的学习结果时，在什么条件下评价，如“在小组合作中完成”“通过查资料”等。三是可接受的行为标准。行为标准是衡量学习结果的行为的最低要求。通过对行为标准作出具体描述使行为目标具有可测量的特点，标准的表述一般与“好到什么程度”“精确度如何”“完整性怎样”“要多少时间”“质量要求如何”等问题有关，如“在 10 分钟之内完成”“记住 20 个单词”等。行为目标表述法可以改变以往教学目标陈述上的模糊性，使之更加明确，具有操作性。

(2)选择教育经验

教育经验即课程内容，是用以达到教育目标的学习内容和学习情境安排的综合。对于如何选择和构建教育经验(学习经验)，泰勒在他的书中提到了五条原则。①

为达到既定的教育目标，给学生提供的学习经验必须能使学生有机会实践该目标隐含的行为，又能使学生有机会处理该目标隐含的内容。

学习经验必须使学生在从事教育目标隐含的行为过程中获得满足。

学习经验所期望的反应是在学生能达到的范围之内的。

有许多特定的经验能够用来达到同样的教育目标。

同样的学习经验通常会产生几种结果。

对此，泰勒提出通过集体审议的方式选择有效的教育经验。

(3)组织教育经验

①两种组织形式

泰勒指出，教育经验可以通过两种组织形式实现，第一种是"纵向组织"，是指同一知识领域在不同年级之间的关系，如一年级的数学和二年级、三年级的数学呈现的知识内容之间的关系；第二种是"横向组织"，是指不同知识领域在同一年级之间的关系，如八年级的历史学科知识和八年级的政治学科知识之间的关系。合理有效地组织学习经验，符合学生的思维水平和学习特征，有利于学生将不同学习经验相互整合和转化。

②三个组织标准

如何判断教育经验的组织是有效的，泰勒提出了三个标准。一是连续性，即知识不止一次地出现在课程中，在之后的学习经验中也要重复出现或涉及该内容，以强化知识的掌握。二是序列性，即每个后续的学习经验要建立在先前所学经验的基础之上，并能超越学生的已有经验，让学生实现更深入、更广泛的学习，呈现螺旋上升式的发展。三是整合性，即课程内容之间要能够彼此联结，使学生能够将所学知识的内在价值和观点统一起来。

③组织要素和组织原则

泰勒受赫尔巴特思想的影响，将基本概念、基本技能、基本价值(态度、兴趣、信仰)看作能够统合学习经验、有效组织课程线索的要素，这些要素贯串课程的始终。若想将这些要素组织起来，除了有具体的组织形式和组织标准外，还需要一定的组织原则——逻辑组织和心理组织。这两种组织原则从不同主体的视角出发，逻辑组织涉及学科领域专家对课程要素之间关系的看法，而心理组织涉及学习者心理发展特点及其对课程要素之间关系的看法，若想达到两种组织原则的有机统一，需要课程开发主体的相互协调和权衡。在学校中，人们常用的组织策略有：按照年代

① R. W. Tyler. Basic Principles of Curriculum and Instruction[M]. Chicago: The University of Chicago Press, 1949: 65-68.

顺序编排；增加应用的广度和深度；扩大有关活动的范围；先描述原理，后进行分析；先具体后抽象；由部分到整体。①

④三个层次的结构要素

教育经验的组织不仅需要有效的组织方式，还需要考虑如何将这些内容形成组织结构，泰勒为我们提供了三个层次的结构要素。首先，最高层次的结构要素包括具体的科目(如语文、数学等)、广域课程(如自然科学、社会科学等)、核心课程以及经验课程(也叫单元课程)。其次，中间层次的结构要素包括按序列组织的课程，如按照时间顺序设计的一年级至六年级的小学语文课程，以一学期或一学年为单位的课程。最后，最低层次的结构要素包括“课”“课题”和“单元”。

(4)评价课程计划

对课程计划的评价贯串课程开发过程的始终，旨在检验课程的合理性和有效性，为后续的改进和完善提供依据，使课程开发成为一个循环的动态过程。泰勒的评价理念不同于以往的测验观，他认为评价必须与目标结合起来，评价学生的行为变化，并且评价要进行多次，以确认行为是否产生了真实的变化。关于如何进行评价，泰勒提出了评价程序的四个步骤。

第一，确立评价目标。对教育目标进行清晰解说，将行为和内容相结合，便于评价教育目标的实现程度。

第二，确定评价情境。要使评价在那些学生有机会表现预期的行为的情境中进行，才能保证评价的效度。

第三，设计评价手段。评价手段包括评价的工具、评价记录的单位或名称、评价的行为特征等，还要确定评价工具的客观性、信度和效度。

第四，利用评价结果。可以利用测验、问卷调查、观察、访谈等方法对课程进行评价，并对其进行解释，用以检验目标的达成程度，并利用反馈信息修改方案。②

3. 对目标模式的评价

目标模式形成了一种操作性很强的开发模式，有助于课程开发工作的展开，具有深远的意义。首先，目标模式强调明确具体的目标，极大地推动了课程开发活动的科学化。其次，泰勒的评价模式是教育评价发展史上第一个较为完整的评价模式，它在某种程度上提高了教育测量与教育评价的作用，加快了标准化测验的完善进程。最后，目标模式提出的基本问题成为其他课程开发模式都必须思考的基本问题，其严密而系统的课程开发思路，为其他的课程开发模式提供了榜样和反思的对象。

但是，目标模式是以科学实证主义哲学和行为主义心理学为理论基础的，由于这些理论自身的缺陷，目标模式也不可避免地存在诸多局限性和片面性。第一，它忽视了课程结构的整体性，把由多种成分或多种要素组成的课程结构整体分割开来，

① 王本陆．课程与教学论[M].2版．北京：高等教育出版社，2009：92.

② 张华．课程与教学论[M].上海：上海教育出版社，2000：105～109.

片面强调目标的唯一性，企图以局部的分析替代全面的总体开发，其结果必然导致某种偏差或失误。第二，它仅仅强调课程是一门科学而忽视了课程开发的艺术性，其割裂了教育过程中的事实与价值，从而使课程开发局限于技术理性的框架之中，导致课程开发过程的机械化。第三，它强调目标的具体性、可预期性和行为化，却忽视了非预期的学习结果，这样的课程开发模式只看到了正式课程而忽视了潜在课程，因而不具有普遍适用性。第四，它重视课程专家和权威人士的作用，忽视了课程开发过程中教师和学生的作用，因而它必然导致学生主体地位的缺失，压抑他们的积极性、主动性、独立性和创造性。①

(二)过程模式

1. 过程模式的产生和含义

过程模式是在对目标模式的反思和批判中建立起来的，其主要代表人物是英国课程论专家斯腾豪斯，他在 1975 年出版的《课程研究与开发导论》(*An introduction to Curriculum Research and Development*)中客观地对“泰勒模式”进行了详尽而透彻的分析与批判，并以此为前提和依据，建立起了过程模式的理论框架。

“过程模式”并非一种具体的课程开发模式，它只是详细地说明内容和过程中的各种原理，课程开发的任务就是要选择活动内容，建立关于学科的过程、概念与标准等知识形式的课程。开发者在开发过程中，要秉持一种“过程原则”(鼓励教师对课程实践的反思批判和发挥创造②)，课程开发不宜从详细叙述目标开始，而是先详细叙述程序原则和过程，然后在教育活动、经验中不断予以改正、修正。这种模式主张课程开发应从那些具有价值的知识中挑选出能够体现这些知识的内容，这些选择出来的内容，能够代表这种知识当中最重要的过程、最关键的概念和该知识中固有的那些标准。学生取得的最终结果不是按照行为事先确定的，而是在事后借助那些建立在该知识形式中的标准来加以评价。③ 继斯腾豪斯之后，布鲁纳、巴恩斯(Barry Barnes)等人的课程开发思想也是过程模式的重要组成部分。

2. 斯腾豪斯的过程模式

(1)知识与活动的内在价值——课程开发的依据

过程模式反对把教育作为工具，主张教育要关注具有内在价值的活动。因此，斯腾豪斯认为，教育与课程意味着向学习者传授具有价值的东西，即发展学习者的知识和理解力，所以教育与课程有自己固有的内在价值和优劣标准。人们完全可以通过详细说明内容和程序原则的方法来合理地开发课程，而不必用目标预先指定希望达到的结果。④ 但此处的总目的不同于目标模式的预设目标，它并不构成最后的

---

① 靳玉乐．课程论[M]．北京：人民教育出版社，2012：150～151.
② 张华．课程与教学论[M]．上海：上海教育出版社，2000：119.
③ 汪霞．课程开发的过程模式及其评价[J]．外国教育研究，2003(4)：60.
④ 李子建，等．课程：范式、取向和设计[M]．香港：香港中文大学出版社，1996：241.

评价依据，主要功能是概述教育过程中可能出现的各种学习结果，并使教师明确教学过程中内在的价值标准及总体要求，而不指向对课程实施的最后结果的控制。

(2)是否含有内在价值——课程内容的选择标准

依据教育活动和知识的价值进行课程开发，课程内容的选择标准自然也要看“是否具有内在价值”。斯腾豪斯结合拉思(J. D. Rath)的鉴别标准，提出了鉴别课程活动内容价值的12条标准。①

在所有其他条件相同的情况下，如果一项活动允许儿童在完成它的过程中作出其所了解的选择，并能对自己的选择带来的后果作出反应，则这项活动比其他活动更有价值。

在所有其他条件相同的情况下，如果一项活动在学习情境中允许学生充当主动的角色而不是被动的角色，则这项活动比其他活动更有价值。

在所有其他条件相同的情况下，如果一项活动要求学生探究各种观念，探究智力过程的应用，或探究当前的个人问题或社会问题，则这项活动比其他活动更有价值。

在所有其他条件相同的情况下，如果一项活动使学生涉及实物教具(真实的物体、材料与人工制品)，则这项活动比其他活动更有价值。

在所有其他条件相同的情况下，如果一项活动能够由处于不同能力水平的儿童成功地完成，则这项活动比其他活动更有价值。

在所有其他条件相同的情况下，如果一项活动要求学生在一个新的背景下审查一种观念、一项对于智力活动的应用或一个以前研究过的现存问题，则这项活动比其他活动更有价值。

在所有其他条件相同的情况下，如果一项活动要求学生审查一些题目或问题，这些题目或问题是人们一般不去审查的，是典型的被大众传播媒介忽略的，则这项活动比其他活动更有价值。

在所有其他条件相同的情况下，如果一项活动使儿童与教师共同参与“冒险”，即在成功与失败之间冒险，则这项活动比其他活动更有价值。

在所有其他条件相同的情况下，如果一项活动要求学生改写、重温及完善他们已开始了的尝试，则这项活动比其他活动更有价值。

在所有其他条件相同的情况下，如果一项活动使学生应用与掌握有意义的规则、标准及准则，则这项活动比其他活动更有价值。

在所有其他条件相同的情况下，如果一项活动能给学生提供一个和别人分享制订计划、执行计划及活动结果的机会，则这项活动比其他活动更有价值。

在所有其他条件相同的情况下，如果一项活动与学生的表达目的密切相关，则

---

① Stenhouse, L.. An Introduction to Curriculum Research and Development[M]. London: Heinemann, 1975: 86-87.

这项活动比其他活动更有价值。

(3)螺旋式——课程内容的组织形式

斯腾豪斯强调，课程的组织既要能清楚地反映各学科领域的基本概念、过程和方法，又要能被普通教师教给普通学生，因此，他选择了布鲁纳的螺旋式课程组织形式。斯腾豪斯认为，这不仅有利于反映知识形式，而且有助于学科知识和能力的统一。[①]

(4)形成性评价和自我批判——课程评价的方法

斯腾豪斯认为课程评价的根本目的是促进教学的发展，促进学生与教师理解力的发展。因而，评价不应以目标的实现为依据，而应以多大程度上反映了知识的形式，在多大程度上实现了过程原则为依据，不仅要重视课程教学的累积性结果，更应该重视课程教学过程的形成性结果。斯腾豪斯认为，在过程模式中，教师和学生参与的是有价值的活动，这种活动本身就有内在标准，可以根据内在标准来评估活动而无须外在的标准。学习的评价一方面应建立在学生的自我评价上；另一方面应建立在教师的诊断与评析基础之上。教师在评定学生作业时，应该是“评论家”，而不是评分者。

3. 对过程模式的评价

首先，过程模式在一定程度上弥补了目标模式的局限性。其次，与目标模式相比，过程模式是一种开放系统。最后，斯腾豪斯首次提出“教师即研究者”的口号，并积极致力于提高教师的专业性。

然而，过程模式虽然论证了课程开发过程中的基本原则和方法，但在课程开发的程序设计上并没有提出一个更为明确的方案。此外，过程模式在对学生的学习情况进行评价方面存在操作性差的问题。另外，过程模式最终依赖教师的判断，它对教师的要求很高，教师要不断地去追求理解力，完善评价标准，扩大专业知识面，必须要有时间、有机会进行专业发展。[②]

(三)实践模式

1. 实践模式的产生

实践模式是美国课程论专家施瓦布在其《实践：课程的语言》一文中提出来的，之后，他在其后的三篇论文《实践：折中的艺术》《实践：课程的转化》《实践：课程教授们要做的事情》中又详细阐述和不断完善，形成了实践模式的课程论思想。

20世纪60年代以来，伴随着实践教育理论的日趋兴盛，课程论专家施瓦布开始对以泰勒目标模式和理论为代表的课程开发模式进行反思和批判，提出了“实践性课程观”，并发起了“走向实践运动”的课程改革运动。施瓦布走向实践的课程哲学思想和实践的课程模式观汲取了三个方面的营养——古希腊的哲学传统尤其是亚里士多德的“实践观”，现代美国的实用主义哲学观特别是杜威的进步主义教育哲学思想，

---

① 李定仁，徐继存．课程论研究二十年[M]．北京：人民教育出版社，2004：73.

② 王婷．斯腾豪斯过程模式及其评价[J]．天津市教科院学报，2009(2)：45.

现代欧洲大陆的人本主义思想。在此基础上，施瓦布建立了“实践模式”理论。

2. 施瓦布的实践模式

(1)实践情境——课程开发的基点

施瓦布看到以往的课程开发过于关注开发原理、程序，而导致了开发模式僵化的弊端，积极主张“实践理性”的基本意蕴，强调课程编制和开发要关注课程实践情境中出现的问题，关注师生的真实需要，从教育本身出发，在实践情境的过程中进行课程开发的一系列活动。实践模式力图站在课程实践的视角，以实践情境为依据进行课程开发和研究。

(2)教师和学生——课程开发的主体和创造者

实践模式把教师和学生看作课程的主体和创造者。按照这种课程模式观，教师和学生都不能孤立于课程之外，而是课程的有机构成部分，是课程的主体和创造者。在实践模式中，师生双方都作为课程的有机组成部分，同是课程的合法主体和创造者。教师是课程的主要设计者，或者可以在执行课程的实践中根据特定的情境发挥自己的创造性，学生则有权对“什么学习和体验是有价值的”以及“如何完成这种学习和体验”等问题提出疑问和要求解答。就这样，师生双方共同加入了课程开发的过程之中。

(3)课程审议——课程开发的方法

审议就是在特定情境中通过对问题情境的反复权衡而作出的行动决策。按照施瓦布的观点，课程审议所具有的特征大致可以归纳为以下几个方面：第一，形成和选择各种可能的备选课程问题解决方案，是课程审议的一个首要特征。第二，课程审议遵循实践的逻辑，而不是形式的逻辑。也就是说，从课程问题的提出到课程问题的解决，课程审议都依靠实践的语言，依赖实践的智慧，进行实践的判断，最后得出关于行动的实践——结论。第三，课程审议具有集体的和教育的特征。施瓦布强调，通过审议形成一个学校共同体。所以课程审议是一种集体审议，要求有多方代表的参加，尤其是要有那些将受到行动决策后果影响的人参加。集体参与课程审议不仅是作出合理行动决定所必需的，而且是参与者彼此互动、相互启发的教育过程。①

审议小组人员通常由校长、教师、学生、家长、社区代表、教材专家、心理专家和社会专家等人组成，其中，审议集体的主席由课程专家来担任。审议过程遵循“自下而上”的原则，审议结果往往是由集体共同作出决定。课程审议的内容就是要谋求课程开发的基本要素(教材、教师、学生、环境)的协调和平衡。为了使集体审议能够有效地解决课程问题，施瓦布主张运用实践的艺术和择宜的艺术。前者替实践说话，并为实践规划，从而弥补理论的不足；而后者旨在使理论处于备用状态，

---

① 施良方．课程理论——课程的基础、原理与问题[M]．北京：教育科学出版社，1996：235.

借助择宜可以发现并实事求是地考虑某一理论对其研究课题所透射的观点有何歪曲和局限之处。

3. 对实践模式的评价

施瓦布的实践模式注意到了课程实践的复杂性和课程开发的现实意义，同时还满足了不同课程开发主体的价值愿望，特别是充分尊重了教师和学生的主体性。但由于实践模式力求协调开发过程各种参与主体的意愿和诉求，这在复杂的现实中很难做到，是一种理想化的状态。教师对于实践的过度关注，也容易忽视系统、科学的课程开发理论的意义，容易走相对主义极端。①

以上三种开发模式，无论哪一种都有其优势和缺陷，我们在开发课程时要能够取长补短、融会贯通，将三种模式结合，创造出完满的课程开发模式。

三、影响课程开发的主要因素

课程开发既关系到国家、社会的发展，又关系到学校师生的健康成长，在开发过程中无不受到社会、儿童、学科知识发展的影响。

(一)社会需求与课程开发

社会的需求决定着课程开发的方方面面。首先，社会需求决定课程开发的目标和内容。不同的社会发展阶段，对人才的培养目标不同，这就决定了开发者选择什么样的资源和知识以达到预期的课程目标。其次，社会需求影响课程的实施。比如，现代社会需要发展学生的多元智能，尤其是合作和探究的意识，课程实施就要注重学生自主探究能力的培养。最后，社会需求影响课程评价的方式。比如，我国古代社会需要学识丰富的人才为统治阶级服务，于是，科举考试成为有效的选拔方式。

(二)儿童发展与课程开发

儿童的发展包括身体和心理的双重发展，他们的发展规律决定着课程内容的选择与组织。儿童的发展具有年龄特征，在不同时期，其智力发展水平、身体特征、心理等方面皆存在差异，具有连续性、差异性等特点，这就要求相应的课程内容和组织要符合儿童身心发展的规律，还要注意到各个阶段课程的联系和衔接。儿童自身的主体性决定了课程开发过程中要考虑到儿童的兴趣，不能忽视儿童的参与，他们作为课程的受用者，是课程开发合理性的检验者和评价者。

(三)学科特征与课程开发

不同学科领域影响着课程内容的选择和组织。知识是课程的本质，课程作为知识的载体和表现形式，自然受到知识，尤其是作为学校课程主要内容的学科知识特征的影响。比如，语文工具性与人文性统一的特点，要求我们在选择语文课程内容时要选择那些既能满足语言文字运用能力培养需要的内容，也要体现中华优秀传统

---

① 王本陆．课程与教学论[M]．2版．北京：高等教育出版社，2009：100.

文化、革命文化、社会主义先进文化，

不同的学科特征影响着课程的实施和评价。那些规律性强、偏重探究的知识，如物理、化学知识，就需要学生在大自然中或者实验室中，亲自动手操作，在奇妙的化学反应中体会化学元素的本质特点；体育课以发展学生核心素养和增进学生身心健康为主要目的，体育课程的评价方式要重视过程性评价与终结性评价结合、定性评价与定量评价结合、相对性评价与绝对性评价结合。由此可见，学科特征对课程开发的意义重大。

四、主要的课程论流派

学科、儿童、社会是影响课程的三大主要因素，以其中某一因素为基点，将其置于课程的核心位置，就会形成不同的课程观，继而形成不同的课程理论流派。在课程论领域，以这三个因素为核心形成了三大主要的课程理论流派：学科中心课程论、学生中心课程论和社会中心课程论。

（一）学科中心课程论

学科中心课程论也称“知识中心课程论”，主张以有严密逻辑组织的学科知识作为课程开发的基点，因为学科知识反映了人类的集体智慧，代表人类的文化遗产。学习有组织的学科知识，对于文化遗产的继承、发展和文明社会的不断进步是至关重要的。学科中心课程论主要有要素主义和永恒主义。要素主义的代表人物巴格莱（W. C. Bagley）强调课程内容应该是人类文化的“共同要素”，它提出的课程设置原则中首要考虑国家和民族的利益。永恒主义的代表人物赫钦斯（R. M. Hutchins）认为，课程内容具有理智训练价值的传统的“永恒学科”的价值高于实用学科的价值，尤其推崇名著课程和教材。

学科中心课程论要求对学科知识进行合乎逻辑的组织，课程内容按照学科结构来组织，其中，学科结构是指理解和学习某一学科必不可少的、至关重要的概念和原理。此外，学科开发者务必要充分考虑学科知识的顺序和范围。所谓顺序是按照逻辑顺序纵向地组织学科知识，使学生由易及难、由简及繁、由近及远、由浅及深地掌握学科知识，不断取得学习进步；所谓范围是精心规定学科知识的横向范畴，认真选择适量的、对学生有意义的学科知识。以学科中心课程论为基础的课程，有独立学科、多学科、跨学科和综合学科四种主要形式。教材是组织学科知识常用的表现形式之一。

（二）学生中心课程论

学生中心课程论也称“经验主义课程论”，以杜威为代表的经验主义课程论流派主张，课程要以学生的兴趣、需要、能力和已有知识经验作为课程开发的基点，以此确定课程的目标、内容和方法。杜威认为，课程必须与儿童的生活相沟通，应该以儿童为出发点、中心、目的，判断课程价值的标准是课程是否能促进儿童的生长和发展，课程的内容不能超出儿童的经验和生活范围。课程的组织应心理学化，应该考虑到心理发展的次序以利用儿童现有的经验和能力。

学生中心课程论重视学生学习活动的心理准备，在课程设计与安排上要满足学生的兴趣，不需要预先设置目的和程序，因此不注重课程的编排顺序和范围，而是注重课程的综合性，具有很大的灵活性。它强调实践活动，强调围绕现实生活的各个领域精心设置和组织课程。

(三)社会中心课程论

社会中心课程论主张以社会作为课程开发的基点，其代表人物是美国学者布拉梅尔德(H. Brameld)。社会中心课程论也称“社会改造主义课程论”，他们认为，课程应该与社会紧密地结合起来，着眼于人类生存环境。课程内容主要来自社会生活和人类不断面临的社会问题。社会问题应该成为选择课程的首要标准。在课程实施过程中，积极鼓励学生直接了解社会、参与社会和改造社会，注重培养学生理解问题、分析问题和解决问题的技能，而不是单纯地掌握一系列内容。教师在教学中充当组织者、促进者和协助者，教学的时间和空间得以拓宽，社会的课程资源和可以支配的时间被充分利用。①

第二节 校本课程开发

《义务教育课程方案和课程标准(2022年版)》明确国家课程、地方课程、校本课程三类课程管理模式，推动了广大学者和一线教师开始关注校本课程开发(school-based curriculum development)。什么是校本课程开发？校本课程开发提倡的理念是什么？校本课程开发的条件有哪些？如何进行校本课程开发？校本课程开发有哪些途径和方法？本节主要针对这些问题，进行详细阐述。

一、校本课程开发的概念和意义

(一)校本课程开发的概念

1. 校本课程

“校本课程”一词在西方文献中鲜有出现，但在我国课程实践中却得到广泛使用。校本课程是相对于国家课程和地方课程而言的，强调的是一种以学校为本的课程管理模式，实属课程行政范畴。具体来说，“校本课程是指以校为本的、基于学校的实际情况、为了学校发展而由学校自主开发的课程，是校本课程开发的‘课程产品’。在我国，它特指在国家基础教育课程计划中占10%～25%的课程”②。

---

① 王斌华．校本课程论[M]．上海：上海教育出版社，2000：31～35.

② 郑梦丹．校本课程开发的意义及困境[J]．现代教育科学，2011(10)：11.

在校本课程一词出现以前，国家设置选修课和活动课，作为国家课程计划中预留给学校自主开发的部分。自第八次课程改革以来，国家试图打破过于集中的课程管理模式，采取国家、地方、学校三管齐下的课程管理模式，校本课程应运而生，很多学校将已然成熟的活动课和选修课加以完善，形成独具学校特色的校本课程。但要注意的是，校本课程并不等于选修课和活动课，除了这两种课程外，它立足学校的办学传统和目标，发挥特色教育教学资源优势，以多种课程形态服务学生个性化学习需求，最能体现学生的自主选择权。

2. 校本课程开发

校本课程开发(school-based curriculum development，SBCD)，是一个舶来词，率先由非吕马克(Furumark)和麦克米伦(MacMillan)等人于1973年在爱尔兰阿尔斯特大学召开的国际课程研讨会上提出。大会经过研讨指出，校本课程开发指的是那些能够参与教育工作中的有关成员以学校为基地，为改善学校的教育质量而进行的课程开发活动。校本课程开发实践的复杂性导致了对其概念理解的多元化，我国许多学者都对校本课程开发提出了各自的见解，这些概念虽然在表述上有所差别和侧重，但大多包含了几个关键点：一是校本课程是一个课程开发活动；二是校本课程开发以学校为本位，是学校为了满足学生需求和学校发展特点而展开的课程编制过程；三是注重师生的参与，调动一切能够调动的开发主体参与进来，体现课程开发的民主化；四是校本课程开发是一个持续动态的过程，并非简单的线性活动，它需要在实践中不断地反思和完善。因此，把握好这样几个关键点，对校本课程开发这一概念的理解也就更加清晰了。据此，我们将校本课程开发的概念定义为："校本课程开发是在学校现场发生并展开的，以国家及地方制定的课程纲要的基本精神为指导，依据学校自身的性质、特点、条件以及可利用和开发的资源，由学校成员自愿、自主、独立或与校外团体或个人合作展开的，旨在满足本校所有学生学习需求的一切形式的课程开发活动，是一个持续和动态的课程改进的过程。"①

(二)校本课程开发的意义

校本课程开发对于我国教育变革、学校发展和教育质量提高、教师专业发展都有重大意义，具体来说有以下几点。

第一，校本课程可以有效弥补国家课程和地方课程的不足。国家课程注重教育的基础性和统一性，适用于全国大范围内的学生，但也存在不能充分考虑到各地方、各学校的实际，更无法照顾到学习者的个体特点。而校本课程开发正是对国家课程开发所遇到的挑战作出的实用主义的回应，在保证国家对教育的统一基本要求的前提下，尽可能地反映地区、学校和学生的差异性，及时融入鲜明的地方和学校特色，形成学生喜闻乐见的、可选择的校本课程。

---

① 徐玉珍．校本课程开发：概念解读[J]．课程·教材·教法，2001(4)：12.

第二，校本课程的开发有利于学生特长的形成。校本课程开发以满足学生的兴趣与需要为前提，使学生在校本课程中看到了自身的长处，挖掘了自我的潜能，培养了自己的信心；校本课程把学生的个性发展作为终极追求，针对学生的不同需要及其发展的可能性，来开发和实施不同的课程，是培养多种人才，满足社会多样化需要的重要措施。

第三，校本课程有利于学校形成特色，更好地适应市场需求。享受优质的教育环境和教育资源越来越成为许多家长和学生的诉求。校本课程开发强调自主决策、自主开发，学校拥有更多权力根据家长和学生的要求设计课程，这有利于学校丰富教育资源，发挥资源优势，形成自己的特色，从而提升教育品质，更好地适应社会需求，提升自己在市场中的位置。

第四，校本课程有利于教师的专业发展。教师在校本课程开发中得到了更多施展自己的空间，教师通力合作，在探究和自我学习中开发属于自己的课程，这样的探究和合作显然是十分有利于教师提升自己的业务素质的，是“教师即研究者”的体现。

第五，校本课程有利于促进教育的合作和交流。校本课程的开发不仅仅需要教师，还需要与高校、社会企业、社区等合作，得到相关专业人员的指导和帮助，这就促使中小学打开校门，走向社会，与外界合作，沟通了学校与社会，也促进了校际的学习和交流。①

二、校本课程开发的基本理念

(一)校本课程开发应是主动而有计划的系统变革活动

校本课程开发以施瓦布和斯腾豪斯提出的“实践模式”“过程模式”理论为思想基础，是一种以“主动而有计划地在学校系统中引入结构化的变革”为重要目标的课程开发活动。它需要通过这种有计划的变革保持学校内部以及学校与周围结构之间的动态平衡，使整个教育系统成为完整生态环境保持长久的活力，否则，校本课程开发存在的意义将大打折扣。

(二)校本课程开发是不断优化资源配置与课程权力的过程

校本课程开发是我国改革中央高度集中的自上而下的课程管理模式的结果，各个地方学校在遵循国家课程计划的前提下，结合自身的资源条件特色，自主开发课程，这有利于教育制度内的权力和资源的重新调整和优化配置，不仅提高了教育的效益，也提高了各个学校适应变革的能力。

(三)校本课程决策的中心在学校

校本课程开发就是一种基于学校的条件资源，为了学校教育质量的提高而进行

---

① 徐玉珍．校本课程开发的理论与案例[M]．北京：人民教育出版社，2003：37～40.

的课程开发活动，它实质上是一个以学校为基地的开放的民主决策过程，在这一过程中，教师、校长、课程专家、学生、家长以及社区人员共同参与学校课程纲要的规划、改进，学校在这一过程中扮演着核心角色，一切活动都是为了学校更好地发展，为了师生的成长和进步。但是要注意，以学校为中心的决策过程并不意味着学校故步自封，它需要各方力量的参与，需要走出学校，与社会、企业、其他学校合作，才能充分利用资源，开发出真正体现地方特色和师生需求的优秀校本课程。

(四)校本课程开发的主体是教师和校长

三级课程管理的政策为教师赋权增能，给了教师充分的专业自主权。要想真正落实课程观权力下放的目的，教师和校长应该而且必须是校本课程开发的主体。校本课程开发策略充分尊重和满足广大师生以及学校教育环境的独特性和差异性，教师和校长比其他人更加了解本校的环境和条件，更加方便地获取学生的发展状况和学习需求。因此，教师和校长在实践中需要不断提升自我的专业自主能力和课程开发意识，才能顺利适应角色转变，真正发挥主体作用。

(五)校本课程开发是国家课程开发的补充

国家课程作为最高的课程计划，在涉及统一的国家基础和共同的国民价值等根本性、长期性和基础性问题方面，具有不可替代的优势和地位。尽管它存在许多缺陷，但校本课程开发依然要在尊重国家课程的前提下，与国家课程相互调试和补充，作为国家课程的一种补充，试图弥补国家课程开发过程中的局限。①

三、校本课程开发的条件

校本课程开发的过程涉及校内、校外方方面面的因素的影响，从主体来讲，要考虑到教师、学生、校长等参与人员的能力、需求、特点；从资源来讲，包括校内、校外不同区域的条件等。归纳起来，校本课程开发的条件主要有以下几个方面。

(一)明确而独特的教育哲学思想和办学宗旨

校本课程开发是以学校为基地自主进行的突出师生特点和学校办学特色的课程开发过程。这就决定了学校要能够树立明确而独特的教育哲学思想和办学宗旨，即学校要根据自己学校师生的特点和个性化需要、教育资源和环境以及教育者的办学旨趣来确立自身独特的发展方向。比如，有的中学英语教学独树一帜，于是就办成了“外国语学校”；有的学校美术教学效果卓著，“美术高中”则会成为他们办学的定位和重点。有了明确的教育哲学和办学旨趣，校本课程才能够真正发挥其价值，在完成国家规定的教学任务和目的时，发挥自身的特色。

(二)民主化和开放型的管理体系

校本课程开发不是单枪匹马就能完成的，它需要各方的积极参与，因此，构建

---

① 陈芬萍．课程与教学论新编[M]．合肥：安徽大学出版社，2011：163～165.

一个交流畅通、民主开放的管理体系是非常必要的。要充分尊重教师的意见，尊重学生的独特和差异性，多渠道、多途径吸纳校外人士的帮助和建议。只有在民主的教育氛围中，学校才能够成为教师施展才华的场所，才能激励教师以课程开发主体的姿态参与进来，真正做到"以校为本"，收获百花齐放的课程成果。

(三)建立规范的内部评价和改进机制

由于校本课程开发是在自主自愿的基础上进行的，其内容、形式丰富多样，国家无法采用统一的标准和检验手段对校本课程开发的有效性进行评估，这就需要学校形成一套规范的内部评价和改进机制，不断进行反思、自我批评和完善，才能保证校本课程开发的有序进行，保证课程成果的科学性和有效性。

(四)学校政策的支持以及充足的工作时间

国家中央集权的课程管理模式在教师心中早已根深蒂固，教师即使尝试自主开发校本课程，也难免会顾虑教育部计划，从而受国家教材内容和国家考试工具的影响。再者，大量的教学任务和学生工作已经让教师耗费精力，如果学校领导不能够适度地倾斜政策，减轻教师的工作量，教师没有足够的时间保证校本课程开发的实施，校本课程开发就只能是一种愿景。

(五)教师研究意识的提高

校本课程开发给了教师发挥自我能力的平台，同时也要求教师提高自身的综合素质。教师不仅仅是知识的传授者，还应该不断学习和充实自我，提高自身的科研水平，在教育实践工作中时刻反省自己，发现问题，同时与他人保持积极合作的态度和虚心求教的精神，使自己成长为学习型教师。

(六)充足的课程开发资源

校本课程开发正是基于本地和本校资源和环境特点而开展的，充足的课程资源是校本课程开发的基本条件和保障。同时，校本课程开发需要大量的人力、物力、财力，因此，学校要充分利用课程资源，对时间、场所和资金进行合理分配，注意从学校周围获取资源支持。①

校本课程开发的条件除了以上几点外还有许多，如学生探究意识的加强、校外社会力量的支持等。那么，是不是只有具备了充分的条件才能着手校本课程开发呢？答案是否定的。校本课程开发是学校和教师不断实现自我成长、自我更新的过程，教师在这一过程中能够逐步实现自我专业发展，挖掘出在开发伊始无法发现的课程资源，在动态、持续的过程中丰富资源条件。不过，在校本课程开发中，有这样几个问题值得注意：第一，组建校本课程开发的领导机构，确定负责人。这是校本课程开发落到实处的重要基础。第二，建立校本课程开发的工作制度，保证教师有时间和兴趣投入校本课程的开发中。第三，组织教师进修学习，或是把专家请

---

① 高水林．校本课程开发——理念与行动[M]. 武汉：华中师范大学硕士论文，2006：12～15.

进来，或是把教师送出去，提高教师的素质。第四，建立课程决策的集体审议制度，吸纳各方人士献计献策。第五，定期组织研讨，形成良好的校本培训机制。①

四、校本课程开发的程序

校本课程开发的程序具有多样性，但多样性的程序中也有共性。校本课程开发主要包括分析情况、制定目标、确立方案、理解并实施、评价及修订这五个步骤。在此将对这几个步骤进行具体描述。②

(一)分析情况

在开发校本课程之前，要对学校内部和外部环境进行全面的分析。对学校外部情况的分析包括：文化的变迁；社会的期望，如政策、考试评价、教育研究；教学内容本质的改变；教师支持系统，如培训机构、研究中心等的潜在作用；学校已获取的资源等。对学校内部情况的分析包括：学生的资质、能力与需要，教师的价值观、态度、技巧、知识、经验、优势与缺陷，学校的氛围、权力结构，学校的物质条件、设施，学校现行课程存在的问题，等等。

(二)制定目标

开发校本课程制定的目标包括一般目标与特殊目标，前者指教育的价值或哲学，后者指学生通过实施相应的课程之后，应具备的具体的知识与能力。

(三)确立方案

确立方案主要包括：教学活动的安排，涉及教学内容、结构及方法、范围、顺序的设计；编制校本课程所用的教材；教学环境的设计，如教室、实验室、活动室等的设计；开发人员的安排；具体时间进程的安排；等等。

(四)理解并实施

一方面，强化新的课程理念和特色意识；另一方面，创造条件和氛围，合理利用教育资源，支持校本课程的实施工作。

(五)评价及修订

开发人员要合理拟定评价程序，并根据评价的反馈重组、修订校本课程方案。

校本课程开发的程序可以有很多，每个学校可以根据自身的教育环境和资源条件形成属于自己的开发模式和流程。③ 以下是某中学具体的校本课程开发案例，以供参考。

---

① 王本陆．课程与教学论[M].2 版．北京：高等教育出版社，2009：112.

② 汪霞．校本课程开发：理念、过程、问题及其他[M]. 教育探索，2006(1)：34.

③ 王本陆．课程与教学论[M].2 版．北京：高等教育出版社，2009：112.

案 例

"英语小导游"校本课程开发——针对湖南省张家界市某初级中学①

张家界市是位于湖南省西北部的著名旅游城市，其境内有被列入联合国教科文组织《世界自然遗产名录》的武陵源自然风景区，吸引着国内外旅游者，特别是随着张家界成为诸多影视剧取景地之后，其知名度更是大大提升，前来旅游的国外游客也越来越多。为了使学生在日常生活中能够应对外国游客用英语提出的问题，力所能及地为外国游客提供帮助，从而进一步提高张家界的旅游形象和服务水平，某中学集中全校英语教师和校外相关社会机构(旅游管理部门)，着手设计"英语小导游"这门校本课程。

一、分析情况

(一)学校外部分析

1. 张家界旅游发展趋势

张家界旅游局统计资料显示，2014 年 1 月至 5 月，全市各景点共接待旅游者 1 046.48万人次，同比增长 11.42%，其中接待境外游客 65.58 万人次，同比增长 17.89%；实现旅游收入 65.93 亿元，同比增长 14.5%，其中旅游外汇收入 1.46 亿美元，同比增长 24.15%。短短 5 个月，张家界接待境外旅客 65 万余人，平均每个月就有超过 13 万名外国游客来到张家界市，其中为数不少都是自助游。更引人注目的是，景区接待境外游客的人数同比增长达到惊人的 17.89%。这么大的境外旅游人群进入张家界市区，自然需要张家界市的旅游服务人群乃至普通市民都具备一定的英语能力，能够解答境外旅游者的相关问题，长远来说，这对于提升城市旅游竞争力和服务水平乃至旅游软实力都是至关重要的。

2. 地区状况和社会的期望

提高市民英语水平，特别是旅游相关的英语听说能力，对于张家界这样一个国际性旅游城市而言，具有重大而长远的意义。张家界地处湖南偏远山区，20 世纪 90 年代因旅游业兴起才开始成为地级市，旅游是张家界的经济命脉，但是由于设市时间短，大部分市民受教育程度有限，英语水平很低。因此，从学生抓起，培养其旅游服务意识、提高其英语水平，从而推进当地社会对旅游英语的认知和重视，这是客观需要，也是政府和社会的期望。

3. 教育资源

张家界的教育资源并不丰富，一方面缺少优质的中学和高校，另一方面优质

① 案例来源于百度文库："英语小导游"课程的校本开发——针对湖南省张家界市某初级中学．

师资缺乏。然而整体教育资源的匮乏并不会过多地影响某中学进行“英语小导游”校本课程的开发，该校完全有能力利用好现有的资源，同时借助社会相关资源开发出一门与当地需求紧密联系的校本课程。

(二)学校内部分析

1. 办学条件

学校办学条件在张家界地区属于较好的一类，有成熟的英语教研组，配备有微机室、多媒体教室。

2. 师资状况

英语学科的师资力量在当地属于中上，教师队伍更新速度较快，新教师多有师范类大学本科背景，但是创新和研究能力还有欠缺。

3. 学生需求

学生课业压力比较大，课程比较紧密，学生以升入重点高中为首要目标，选修校本课程的外在动机较弱。但是该校已开设的部分校本课程由于满足了学生的兴趣爱好或者满足了他们日常生活中的需求，受到了追捧，这说明一部分学生对于学习自己感兴趣或者需要的校本课程，其内在动机是强烈的。

4. 现有课程缺陷

该校现有课程的缺陷是在很多学校都存在的。最显著的缺陷在于以升学考试为纲，课程设置固定，自主空间小，已有课程的教学方式传统，难以激发学生的兴趣和动力。该校近年来试图在每周五下午利用自修课时间开设三门校本课程，学生报名踊跃，师生互动良好，收到了比较好的效果，但是考查和评价方式没有跟上校本课程的变化，仍以标准化考试为主。

5. 学风

张家界市民风淳朴，热情好客。该校学生吃苦耐劳，好学乐学，希望走出山区看世界，对知识充满着好奇和向往。

二、制定目标

(一)知识与技能

了解本市的乡土历史和地理知识，了解本地的文化传统；

了解世界主要国家的一些文化特点、风俗习惯和该国人民的喜好和禁忌；

了解几种主要国家民众英语发音的特点，体会英语口语的多样性；

了解本市主要景点、宾馆、购物场所、娱乐场所以及火车站、机场等的英文名称；

掌握表示方位、距离、时间、海拔高度、各种交通方式的英文名称；

掌握几种外国人问路的模式以及几种正确的指路方式；

掌握根据求助人特点提出简单的旅行建议的基本原则和方法。

（二）过程与方法

能够主动运用角色扮演法和小组讨论法还原和分析英语学习过程中出现的情况和问题；能够主动地利用图书馆、互联网、家庭和社区的资源学习知识。

（三）情感、态度与价值观

体会到旅游产业国际化背景下个人英语能力的重要性，培养乐于助人、乐于展示自己和自己家乡的良好心态。

三、确立方案

（一）教学材料

“英语小导游”校本课程的教材都由英语教研组联合旅游局宣传部门某工作人员编写而成，主要有：

《张家界乡土文化》读本，《世界主要国家文化简介》读本，教师从电影中剪辑的美国、欧洲国家、印度、日本、韩国等国民众英语口语的视频片段（大概20分钟），张家界市城区地图、景区线路地图的英文版本。

（二）内容的选择标准

学生导向和需求导向，简单化和实用化，有鲜明的地域性文化特征，有趣味性。

（三）内容的编排组织

共有16个课时，每周三下午第七节课进行，在16周内完成一个周期的教学。

该课程共分为五个部分。

第一部分：1～3课时，张家界乡土地理、历史和旅游资源的概况。

第二部分：4～5课时，对世界主要国家的文化特点、风俗习惯和该国人民的喜好和禁忌做简要介绍。

第三部分：6～7课时，帮助学生了解几种主要国家民众英语发音的特点。

第四部分：8～12课时，主要景点和交通方式的英语表达以及用英语指路的模式的学习。

第五部分：13～16课时，自主学习、情境模拟和角色扮演等开放性的课堂活动。

四、理解并实施课程方案

该门校本课程安排在周三下午第七节课进行，由于周三处于一个星期的中间时段，这样安排的目的是给学生紧张的学习生活带去轻松和快乐。

每一部分由不同的教师负责授课。第一部分可以由本学校地理、历史教师充当讲师，第二部分要求该英语教师有较强的英美文化功底，第三部分要求授课教师对英语口语有较多的研究，第四部分可以邀请旅游局宣传部门工作人员利用一个课时做一个情况介绍的讲座，第五部分要求授课教师有较强的课堂组织能力和教学机智。

该课程开设初期，只设1个班，不超过30名学生，学生在初中三年只能报一个学期的课程。若该课程达到了预期的效果，可以逐渐增开，让更多对此感兴趣的学生都有机会报名参加该校本课程。

该课程强调学习过程中的互动性，增加大量小组讨论、情境模拟和角色扮演等课堂活动，培养学生的听力和口语能力；强调学生的自主性，许多学习材料交由学生自己去搜寻、发现、整理。

该课程的实施过程中注重融合其他学科教师的学科知识优势和相关的社会资源，体现多元性和社会性。

五、评价及修改

学期末的成绩评定将考量两部分：

学生平时的课堂表现，占总分的50%；教师会在期末对学生进行模拟情境问答的测试，并给出评分，占总分的50%。

总分前30%的学生将获得一定的物质奖励和荣誉称号，并能在个人综合评定中加分。

五、校本课程开发的途径

从我国目前校本课程开发实践的具体情况来看，虽然有许多可供参考的开发模式和开发程序，教师仍然无法在实际工作中顺利地进行开发活动。他们不知道通过何种方式发掘课程资源，常常在搜集信息时感到信息资源匮乏，找不到方向。在此，我们将从不同角度分析一些具体的途径和方法。

(一)从校本课程开发内容的角度来看

确定校本课程开发的主题和内容是开发的关键，至于如何将现有资源优势转化成校本课程资源和信息来源，可以从以下几个方面着手。一是将教育科研成果转化为校本课程。近年来，许多学校开始走理论与实践相结合的道路，教育科研办得有声有色。如果能将正在进行的科研项目或优秀的科研成果加以改变，形成本校课程特色，这不仅深化了科研成果的研究领域，也有利于将科研落到实践中，得到检验和完善。二是把地方资源转化为校本课程。这是最直接、最能体现校本课程特点的途径。地方资源包括地方景观、地方文化、社区设施等，可利用地方资源，开展体验教育、实践活动、探究性学习，为校本课程的开发创造有利条件。三是把校内活动课程资源转化为校本课程。校内课程资源包括：实验室、图书室、各种专用室、电教设备、体育场所和教师等。校内课程资源是开发校本课程的重点，充分发掘本校成熟的实践活动课程，让教师在已有教学经验上获得丰富和补充。四是将地方各部门资源转化为校本课程。社会各部门专业性强，聚集着大批专业人才，是学校校本课程开发的潜在资源。各行业有宣传、普及本行业常识的义务，学校与各行业联合开发校本课程是一项“双赢”的工作。[①]

(二)从校本课程资源的搜集方式来看

学校可以多主体、多途径搜集资源信息。一是组建校本课程开发团队挖掘课程资源。组建专门的开发团队有利于校本课程开发的管理，使搜集的信息更有针对性。二是学校领导和教师多渠道搜集信息。教师可以通过互联网搜集、整理相关信息，形成具有校本特色的信息资源；教师可以充分利用各自的学科背景，注重搜集和整理教学中的优秀课例，形成具有个性化的校本教学案例资源；教师可以开展形式多样的主题班团队活动、模拟法庭活动、班长竞选活动等，丰富校本课程资源。[②]

(三)从校本课程开发的立足点来看

校本课程开发的立足点，即校本课程开发的基本依据，它决定了校本课程的方向和视角。具体来说，有以下几个方面：一是基于地方特色的校本课程开发。关注学校外部资源，利用地域特色来开发校本课程。二是基于师生的草根式校本课程开发。学校为师生搭建平台，他们根据自己的能力和意愿，共同合作开发属于自己班级或年级的校本课程。三是基于学校优势项目的校本课程开发。学校将自己的办学宗旨和教育哲学或者是办学优势和特色作为校本课程开发的出发点和基础。四是基于学科拓展的校本课程开发。学校结合本校学生的学习需要，对学科课程标准、教材进行适当调整、整合、拓展和延伸，形成校本课程。五是基于学校办学目标的校本课程开发。以学校办学目标为导向进行的综合性校本课程开发，根据学校的办学特色和学生多样化的需要，综合统筹，提出课程开发思路。[③]

(四)从课程编制的角度来看

根据校本课程编制的过程和内容来源，可以将校本课程开发的途径分为两类：一类是课程新编，即课程内容是新开发的，没有依赖现有课程资源；另一类是课程改编，即在现有课程资源中选择合适的内容加以改进，形成新的校本课程，包括课程引入、课程选择、课程改编、课程整合、课程补充和课程拓展等。其中，课程新编指全新的课程单元的开发；课程引入指将他人已有的优秀课程成果引入本校实施；课程选择指从众多可能的课程项目中决定学校付诸实施的课程计划的过程；课程改变指针对课程学习对象特点的不同而进行的学程上的修改；课程整合指跨越学科体系，将不同学科以共同要素的方式加以整合形成校本课程的过程；课程补充指以提高国家课程的教学成效而进行的课程材料开发活动；课程拓展指以拓宽课程的范围为目的而进行的课程开发活动。[④] 这些课程编制方法的概念虽然不同，但是在具体操作过程中却存在一些相似性，厘清这些课程编制方法的关系，结合学校实际情况

---

① 马秋红．校本课程开发的途径[J]．新课程学习(下)，2011(11)：190.

② 刘高娃．校本课程开发的途径及意义[J]．赤峰学院学报(自然科学版)，2012(2)：170.

③ 黄月红．拓展校本课程开发途径，完善校本课程开发机制[J]．中国民族教育，2014(2)：42～43.

④ 徐玉珍．校本课程开发的理论与案例[M]．北京：人民教育出版社，2003：97～105.

选择适合自己的编制方法，是校本课程开发成功的关键。

校本课程开发的途径不计其数，无论是采用哪种途径，都必须从学校自身出发，从所要开发的校本课程内容出发，从师生的能力和意愿出发，寻求可操作性强、利于学生发展、促进教师专业成长、提高整体办学质量的途径和方法，力求做到实用和有效。

本章小结

本章主要介绍了课程开发的相关理论，既包括课程开发的一般原理，也包括校本课程开发的具体内容。其中，在课程开发的一般原理部分，我们介绍了课程开发的四种基本概念，这些概念从不同视角，为我们详细解读了课程开发的基本意蕴。课程开发的三种经典模式包括目标模式、过程模式和实践模式，这为我们日后研究和发展其他开发模式提供了优秀范例。课程开发受到许多因素的影响，主要有社会需求、儿童发展和学科特征这三种因素。同时，基于这三种影响因素，形成了三种不同的课程理论流派，即学科中心课程论、学生中心课程论和社会中心课程论。在校本课程开发一节中，我们介绍了校本课程开发的概念和意义、校本课程开发的五条基本理念、六个开发要具备的条件、五个基本程序以及四条开发途径。希望读者能通过本章的学习，对课程开发有深入的理解，并能运用相关的校本课程开发的知识于实践，开发出独具特色的校本课程。

关键术语

1. 课程开发
2. 校本课程开发

思考题

1. 如何理解“课程开发”与“校本课程开发”？
2. 课程开发的目标模式有哪些优势和弊端？
3. 校本课程开发的程序包括哪些步骤？
4. 结合一所学校的实际情况，试着设计一个校本课程开发的方案。

案例研究

萧山九中地处杭州湾南部，此地区属于海涂沙地。2001年，学校在引导学生进行研究性学习时，发现众多课题当中有关沙地生活、生产活动的相当多，于是试图对这些课题进行整合，决定把这些有关沙地的研究性课题以文化为纽带、以研究性学习为方式，组合开发成一门校本课程，题目为“沙地文化”，后改为“融入沙地”。萧山九中这一校本课程开发与实施在社会上产生了广泛的影响，《教育信息报》等先后做了专题报道。该成果先后被评为浙江省年度基础教育科研成果一等奖和浙江省第二届基础教育教学成果一等奖。

思考：结合校本课程开发的相关知识分析该校校本课程开发具备了哪些条件。

拓展阅读

1. 徐玉珍．校本课程开发的理论与案例[M]. 北京：人民教育出版社，2003.

2. 项家庆．教你开发校本课程[M]. 广州：世界图书出版广东有限公司，2012.

第四章 课程与教学目标

学习目标 ▶

1. 领会课程与教学目标的内涵。
2. 能够区分不同取向的目标。
3. 选择一个学科内容，按照行为目标陈述的方法设计一堂课的目标。

目标问题是课程与教学论的基本问题之一。课程目标是课程的出发点与归宿，制约着课程内容的选择，直接导致学生应当接受什么样的教育影响，并且课程目标也往往是界定教学成功与否的一个标准。课程目标的制定是课程设计与开发的重要内容，教学目标的分析与设计则是教学设计的重要环节。

第一节　课程与教学目标的概述

一、课程与教学目标的内涵

课程目标是对特定教育活动和教育阶段的课程进行的价值和任务的界定，是指特定阶段的学校课程所要达到的预期结果。课程目标主要通过课程方案以及其中的具体学科体现出来。它界定的价值和任务是非常具体的，并且可以直接转化到课程与教学的实际活动中。它是指导整个课程编制过程的最为关键的准则。每一门课程既有一般性的总体目标，又有具体的学段目标。《义务教育数学课程标准(2022 年版)》明确了数学课程的总目标，通过义务教育阶段的数学学习，学生逐步会用数学的眼光观察现实世界，会用数学的思维思考现实世界，会用数学的语言表达现实世界(简称三会)，学生能：(1)获得适应未来生活和进一步发展所必需的数学基础知识、基本技能、基本思想、基本活动经验。(2)体会数学知识之间、数学与其他学科之间、数学与生活之间的联系，在探索真实情境所蕴含的关系中发现问题和提出问题，运用数学和其他学科的知识与方法分析问题和解决问题。(3)对数学具有好奇心和求知欲，了解数学的价值，欣赏数学美，提高学习数学的兴趣，建立学好数学的信心，养成良好的学习习惯，形成质疑问难、自我反思和勇于探索的科学精神。为体现义务教育数学课程的整体性和发展性，根据学生数学学习的心理特征和认知规律，将九年的学习时间划分为四个学段，其中六三学制，一至二年级为第一学段，三至四年级为第二学段，五至六年级为第三学段，七至九年级为第四学段，根据六三学制、四个学段学生发展的特征，描述总目标在各学段的表现和要求，将核心素养的表现，体现在每个学段的具体目标之中，小学阶段侧重对经验的感悟，初中阶段侧重对概念的理解。

教学目标是课程目标的进一步具体化，是指导、实施和评价教学的基本依据，是师生在学科教学活动中预期达到的教学结果、标准。它表现为对学生学习成果及行为的具体描述，或对学生在教学活动结束时其知识、技能、情感、态度等方面取得变化的说明。教学目标是以一定的课程内容为媒介的，并与具体的课程内容一起呈现给教师和学生，具体的教学目标同时也是测量和评价教学质量的指标，经过适当的定性和定量分析，可以用一定的数据表示学生在某个方面的发展水平，以此来衡量学校教学工作的质量。教学目标是课程目标的进一步具体化，是指导、实施和评价教学的基本依据，是师生在学科教学活动中预期达到的教学结果、标准。它具有这样几个特征：教学目标具有可操作指标体系；教学目标体现学生学习行为及其变化；教学目标具有灵活性，教师可根据教学实际情况进行调整。

从国家制定的教育目的到实际的课堂教学目标，课程与教学目标经历了一系列的转化。如果以目的和目标的概括性程度为准则，可以依次区分四种不同的目标：教育目的(总目标)、培养目标、课程目标、教学目标。

教育目的是指一定社会培养人的总要求，是根据不同社会的政治、经济、文化、科学、技术发展的要求和受教育者身心发展的规律确定的。它反映一定社会对受教育者的要求，是教育工作的出发点和最终目标，也是制定教育目标、确定教育内容、选择教育方法、评价教育效果的根本依据。《中华人民共和国宪法》规定："国家培养青年、少年、儿童在品德、智力、体质等方面全面发展。"这是我国学校总的教育目的。它普遍适用于各级各类学校教育，因而具有高度的概括性。

从国家或整个社会的角度来看，教育目的只能是总体性的、高度概括性的，而不可能是具体的。在实现同一教育目的上，不同地区和不同学校会有不同的做法。造成这种差异的原因，除了各地区、各学校、各学科的实际情况有所不同之外，一些教育工作者对教育目的理解上有差异。所以，为了确保教育目的得到正确的贯彻落实，就需要根据各级各类学校的实际情况予以具体化，即要明确培养目标。

培养目标是对各级各类学校的具体培养要求。它是根据国家的教育目的和学校的性质及任务，对培养对象提出的特定要求。所以，教育目的与培养目标没有实质性的区别，只是概括的程度不同。教育目的是整个国家各级各类学校必须遵循的统一的质量要求；培养目标则是某级或某类学校的具体要求，后者是前者的具体化。即培养目标要根据教育目的来制定，而教育目的只有通过各级各类学校的培养目标才能实现。因此，两者的关系是一般与个别，或整体与局部的关系。培养目标的实现，主要是通过学校设置的课程而达成的。但培养目标通常不涉及具体的学习领域，因此，为了使课程编制工作切实有效，我们还必须使培养目标具体化，即要确定课程目标。

总之，从国家制定的教育目的，教育行政部门确定的培养目标，到课程工作者要明确的课程目标，以及教学工作者要考虑的教学目标，经历了一系列的转化。当然，这种转化不是一种简单的推演，而是要在对学生、社会、学科进行深入研究的基础上作出明智的抉择。

二、课程与教学目标的功能

课程与教学目标是教学活动的出发点和归宿，它支配、调节、控制着整个课程实施过程，任何教学活动都是围绕着课程与教学目标展开的。教师对课程目标的把握水平，对预期要达到的教学目标的明确、具体、科学的程度，直接决定着课程的质量。课程与教学目标具有下述几个功能。

(一)定向功能

课程与教学目标为课程设计与实施提供方向。课程目标一方面具有价值功能，它来源于教育宗旨，根据教育的一般目的确定各学科的本学段的课程目标；另一方面又根据这些课程目标设计教学活动和实施教学。课程目标不仅制约着教学设计的方向，也决定着教学的具体步骤、方法和组织形式，还可以帮助教师评鉴和修正教学过程。因此，它不仅保证教学活动的科学性、整体性和连贯性，也能保证教师教学活动全过程的方向性。

(二)测度功能

新课程标准作为各科课程应达到的目标在表述上力求精准，体现目标达成的向度、层级和区分度，使得学生学业水平测试有了标准，课程质量评价有了依据。因此无论课程质量评价还是升级选拔测试，哪一种评价在编制测验题时都要以课程目标为依据。因此教师在各学科、各单元和各课时的教学中，要以课程目标为依据，确定全面、具体和可供测量的教学目标，在编制教学测验进行教学评价时，注意测验的效度、信度和试题的难度和区分度，使教学评价有科学的依据。

(三)激励功能

课程目标的确立使得所有教育工作者、家长都可以明了在各学段通过教育教学，学生能够达到的学业水平与标准，使得课程与教学实施有据可依。明确的课程目标可以激励学生的学习，另外，在具体教学中，师生共同确立教学目标，可以使学生了解他们预期的学习成果，发挥教学目标的激励功能。要激发学生学习的动力，不能仅对他们讲述抽象而笼统的课程目标，而必须向他们说明具体而明确的教学目标。只有让学生了解预期的学习成果，他们才能明确成就的性质，进行目标清晰的成就活动，对自己的行为结果做成就归因，并最终取得认知、自我提高和获得赞许的喜悦。当然，教学目标要充分发挥激励学生的作用，其难易程度必须适当，要符合“跳一跳”才能摘到“桃子”的要求。

三、课程与教学目标确立的依据

课程与教学目标确立的依据主要有三个方面：对学生的研究，对社会的研究，对学科的研究。

(一)对学生的研究

对学生的研究，就是要找出教育者期望在学生身上要达到的预期结果。它通常包括三方面内容：了解学生身心发展的现状，并把它与理想的常模加以比较，确认其中存在的差距；了解学生个体的需要；了解学生的兴趣和个性差异。

(二)对社会的研究

对社会的研究涉及的内容极为广泛，通常采用的方法是把社会生活划分为若干有意义的方面，再分别对各个方面进行研究。泰勒介绍的一种可行的分类是将社会生活分为：健康、家庭、娱乐、职业、宗教、消费、公民。他认为这种分类有利于把整个社会生活分析成一些便于控制的方面，保证不遗漏任何重要的东西。对已有的社会研究的结果如何看待，是课程编制者面临的一个问题。如对减轻中小学课业负担问题，不同的人有不同的看法，甚至有相反的看法，这就需要对人们重视的价值、观念、习俗等做进一步研究。

课程编制者还需要对“学校课程能够给予适当满足的社会需求”与“只有通过社会上其他各种机构的合力才能完成的社会需求”两者作出区分。如学生健康的问题，学校课程可以使学生获得必要的知识、习惯和态度，但这需要家长和社会各界的鼎力配合。这类目标不可能仅凭学校课程就能达到。

(三)对学科的研究

学校课程毕竟是要传递通过其他社会经验难以获得的知识，而学科是知识的最主要的支柱。由于不同的学科专家熟悉该领域的基本要领、逻辑结构、探究方式、发展趋势，以及该学科的一般功能及其与相关学科的联系，所以，学科专家的建议是课程目标最主要的依据之一。事实上，大多数课程的教科书通常就是由学科专家编写的。

由于学生、社会、学科这三个因素是交互起作用的，对任何单一因素的研究结果都不足以成为课程与教学目标的唯一来源。如果过于强调某一因素，就会走到极端。课程史上出现过的学生中心课程、社会中心课程、学科中心课程就是这类典型的例子，它们基本上都是以失败而告终的。

第二节　课程与教学目标的表述

一、课程目标的表述

关于课程目标的表述随着课程实践的发展越来越丰富。基于美国课程论专家舒伯特(W. H. Schubert)的见解，主要的课程目标取向可归结为四种：普遍性目标取向、行为目标取向、生成性目标取向、表现性目标取向。

(一)普遍性目标取向

普遍性目标(global purposes)是基于经验、哲学观、伦理观、意识形态、社会政治需要而引出的一般教育宗旨或原则，这些宗旨或原则直接运用于课程与教学领域，成为课程与教学领域一般性、规范性的指导方针。这种目标的特点是把一般教育宗旨或原则与课程教学目标等同起来，因而具有普遍性、模糊性、规范性，可运用于所有教育实践。

普遍性目标是一种最古老的课程与教学目标的取向，可追溯到中国的先秦时期、西方的古希腊和古罗马时期。例如，中国古代的经典文献《大学》曾这样规定教育的宗旨："大学之道，在明明德，在亲民，在止于至善。……古之欲明明德于天下者，先治其国；欲治其国者，先齐其家；欲齐其家者，先修其身；欲修其身者，先正其心；欲正其心者，先诚其意；欲诚其意者，先致其知；致知在格物。"这种"格物、致知、诚意、正心、修身、齐家、治国、平天下"即"格致诚正、修齐治平"的教育宗旨后被概括为"内圣外王"，一以贯之地存在于中国漫长的奴隶社会和封建社会，中国古代教育的基本课程也就必然是"四书五经"。

普遍性目标体现的是"普遍主义"的价值观，认为任何课程与教学目标都能够并应当运用于所有教育情境，由于这种目标取向给出的课程与教学目标是一般性的宗旨或原则，而不是具体的目标，所以，教育工作者可以对这些目标创造性地作出解释，以适应各种具体教育实践情境的特殊需要。但是，不容否认，普遍性目标取向也存在一些缺陷。第一，这类目标往往缺乏充分的科学根据，受日常经验的局限。这种缺陷在课程论、教学论、心理学成为一种科学之前表现得尤为明显。第二，这类目标在逻辑上不够彻底、不够完整，往往以教条的形式出现，表现出一定的随意性。第三，这类目标在含义上不够清晰、确定，常常出现歧义，容易成为一种"政治游戏"。①

（二）行为目标取向

行为目标（behavioral objectives）是随着课程研究领域的独立而出现并逐步发展、完善起来的课程目标的表达模式。它是把学校要达成的教育目标，以具体的行为方式的形式加以陈述，指明教学活动结束后在学生身上发生的行为变化。行为目标的设计，旨在达到目标的具体化和可操作性，用泰勒的话说是"有助于选择学习经验和指导教学"。

泰勒认为，课程目标应由对社会生活的研究、对学生的研究、对学科的研究三种来源而得出，并要通过教育哲学和教育心理学的筛选。在目标确定之后，泰勒强调，应当用一种最有助于学习经验的选择和指导教学过程的方式来陈述目标。这样的方式，在泰勒看来，应该是既指出要使学生养成的那种行为，又指明这种行为能在其中运用的生活领域或内容。这样，目标实际上包括"行为"和"内容"两个方面。泰勒试图通过以行为方式陈述目标来改变这种状况。真正将行为目标发挥到极致的是泰勒的学生布卢姆（Bloom）以及克拉斯沃尔（D. R. Krathwohl）、哈罗（A. J. Harrow）等人建立的"教育目标分类学"。布卢姆从课程评价的角度出发，首

① 张华．课程与教学论[M]. 上海：上海教育出版社，2000：156.

先将教育目标划分为三大领域：认知、情感、动作技能。在每一领域中，根据能力的复杂程度和品质的内化程度，找出具有递进关系的层次，形成目标的阶层。而对每一阶层，都指出适宜的行为动词，以使目标切实落实到学生的行为方式变化上。这样，课程目标被表述得相当具体，具有可操作性，便于教师把握并用于课堂教学，便于对课程进行评价。行为目标模式因“教育目标分类学”得以在各国广泛传播，成了一项国际性的普及模式。这种目标模式曾于20世纪80年代在我国的教学实践中产生一定影响。

行为目标的实质是追求教育过程的可控制性，其特点是简单明了、易于把握，它对于保证一些相对简单的教育目标的达成是有益的。但是，如果试图用行为方式陈述所有课程目标，显然是不适合的，因为教育的真正价值，绝不仅仅是形成一些可以观察到的行为。教师意识不到这点，行为目标就会成为强加于教学过程的枷锁，师生的主体性都会在其约束下泯灭。

(三)生成性目标取向

生成性目标(evolving purposes)可以追溯到杜威“教育即生长”的命题。杜威反对把某种外在目的强加于教育，在他看来，教育是儿童经验的不断改造，是儿童的生活和生长，生活、生长以及经验的改造本身即构成了教育的目的。只有将目的融入教育过程中，才能真正促进儿童的生长。因此，在杜威看来，良好的教育目的应具备这样几个特征：第一，它必须根源于受教育者的特定个人的固有活动和需要(包括原始的本能和获得的习惯)；第二，它必须能转化为与受教育者的活动进行合作的方法；第三，教育者必须警惕所谓一般的和终极的目的。① 这样，目的就不是一种指向遥远的未来的结果，而是引导着现在的生长和发展的手段，它是从各个特殊的现时状态中自然引发、生长出来的。

“生成性目标”把课程看成历程性的，强调课程目标不是遥远的，而是当下的；不是超然于教育情境之外的，而是时刻处在教育情境之中的；不是控制性的，而是引导性的；不是预先设定的，而是不断生成的。这种生成从课程开发的角度来讲属于过程模式，斯腾豪斯作为过程开发模式的代表认为学生是在与教师的对话中，在与教育情境的交互作用中，在学生相互之间的交往合作中，不断获取知识和技能，不断生成各种社会情感、社会态度与社会价值观的。沿着这种逻辑发展，课程就不再扮演育人蓝图的角色，而是嬗变为一种文本。文本只是一个交流的、理解的对象而已。与泰勒不同，他主张课程编制可以规定教师要做的事情以及规定要处理的教学内容，关键是，教师不能把这些规定看作教育的目的或结果，用以评价学生的成绩，而是在处理这些事情和内容的教学活动过程中，对学生的发展持一种审视、研

① [美]约翰·杜威．民主主义与教育[M]．王承绪，译．北京：人民教育出版社，1990：114～117.

究、批评的态度，从而引导其不断深入发展。实际上斯腾豪斯是用一种一般的发展目的(批判性、创造性的思维能力)取代了行为目标，把教师从被“防备”的状态中解放出来，成为教学活动的主体。斯腾豪斯明确指出：“没有教师的发展就没有教育的发展，而且发展最好的手段不是通过明晰目的，而是通过批评实践。”正是基于这种认识，斯腾豪斯提出了“教师是研究者”的命题。

与行为目标相比，生成性目标突出了课程的价值取向。行为目标把注意力放在目标设置和陈述的技术上，避开了课程的价值问题，这决定了行为目标的“技术性”特征。生成性目标作为课程目的，既吸收了行为目标的积极因素，又致力于课程目标向课程实践靠拢，用理想的目的引导实践过程，重新抓住课程中的价值问题，强调教育的内在价值，即教育是为了促进儿童身心某种“形式”的发展。在这点上，它超越了行为目标的即时的、功利的特点。总之，生成性目标注重学生批判反思能力的发展，并把这种追求用以规范实践过程，要求课程的实施应当以不压制学生的批判反思为准。这里，学生主体性的培养被看作目标，而教师主体性的发挥则是手段，是目标得以实现的保证。

(四)表现性目标取向

表现性目标(expressive objectives)是美国课程学者艾斯纳(E. W. Eisner)提出的一种目标形式。受其从事的艺术教育的启发，艾斯纳区分了课程计划中存在的两种不同的教育目标：教学目标(instructional objective)和表现性目标。

教学目标旨在使学生掌握现成的文化工具。它是在课程计划中预先规定好的，这种规定明确指出了学生在完成一项或几项学习活动后，应习得的具体行为，如技能、知识条目等。它通常是从既有文化成果，如各种学科中引出，并以适合儿童的方式进行表述。教学目标对大部分学生来讲是共同的。

表现性目标是学生从事学习活动获得的结果，结果是开放的、非规定性的，并且只有脱离了行为目标的束缚，才能激发学生的潜能，才能使之进行自主的创造，从而表现出多样性和个性化。表现性目标的内涵就是培养学生的创造性，追求一种摆脱控制的“解放理性”。它旨在培养学生的创造性，强调个性化，因而超出了现有的文化工具并有助于发展文化。表现性目标不是规定学生在完成一项或多项学习活动后准备获得的行为，而是描述教育“遭遇”：指明儿童将在其中作业的情境、儿童将要处理的问题、儿童将要从事的活动任务，但它不指定儿童将从这些遭遇中学到什么。表现性目标意在成为一个主题，学生围绕它可以运用原来学到的技能和理解的意义，通过它扩展和加深那些技能与理解，并使其具有个人特点。因而，使用表现性目标，人们期望的不是学生反应的一致性，而是反应的多样性、个体性。这样，对表现性目标的评价就不能像行为目标那样，追求结果与预期目标的一一对应关系，而应该是一种美学评论式的评价模式，即对学生活动及其结果的评价是一种鉴赏式的批评、依其创造性和个性特色检查其质量与重要性。

在艾斯纳看来，两种目标模式对课程来讲都是需要的，且都存在于课程实践中，但它们需要不同的课程活动和评价过程。教学目标适合表述文化中已有的规范和技能；表现性目标则适合表述那些复杂的智力活动，已有的技能和理解是这种活动得以进行的工具，并且，这类活动有时需要发明新的智力工具，从而导向创造性的活动，这使文化得以扩展和重构而保持勃勃生机。因此，艾斯纳提出，应该研究这两类目标在课程理论和课程编制中的恰当位置，分别指明它们在课程中的适用范围，找出它们以何种方式相关联才能最有利于各种不同类型的学生、不同的学习活动以及适合不同的学科。

艾斯纳与斯腾豪斯的课程目标观有异曲同工之妙。首先，他们都反对把课程目标技术化的取向，明确提出教育及课程本质上的价值问题。这反映了人们对课程研究的科学化追求中把人作为物、作为工具加以控制的反思与批判，与整个时代精神对科技理性的批判是一致的。其次，他们都以人的自主发展作为课程目标取向的根本，注重人的自主性、创造性、个体性，注重课程情境的具体性。在学生个人和社会既有文化的关系上，他们都强调个人接受既有文化时的个性化，强调个人对文化的创造性发展。最后，在前两点的基础上，他们都不主张完全取消行为目标，或者说他们都注意吸收行为目标表达的内容对人的发展的作用，只是认为行为目标只能概括人的较低层面的素质，因而强调用高层次的表述。

四种课程目标取向各有自己的特点和优势。从实质来看，普遍性目标取向和行为目标取向都推行一种“普遍主义”的价值观，都是控制本位的，只不过行为目标借助了科学的手段，而普遍性目标是前科学的，是课程目标初期发展阶段的典型表现形式。生成性目标取向与行为目标取向及普遍性目标取向存在本质区别，生成性目标强调学习者与具体情境的交互作用，主张目标与手段的连续、过程与结果的连续，否弃预定目标对实际过程和手段的控制，对学习者、教育者在课程与教学中的主动性给出了应有的尊重。表现性目标取向是对行为目标的根本反对，它比生成性目标更进了一步，强调学习者和教育者在课程与教学中的主体精神和创造性表现，是课程目标的进一步具体化，是指导、实施和评价教学的基本依据，是师生在学科教学活动中预期达到的教学结果、标准。

二、教育目标分类

明确提出教育目标分类课题的是美国教育家，其中以布卢姆的教育目标分类和加涅的学习结果的分类最为著名，已得到世界公认。

(一)布卢姆的教育目标分类

布卢姆的教育目标分类实质上是一种层次分析。他把一般的教育目标放在第一层，然后分为三个主领域：认知领域、情感领域、动作技能领域。布卢姆和其他一些人将这三个领域又做进一步的划分，并对每一个亚领域又做进一步的分析。

认知领域由知识、领会、运用、分析、综合、评价六个亚领域组成。

知识，包括具体的知识、处理具体事物方式方法的知识、学科领域中的普遍原理和抽象概念等方面的知识。

领会，包括转化、解释、推断等方面。

运用，包括将学的知识——原理、学说、观念、原则等应用于新的情况。

分析，包括要素分析、关系分析、组织原理分析等几个方面。

综合，包括进行独特的交流、制订计划、操作程序、推导出一套抽象关系。

评价，包括依据内在证据和依据外在准则来判断两个方面。

情感领域的五个亚领域。

接受，分为意识、接受的意愿、受控或选定的注意三个方面。

反应，分为默许、愿意反应、反应中的满足三个方面。

形成价值观念，分为价值的接受、对价值的偏爱、对义务的承担三个方面。

组织价值观念系统，分为价值的观念化、价值系统的组织化两个方面。

价值体系个性化，分为组合化(指一般态度的建立)、个性化(指世界观、价值观的形成)两个方面。

动作技能领域可分为以下四个亚领域：观察、模仿、练习、适应。

我国学者根据我们的实际情况和自己的理解，对于布卢姆的目标分类做了一些改造与发展，如把认知、情感、动作技能三个主领域的每个主领域又分为五个亚领域，更易被我国教师理解。

认知领域的五个亚领域是：记忆、理解、简单应用、综合应用、创见。因为，根据布卢姆的界定，“知识”这一亚领域的主要内容便是记忆，所以我国学者直接用“记忆”来表述相应的亚领域；用“理解”取代了布卢姆的“领会”，“简单应用”这一项是对应于“运用”的，“综合应用”这一项则用来概括布卢姆的“分析”与“综合”这两个亚领域，以“创见”取代布卢姆的“评价”这一亚领域。以上不只是名词的更换，更重要的是理解上也有变化，更适合我国教师的理解。例如，关于理解，它包含的内容是：将学习的材料从一种形式转换为另一种形式，理解学习材料，对学习材料做简单判断。关于综合应用，它所包含的内容是：对具体综合问题各组成部分的辨认(属于分析性质)，部分之间各种关系的分析(分析与综合的联用)，识别组合这些部分的原理、法则，综合运用解决问题(属于综合性质)，这里，实际上是把分析与综合放在一起总称为综合应用，也有一定特色。关于创见，它包含的内容是：突破常规的思维模式，提出独到的见解或解题方法，按自己的观点对学习过程的材料整理分类，自己设计方案解答一些实际问题，比“评价”更具体、更确切。

让我们举一个植物学的例子来说明。

案 例

"植物的生长"教学目标①

比如，要学"植物的生长"这一单元，一般教学目标是"了解植物生长的条件"。教师还应提出更为具体的目标，即指出行为目标，使学生明白必须学会"做"什么，才能表明达到了这项目标。教师可以按下述方式表述。

目标一：正确说出影响植物生长的四个因素。

目标二：解释为什么黑暗的地方不长青草。

目标三：设计一个在月球上培育植物的实验。

目标一表明，要求学生获得的知识类型是"事实性知识"；知识掌握的水平是"正确"；智力操作方式是"记忆"；智力活动水平是"再现"。如果要求学生的知识掌握水平达到"熟练"而不仅仅是"正确"的话，还可以对上面的作业目标稍加修正。

目标二要求学生不仅要"记忆"植物生长的条件，还有"分析""推理"；属于简单运用。如果教师还试图通过作业培养学生的创造性，在提出作业目标时也可以考虑这方面的要求，可以提出更高水平的作业目标。

目标三属于"综合运用"，如果完成得好，可以达到培养创造力的目的。这样的目标要求学生动员不止一门学科的知识，并且要创造性地综合应用现有的全部有关知识，使用除教科书以外的多种资料和工具。完成这样的作业就不应该过分限制完成时间和其他条件。质量标准上也可以有较大的差异。

对于情感领域，我国学者划分的五个亚领域是：接受、思考、兴趣、热爱、品格形成。

（二）加涅的学习结果的分类

作为一个学习心理学家，加涅根据学生的学习结果，提出了五种学习结果的分类。②

第一，言语信息，指能用言语表述已习得的陈述性知识的能力。加涅所指的言语信息，即人们用语言和文字所承载的各种知识，是能够通过记忆功能复现的陈述性知识。当学生能够用句子的形式陈述已习得的学习内容时，我们就可以说他已经具有言语信息的能力了。加涅认为，言语信息实际上是以内在组织的形式存储在学习者的头脑中的，这一组织往往表现为网络状和表象状两种不同的表征形式。学习中首先获得的是关于事物、事实的各种信息（知识），然后，学习者把这些信息以知识结构的组织形式加以内化，这就是认知学习理论中的认知结构（图式）概念。

---

① 李秉德．教学论[M]．北京：人民教育出版社，1991：69.

② 方可．教学原理与方法论[M]．上海：上海文艺出版社，2002：38～40.

第二，智慧技能，指运用符号办事的能力，也就是运用知识、概念和规则解决学习中的各种问题的能力，它属于程序性知识。

第三，认知策略，指对内的控制与调节自身的认知活动的内在组织技能。它与智慧技能不同，智慧技能属于技能范畴，具有一定的可操作程序，通过练习或专门训练可以达到某种熟练的程度；而认知策略能力的练习则一般无操作程序可言。也就是说，智慧技能指向学习者的环境，使学习者能够处理“外部的”数字、文字等符号；认知策略却指向学习者自身，是一种在具体的问题情境中如何控制自己“内部的”行为。如在学习过程中，不管是写作文还是解数学题，都需要集中注意力、认真思考和发挥创造能力，并把活动指向一定的目标，如何组织和调控这些认知活动的能力就是认知策略。所以，智慧技能和认知策略往往是同一学习过程中的两个方面，在具体的学习活动中是不可能把它们截然分开的。

第四，动作技能，指习得的、协调自身肌肉活动的能力。加涅指出，动作技能在学校的学习中是很容易识别的。它包括各种体育运动技能、表演和艺术技能、书写和言语技能等，可以说，凡涉及需要学生自己动手操作的、可编为操作程序的学习，大多属于动作技能的范畴。学习动作技能，重要的是学会作出平衡而适时的反应，这种反应又受人的肌肉和反应系统中其他因素的运动反馈的影响。动作技能的一个显著的特点是熟能生巧，经过长期不断的练习，能够日益精确和熟练。只有当学生不仅能够完成某种规定的动作，而且这些动作已被组织成一个连贯的、精确的、按时完成的动作时，才能说他已经获得了这种能力。

第五，态度，指习得的、决定个人行为选择的内部状态。态度是一种影响和调节一个人行动的内部状态，也是一种学习的结果，心理学中一般把它归入情感领域。态度倾向和认知策略在具有内部结构的控制过程方面有相似之处，但是，态度并不能决定行为，只能影响行为。加涅指出，学校有责任培养学生的积极态度，并改变学生的消极态度。在对待自己的态度中，自我概念和自尊心是重要的态度，应该受到教育的重视。在对待他人的态度中，要培养学生养成容忍、尊重别人的情感、诚实、仁慈和助人为乐的态度。态度是通过与他人相互作用的一系列结果习得的。并需要经过较长的时间才能逐渐形成或改变。在这方面，利用“榜样”的替代学习方式是行之有效的。

加涅的这五种学习又可分为三个领域：前三种学习结果属于认知领域，包括知识、技能和策略的学习；第四种学习结果属于动作技能领域；第五种学习结果属于情感领域。把人类的学习结果分为三个领域几乎成了一切学习和教育心理学家的共识，这与我们有关学生德、智、体三方面全面发展的教育目标大致是对应的。加涅的五种学习结构分类已得到全世界的公认，从此，他成为公认的学习分类的权威。这一学习结果分类对教师确定教学目标有着直接的指导意义。

三、教学目标陈述的一般准则

为了做到教学目标陈述的明确性，根据学生的学习特点、教学内容的专门性、教学情境的复杂性，陈述好的教学目标应符合以下标准。

第一，教学目标陈述的是预期的学生学习的结果，包括认知、情感和动作技能三个领域。教学目标不应该陈述教师打算做什么。但目前我国公开出版的大量教学参考书往往以"教学要求"代替教学目标。如"使学生掌握四则运算法则""引导学生认真体会作者对旧社会无比憎恨和愤怒的感情"等。这些都是对教师的要求。因此，"教学要求"陈述教师的行为，而不是学生通过学习后的行为变化。即使教师按要求做了，他的目标达到了，但学生的能力是否发生真正的变化，能否经得起测量的检验，则不是这类目标需要回答的问题。为此，教学目标应陈述通过一定的教学活动后，学生的内在能力或情感的变化，而不应陈述教师的行为。

第二，教学目标陈述应力求明确、具体，可以观察和测量，尽量避免用含糊的和不切实际的语言陈述目标。克服目标陈述的含糊性是心理学对教育的重要贡献之一。但目标陈述技术目前对于广大教师来说还是一门不易掌握的技术，因此需要在广大教师中加强有关理论与技术的学习，加快该技术的推广。

在教育目的、学校的培养目标乃至学科目标层次上，其目的表述是笼统的，但单元与课堂教学目标应是明确、具体的。课堂教学目标比单元目标更具体、详细地确定教学应产生的教学结果，规定了教师将采用的教学活动。

第三，目标的陈述应反映学习结果的类型，如陈述性知识、程序性知识和策略性知识。即使在同一学习类型中，也应反映学生掌握的水平。

在具体设置课堂教学目标时，教师还需要进一步考虑：目标内容的科学性、真实性与权威性；目标制定符合学与教的原理；以学生的兴趣和要求，而非教师或成人的要求来制定目标，目标适应学生的年龄、先前经验和能力发展需要，目标制定应是有依据的，如学生的能力倾向、学业成绩等；与学科目标、本年级的培养目标一致；目标具有综合性，不仅仅包括知识、能力，还应有情感、技能等方面的要求。

四、教学目标的表述方法

(一)行为目标的表述

运用"行为目标"这个术语，是为了强调教学结果的可见性和可测量性。因此，表述教学目标必须运用学生外显的、具体明确的行为方式。

根据学者郭生玉的意见，教学目标的表述原则应包括行为主体(对象)、行为本身、行为情境、行为结果和行为标准 5 个基本要素。以下分别举例说明。

行为主体：指谁完成教学所预期的行为，通常指"学生"。例如，"学生能写出标准差公式"。由于课堂上的学习主体极为明确，因此"学生"二字常被省略。

行为本身：指达到目标的具体行为，通常以行为动词叙写，如“写出”“说明”“列出”或“预测”等。

行为情境：指表现行为的有关情境或条件。如“能利用字典查出本课所有生字的含义”，“利用字典”就属于情境或条件。

行为结果：指行为产生的结果。例如，“能说出三种两栖动物的名称”就是行为的结果。

行为标准：指用来评价学习结果的标准。如“能说出公园里五种以上的植物名称”，“五种以上”就是行为的标准。

应该说，郭生玉的见解反映了西方不少研究行为目标的学者的观点，当然在表述教学目标时，并不需要把五个要素都写出来。例如，美国学者马杰在其1962年出版的《程序教学目标》中提出，一个学习目标，只需包括三个基本要素：第一，说明具体的行为，以便教师能观察学生，了解教学目标是否达到。如“能列举某个步骤”。第二，说明产生上述行为的条件。如“能参考教科书来列举某个步骤”。第三，指出评定上述行为的标准。如“单元教学结束以后，能按照标准测试的要求，列举五个步骤，至少四个步骤是正确的”。

对马杰的“行为”“条件”“标准”三要素的基本模式，在教育界有不少人是乐于接受的。

案 例

单项能力的教学——神态与动作描写训练①

单项能力的教学——神态与动作描写训练，这个教学目标暗示着要学习一些言语信息，即什么是神态和动作描写。但却并非如此简单，教师的最终目的是希望学生能运用神态与动作描写的写作规则指导自己的写作过程。在这个例子中，通过分析可将教学目标描述如下。

目标一：能从学过的课文中找出对人物神态与动作描写的词语。

目标二：能说出所提供的材料中对人物神态与动作描写的作用。

目标三：能对学生习作中的一些对人物神态与动作描写上的不妥处进行修改。

目标四：能根据所给的材料较形象地续写一段描述神态、动作的文字。

上述教学目标中的目标一体现了学生对“神态描写”与“动作描写”两个概念的理解与运用，属于智慧技能中的概念学习，该目标的学习是为了后面写作规则的教学做铺垫。目标二、目标三、目标四反映了规则学习的层次性，从理解、复述规则到运用规则分析自己的习作，再到运用规则指导写作，体现了程序性知识学习由陈述性编码到程序性编码的形成过程。此外，上述四个目标可观察、可测量，能实现导学、导教、导测量的功能。

---

① 皮连生．教学设计——心理学的理论与技术[M]．北京：高等教育出版社，2000：66.

案例

小学数学“面积与面积的单位”的教学目标①

目标一：理解什么是面积、面积的单位。

目标二：通过比一比、测一测、动手制作面积的单位，发现单位面积的实际大小，学生提高独立思考与探究发现的能力。

目标三：能运用面积单位测算和估算周围物体的表面积。

上述目标不仅包括知识与技能目标，还包括过程与方法目标，在掌握概念过程中培养学生的独立思考能力、动手能力、估算能力，体现了新课程教学的应用价值。

目标分类学为课程开发或教学活动提供了一个共同、客观的参照系，教师可以据此设计、控制、评价学生的行为，完成教学任务。行为目标具体、明确，便于操作。但是如果任何性质的教学与学习均采用行为目标的模式，这样就走入了误区。因为各学科性质不同，三类知识的比率分配不一样，分类理论不适合任何教学活动；对于情感领域的进一步分类则远不如认知领域那样清晰、完整。布鲁纳将情感领域的内容比较清晰地陈述出来。追求逻辑性，追求清晰、细致、可测，但往往在某些方面是不具可测性的。此外，西方也有学者认为，属于情感领域的各个层次的教学目标，虽然也可运用行为目标表述，但表述起来比认知目标和动作技能目标困难。他们主张在表述此类目标时，最好采用较一般性的用语，以便能包含较复杂的、高层次的情感行为，供教师作为教学的依据。

（二）内部过程与外显行为相结合的表述方法

学习的实质在于内在心理的变化，因此教育的真正目标不是具体的行为变化，而是内在能力或情感的变化，而那些内在的心理变化，如理解、欣赏、热爱、尊重等，不能直接进行观察和测量。为了能间接地测量、观察这些内在心理变化，需要列举反映这些内在变化的行为样品，使这个目标具体化。这就是格朗伦（N. E. Gronlund）提出的内部过程与外显行为相结合的折中陈述方法的意义。例如，地理课在讲到“人类与环境”课题的时候，要求学生树立可持续发展的观点，这个目标可这样表述：

1. 学生能树立可持续发展的观点。

1.1 能说出可持续发展的大概意思；

1.2 能运用所学的知识批判现实中破坏环境的思想和行为；

1.3 对提供包含有不符合可持续发展思想的例子的材料，能指出这些例子并作出批判和评述。

上述第一句话“学生能树立可持续发展的观点”是对内部过程的表述，后面三句话是为了说明内部过程而表述的可观察、测量的外显行为。两者相结合的表述方法，

① 王升．现代教学论[M]．石家庄：河北人民教育出版社，2004：71.

既保留了行为目标表述的优点，又避免了行为目标顾及具体行为变化而忽略内在心理过程变化的缺点。

五、基于核心素养的教学目标确立应注意的问题

(一)基于核心素养的课程标准"目中有人"

课程理念发生变化，必然引发整体的课程变革，催生新的课程目标、课程内容、考试评价。从2001年启动的新课程改革，到《义务教育课程方案和课程标准(2022年版)》核心素养及课程核心素养的提出，标志着教学目标的演进大致经历了由"双基"到三维目标，再到核心素养目标的过程，此过程不仅是形式上的改变，而且是实质上的创新与发展。形式上表现为从"一维"(双基)到"三维"再到"多维"的结构，实质上体现了从学科本位到以人为本的转变。

"一维"(双基)目标是外在的，主要是从学科的视角规定课堂教学的内容和要求，核心素养是内在的，是从人的视角界定课程与教学的内容和要求。基于课程核心素养的教学目标是对"双基"教学目标、三维教学目标的继承与发展、改革与创新，是彰显育人价值的具体体现。教学目标在理念上的变化更多地反映人的需要，以全面发展的人为核心，这不仅体现了教学目标对人的关注持续升温，还促使教学目标逐渐由"知识中心"和"学科中心"走向了"素养中心"，坚持以培养学生的素养为目标，以促进人的素养发展为理念，以"人的素养的发展"为最终的出发点和归宿。

依据核心素养，课程标准的修订需要构建素养型课程目标，课程目标的指向和呈现方式都需要重新思考与安排。以《义务教育语文课程标准(2022年版)》为例，本标准以核心素养统领课程目标、课程内容和课程实施等重要环节，追求知识、技能、思想情感和文化修养等多方面、多层次目标发展的综合效应，避免知识点、能力点的简单线性排列以及学科知识的逐点解析和学科技能的逐项训练；以语文实践为主线，以主题为引领，以学习任务为载体，整合目标与内容、情境与活动、过程与评价、资源与技术支持等相关要素，设计语文学习任务群，从而加强听说读写的有机联系，打通语文实践活动与社会生活，创设符合学生认知水平的学习情境，引导学生通过完成富有挑战性的学习任务，逐渐积累分析问题、解决问题的学习经验；通过语文学习任务群的实施，切实推进语文教与学方式的变革，真正推动评价和考试发展，更多关注学生在语文实践活动中的学习态度、参与程度和典型表现，以体现评价主体的多元化、评价方式的多样性。《义务教育语文课程标准(2022年版)》基于文化自信、语言运用、思维能力和审美创造四个方面提炼关键要素，统领义务教育语文课程总目标，义务教育语文课程要培养的学生核心素养，是语文课程育人价值的集中体现，是学生在积极的语文实践活动中积累、建构，并在真实的语言运用情境中表现出来的文化自信、语言运用、思维能力和审美创造的综合体现。

(二)如何处理核心素养与教学目标的关系

当前是全面深化课程改革，落实立德树人根本任务，发展学生学科核心素养的

新时期，须防止核心素养的标签化及核心素养教学目标的标签化，为此，教学目标需要进行相应的转换，将学科核心素养培育的长期性与抽象性形态，转换为课堂上的短效性与具体性样态，从而循序渐进地培育和发展核心素养。如地理课程中地理核心素养的“区域认知”和“人地观念”的培养，可以通过如下教学目标实现：阅读台湾与祖国大陆的地缘、血缘、历史文化渊源等关系资料，体会台湾省领土的神圣性，感受民族自尊心、自信心，激发爱国情怀；通过阅读田纳西河流域开发的历史图文资料，归纳不同阶段流域地理环境对人类生产生活的影响，感知人地关系相互作用的过程。地理课程与教学目标不应是、也不可能是某次课程就可以“形成”“树立”“养成”既定的情感态度与价值观及地理品格与思维的，而是需要多次地唤起、感知、体验情感态度与价值观和地理品格与思维，学生的情感态度与价值观、地理品格与地理思维是在潜移默化中形成的。

核心素养是课程育人价值的集中体现。义务教育语文课程培养学生的核心素养，是文化自信和语言运用、思维能力、审美创造的综合体现，是学生在积极的语文实践活动中积累、建构，并在真实的语言运用情境中表现出来的，四个方面是一个整体，在确定教学目标、选择和呈现课程内容时应综合表述，不宜进行简单的拆分，更不应将其机械割裂。

本章小结

课程目标是对特定教育活动和教育阶段的课程进行的价值和任务的界定，是指特定阶段的学校课程所要达到的预期结果。课程目标主要通过课程方案以及其中的具体学科体现出来。教学目标是课程目标的进一步具体化，是师生在学科教学活动中预期达到的教学结果、标准，它表现为对学生学习成果及终结行为的具体描述。根据布卢姆、加涅等教育心理学家对教育目标的分类，结合实践，主要形成了普遍性目标、行为目标、生成性目标、表现性目标的表达模式。在教学目标具体陈述中应注意教学目标陈述的应是预期的学生学习的结果；教学目标陈述应力求明确、具体，可以观察和测量，尽量避免用含糊的和不切实际的语言陈述目标；目标的陈述应反映学习结果的类型。

关键术语

1. 课程目标
2. 教学目标
3. 生成性目标
4. 表现性目标

思考题

1. 如何理解教育目的、培养目标、课程目标、教学目标的关系？

2. 谈谈你对我国课程目标表述的看法。

3. 结合课改实践分析四种价值取向的课程目标表述应注意的问题。

实训练习

任选中小学一门学科的一个课时，试按照目标表述方法对其课堂教学目标进行设计。

拓展阅读

徐继存，徐文彬．课程与教学论[M]．北京：高等教育出版社，2009.

第五章　课程内容

学习目标

1. 举例说明课程内容的不同构成。
2. 理解课程内容选择的取向与选择依据。
3. 掌握课程资源开发与利用的途径。
4. 认识新课程内容改革的特点。
5. 把握新课程内容改革中关于教材处理的观点。

课程内容是课程目标的最直接的体现，是实现课程目标的手段，直接指向“应该教什么”的问题。在课程开发过程中，课程内容的选择和组织，是一项最基本的工作。它涉及方方面面，也是许多课程与教学问题的节点。随着基础教育改革的进行，课程资源的开发成为课程研究的重要内容。

第一节　课程内容的理解

一、课程内容的概念

课程内容是指各门学科中特定的事实、观点、原理和问题以及处理它们的方式，是一定的知识、技能、技巧、思想、观点、信念、言语、行为、习惯的总和。关于课程内容的理解，需要重点把握如下三个要点。①

第一，课程内容是人类文明成果的精华。教育是人类社会组织帮助个人习得种族经验以缩小个人发展与种族发展之间差距的专门活动，有计划、有组织地传递人类经验，是教育活动的基本规定性。在教育活动中传递的人类经验具体化为课程内容。在人类通过教育传递种族经验的过程中，存在着一个突出的矛盾，即人类种族经验的无限丰富性与个人学习种族经验的时间、精力的有限性之间的矛盾。这一矛盾的存在，决定了课程内容的选择性特征。也就是说，课程内容不可能包括人类社会的所有经验，人们只能选择那些对于个体的成长和社会化来说最有价值的、最基本的和最需要的经验，把这些选择出来的内容传递给下一代，从而为他们从事社会生活和生产活动提供最一般的帮助。对个人成长最有价值的、最基本的和最需要的经验，从教育的视角看，无疑是人类文明成果的精华部分。这些内容主要包括基本的社会生活规范、科学知识和活动技能等。

第二，课程内容是学生学习的对象。人类文明成果往往是以知识体系、技术体系和规范体系(价值体系)的形式存在的，不一定能被学生直接理解和掌握。人类文明成果只有通过加工改造才适合学生学习。也就是说，在教育活动中，人类文明成果的表现形式和组织方式，必须符合学生认识的水平和特点，如由简单到复杂、由低级到高级、前后呼应和互相衔接等。事实上，在教育活动中传播的人类文明成果，都是经过了一定的加工改造的。从教育角度出发改造加工人类文明成果的过程，是依据教育目的和学生身心发展规律，构造学生学习对象，从而确定课程内容的具体过程。课程编制就是从总体上设计一种便于学生学习的教育内容体系，即把人类文明成果转化为供学生学习的课程和教材。

---

① 王本陆．课程与教学论[M].2版．北京：高等教育出版社，2009：68.

第三，课程内容是影响学生发展的材料。教育活动的基本宗旨是促进学生发展。学生在教育活动中获得发展，主要是通过学生的主体活动实现的。在教育活动中，学生的主体活动主要是围绕课程内容的学习而展开的，是认识课程内容、把课程内容内化为自身的知识和技能并通过这种过程提高能力和思想境界的过程。教育活动能否对学生发展产生积极促进作用，与课程内容的性质和特征密不可分。

概括起来看，课程内容就是为了促进学生发展而精心选择出来的人类文明的精华成果，是经过改造加工，适合学生学习的教育材料。

在不同时代和不同国家，由于社会生产力水平、政治体制与教育目的不同，课程内容也有不同。在原始社会，学校尚未产生，年长者传授给年轻一代的是生活与劳动经验，如部落的风俗习惯和渔猎、饲养、种植的技能等，这是最早的课程内容。在古代社会，劳动者在生活和劳动中受教，统治阶级的子弟则在学校受教。中国古代的课程内容有“六艺”“五经”“四书”“辞赋”“八股文”等，西方有“七艺”和宗教教义等。在资本主义社会，自然科学(生物、化学、物理)、社会科学(历史、地理、伦理)以及体育、音乐、美术等，逐步在学校中占有重要位置，职业知识与技术开始进入学校领域。社会主义社会学校的课程内容，要求学生继承人类文化遗产的精华、充分发展智力与体力、完善道德品质修养、为社会主义现代化建设做好准备等。

二、课程内容的构成

关于课程内容的构成，学者们的认识不一致。有学者把学习者、教师、教材和环境视为课程内容的要素，还有学者把课程内容划分为范围、连续、序列、整合等要素。钟启泉认为课程内容是由直接经验和间接经验两种性质的知识构成的。① 综合各家对课程内容的理解，我们认为，构成课程内容的基本要素包括知识与技能，情感、态度与价值观。课程内容是由这三个要素形成的“化合物”。

(一)课程内容中的知识

知识无疑是构成课程内容的核心。依据不同分类标准，可以将课程知识划分为不同的类型。从反映的不同对象来划分，一种比较可行的划分类型是将课程知识划分为科学知识、社会知识和人文知识。② 而从每类知识的构成看，知识都包括基本事实、基本概念、规则、原理及其方法(活动方式)等部分。

基本事实指关于自然、人类社会的实际情况以及前人在这些领域进行科学探索的典型事例。它是经验性的、被验证了的陈述，譬如，地球是行星，在引力作用下，围绕太阳运行，运行周期为365天，由此形成了一年四季。不了解一些基本的事实，就难以形成必需的概念，更不能产生信念。

基本概念包括具体概念和定义概念。具体概念是定义概念的思维内容，定义概

① 钟启泉．课程论[M]．北京：教育科学出版社，2007：150.
② 张立昌，郝文武．教育哲学[M]．北京：中国社会科学出版社，2009：112.

念是具体概念的表达形式。在小学阶段，学习者接触的概念大多数属于具体概念，初中阶段在学习某些新课题时，学习者往往也从一些具体概念开始。定义概念是以下定义的方式表达的概念。初中高年级及以上的学习者所学的概念大多属于定义概念。如果没有基本概念将经验组织起来并由此形成一定的框架，认知活动将是绝对不可能进行的。

规则、原理是关于自然、社会和人的知识核心。一般认为，规则是对两个或两个以上概念之间某种关系的描述，而原理则是告诉人们事件和客体是如何运作的，或它们是如何得以构建的，是公式、法则和定律的总称。这类知识是理论知识的精髓，难度最大。

方法是关于思考、言语与活动的程序。方法只有在活动中才能获取，如在学习活动中掌握学习方法，在社会活动中掌握沟通交流的方法。这类知识中含有一定分量的实用知识，如怎样写信、怎样测量土地、怎样使用农药等。

（二）课程内容中的技能

一般说来，技能包括技巧、能力和习惯，主要指个体掌握和运用某种专门技术的能力，包括书法、绘画、写作、阅读、交流、计算、唱歌、跳舞、体操、游泳等各种技能。根据活动的性质，技能可分为智力(认知、心智)技能和动作(操作)技能。

智力技能(认知技能)，是指借助内部言语在人脑中进行认知活动的心智活动方式，它与感知、记忆、想象、思维等关系密切。智力技能是一种合法则的心智活动方式，其本质特征是个体是否掌握了正确的思维活动方式。在认识事物、解决问题的过程中，其心智活动以其完善、合理的方式自动进行是智力技能的重要标志。智力技能包括智慧技能和认知策略，前者是运用习得的概念和规则加工外在的信息，后者是运用习得的概念和规则来调节、控制自己的活动。动作技能(操作技能)是运用技能去完成某种操作活动的方式，它是在练习基础上形成的按某种操作程序顺利完成某种身体协调任务的能力，表现为在相应神经活动参与下的由身体的骨骼和肌肉完成的一系列外部动作。

智力技能和动作技能既有区别又有联系。智力技能是在头脑中进行的内隐的活动，其对象是头脑中的映像，不是客观事物本身，而属于观念范畴。它是借助内部言语实现的，可以高度省略、高度简缩，是外部难以觉察的头脑中的智力活动；动作技能属于实际操作活动范畴，它是通过骨骼和肌肉进行操作的外显的活动，其对象是物质的、具体的，表现为外显的操作。它们的联系主要表现在两个方面：其一，动作技能是智力技能形成的前提，智力技能常常是在外部动作技能的基础上，逐步脱离外部动作而借助大脑内部语言实现的。其二，智力技能往往又是外部动作技能的支配者和调节者，复杂的动作技能往往包含认知成分，需要学习者智力活动的参与，手脑并用才能完成。在学习活动中，往往两种技能共同参与，融为一体，相互影响。

课程内容中的技能应该是人类活动技能中最基本、最主要的部分，应该与学生从事的各项实际活动相对应。许多技能不仅为课程提供连续性和顺序性，也有助于课程的统整性。技能是建立在知识基础之上的，是对知识的拓展和具体化。在教学中应注重学用结合，强化技能训练，从各项活动中选择最基本的活动，然后遴选出与这些活动相对应的基本技能，把这些技能作为课程内容的主要成分确定下来。

(三)课程内容中的情感、态度与价值观

由于情感、态度与价值观内化过程的复杂性以及学习者个体的差异性，这个领域的内容标准的实现是一个积累和渐进过程，我们不能苛求在某阶段教学和每一个学习单元中都有完整与充分的体现。

情感、态度与价值观是人对待一切事物的最基本的看法与倾向性。它经由感悟、体验和意识等心路历程，表现为学习者对人生、对他人、对社会的主观认识和主动反应，在个体的人格构成中居于重要地位。学习者在掌握知识和技能的过程中不能没有动机、兴趣的导引，情绪、情感的介入，以及意志、性格的参与，因而情感、态度与价值观是课程内容中的核心部分。情感是学习者对事物的“心理反应”，往往伴有外显的行为和表情，包括学习的兴趣、热情、动机以及内心体验。即使在数学、物理等学科中，教师也应渗透情感的因素。态度不仅指向学习者的兴趣、责任，更重要的是乐观的生活态度、求实的科学态度以及宽容的人生态度。它受“价值观”的影响并决定着学习者的行为，而成为连接观念与行为的“中介”。而价值观是人们的知识组织、抉择以及判断等能力形成的关键要素，其重要性不亚于信息与逻辑，它影响人对事物进行价值判断，进而影响人的态度和行为。如“民主与平等”的价值观就可以作为课程内容的组织要素，以使学习者采纳尊重、信赖、合作和关注他人幸福的生活方式。

第二节　课程内容的选择

一、课程内容选择的取向

在课程内容的研究中，首要的前提是理解课程内容定义的几种不同取向：学科知识取向、学习经验取向、学习活动取向。不同的内容取向决定了内容的选择依据和原则以及内容的组织和呈现方式。

(一)课程内容即学科知识

这是一种知识本位的课程观，也是最为典型的课程观，在我国中小学普遍被认可。这种取向强调：第一，课程体系是以科学逻辑组织的；第二，课程是社会选择和社会意志的体现；第三，课程是既定的、先验的、静态的；第四，课程是外在于学习者的，并且基本上是凌驾于学习者之上的——学习者服从课程，在课程面前是接受者的角色。这种取向常见的做法是将课程看作教材，即强调课程本身的严密、完整、系统、权威，却忽视了学习者的实际学习体验和学习过程，很容易导致“重物轻人”的倾向。而且，从课程是对教材的认识出发，课程似乎能够设计得十分合理，但在事实上却并不能保证达到它的预期效果。这样的问题，几乎在各个国家的不同时期都被人们注意到和批评过。

(二)课程内容即学习经验

“课程内容即学习经验”的取向是从学习者的角度出发和设计课程的。课程是与学习者个人经验相联系、相结合的，强调学习者作为学习主体的角色。

“学习经验”原本是教育学和心理学中一个常用的术语，泰勒在课程原理中使用过这个术语，是为了区别那些把课程内容等同于教材或学习活动的观点。在他看来，学习经验既不等同于一门课程涉及的内容，也不等同于教师从事的活动，而是指学生与外部环境的相互作用。因为，学习是通过学生的主动行为而发生的；学生的学习取决于他自己做了什么，而不是教师呈现了什么内容或要求做些什么。所以，在同一课堂上的两个学生，可能会有两种不同的学习经验。他由此推断：“教育的基本手段是提供学习经验，而不是向学生展示各种事物。”

学习经验取向强调：决定学习的质和量的是学生而不是教材，学生是一个主动的参与者。学生参与是因为环境中某些特征吸引他，学生是对这些特征作出反应。所以，教师的职责是要构建适合于学生能力与兴趣的各种情境，以便为每个学生提供有意义的经验。把课程内容视为学生的学习经验，必然会突破外部施加给学生的东西，因为学生是否真正理解课程内容，取决于学生的心理建构。从某种意义上说，学生已有的认知结构的情感特征对课程内容起着支配作用，它们是受学生控制的，而不是由学科专家支配的。知识是“学”会的，而不是“教”会的。然而，把课程内容视为学习经验，这就增加了课程开发者研究的难度。因为这是一种心理体验，只有学生自己才了解这种经验的真正结果，教育工作者无法清晰了解学生心理是如何受特定环境影响的。这样就会导致学校课程内容受学生的支配。

根据这一观点，泰勒提出了选择课程内容(“学习经验”)的十条原则：

学生必须具有使他有机会实践目标蕴含的那种行为的经验；

学习经验必须使学生由于实践目标蕴含的那种行为而获得满足感；

使学生具有积极投入的动机；

使学生看到自己以往反应方式的不当之处，以便激励他去尝试新的反应方式；

学生在尝试新的行为时，应该得到某种指导；

学生应该有从事这种活动的足够的和适当的材料；

学生应该有时间学习和实践这种行为，直到成为他全部技能的一部分为止；

学生应该有机会循序渐进地从事大量实践活动，而不只是简单重复；

要为每个学生制定超出他原有水平但又能达到的标准；

使学生在没有教师的情况下也能继续学习，即要让学生掌握判断自己成绩的手段，从而能够知道自己做得如何。

（三）课程内容即学习活动

“课程内容即学习活动”的取向的重点是放在学生做些什么上，而不是放在教材体现的学科体系上。以活动为取向的课程，特别注意课程与社会生活的联系，强调学生在学习中的主动性。当今，“学习活动”这个术语在课程领域里使用得相当广泛。它关注让学生积极从事各种活动。如让学生通过参与科学发现活动的过程来了解科学发现。现在，活动类的课程已经引起人们广泛的注意。

对于活动的理解，还须注意：首先，关于活动，哲学、心理学都有不同的界定，而且都是将其作为根本性的、最上位概念，如果直接用于指导和说明课程，必定需要许多限制、解释。实际上，在教育学领域经常谈到的活动，与哲学和心理学所说的活动是有着严格区别的，它没有哲学和心理学中那样广泛而普遍的意义，是相对于接受、训练而言的。其次，课程内容的活动取向，往往注重学生外显的活动。虽然我们可以观察到学生外显的活动，但却无法看到学生是如何同化课程内容的，无法看到学生的经验是如何发生的。事实上，每个学生从活动中获得的意义和理解的方式是各不相同的。如果仅关注外显的活动，容易使人只注意表面，而不是深层次的学习结构，从而偏离学习的本质。“课程内容即学习活动”的取向特点：第一，强调学习者是课程的主体，以及作为主体的能动性；第二，强调以学习者的兴趣、需要、能力、经验为中介实施课程；第三，强调活动的完整性，突出课程的综合性和整体性，反对过于详细的分科；第四，强调活动是人心理发生、发展的基础，重视学习活动的水平、结构、方式，特别是学习者与课程各因素的关系。

从以上对课程内容的三种取向分析看，每一种取向都有各自的合理性，同时也都存在着一定的局限性。因此，现代课程理论的发展，倾向于用比较广义的方式理解课程内容，即不只是局限于其中的某一种取向，而是辩证地考虑与处理这几方面的关系，使课程内容的内涵同时兼顾学科体系、学习活动和学习经验这几方面的因素。

二、课程内容选择的影响因素分析和依据

（一）课程内容选择的影响因素分析

从系统论的角度来看，无论是从微观的角度，还是从宏观的角度，课程内容的选择都要受到若干种因素的制约。所谓微观的角度，即从课程本身的组成部分来分析。目前，被广泛认可的意见是课程由以下五个部分组成：对学生和社会的假定组成的框架；宗旨与目标；内容或学科内容及其选择、范围和顺序；执行的模式；评价。这五个部分并不是孤立地存在，而是相互依赖的。课程内容作为课程的重要组成部分，不可避免地要受到其他四个组成部分的影响，各部分之间必须很好地协调

和配合。

所谓宏观的角度，即将课程内容置于大的社会之中，它必然受制于社会的政治、经济、文化的发展需要，必然要考虑学生的发展，必然要受到其他学科领域的影响。在这些因素中，社会和学生对课程内容的选择会产生根本的影响。课程内容的选择最首要的是确定学生的能力、需要、兴趣、动力及学习某种文化内容的潜力。然后是社会需求，以此来确定培育人的目标，这是选择最佳课程内容的第二指导思想。从历史上看，课程内容的选择即在学生的需求、社会的需求以及两者兼顾之间摇摆不定。

(二)课程内容选择的依据

1. 课程目标

课程目标作为课程开发过程中最首要的组成部分，对课程内容的选择起着指导作用。内容选择必须依照目标，即有什么目标，便有什么内容，让目标和内容取得一致。以小学数学课程内容的选择为例，新的课程标准中强调让学生"体会数学与自然及人类社会的密切联系""初步学会运用数学的思维方式去观察、分析现实社会，去解决日常生活中和其他学科学习中的问题"。在选择课程内容时，就应当为学生提供机会去体会、观察和分析现实中的问题和数学与人类社会的联系，选择密切联系学生生活实际和现实社会的内容。小学数学课程标准中阐述的小学数学课程目标是确定课程内容的主要依据，不同的目标结构需要有不同的内容与其相适应。

2. 学生的需要、兴趣与身心发展水平

课程的一个基本的职能就是要促进学生的发展。因此，课程内容的选择应该关注有关学生的各种研究，尤其是有关学生的需要、兴趣、身心发展特点等方面的研究。

学生的需要是课程内容选择时应该考虑的一个因素。对于需要，通常有两种不同的解释。一种解释是需要指理想常模的某种概念与实际状况之间的差距。就这个意义来说，"需要"指"应该是什么"与"是什么"之间的差距。另一种解释是需要指有机体内部的张力，为了保持有机体处于正常、健康的状态，必须使这些张力恢复平衡。之所以强调学生的需要，是因为家庭和社区中的日常环境，通常都为学生提供了大部分教育方面的发展，学校没有必要重复校外已经充分提供的教育经验。学校应致力于学生目前与未来发展需要存在的差距。另外，需要会使学生产生学习的动力。

在选择课程内容时，考虑学生的兴趣，对于有效的学习是非常重要的。教育是一种主动的过程，这个过程涉及学习者自身的积极主动的努力。一般说来，学习者只能学到他做过的事情。倘若学校情境提供的是学习者感兴趣的事情，那么，学习者就会主动参与其中，从而学会有效地应对这些情境。这一点早已经被人们认识到。为指出这一点，泰勒在他的文章中引用了杜威的话："当学习是被迫的、不是从学习者真正的兴趣出发时，有效的学习相对来讲是无效的。”史密斯和他的同事们也非常简明地陈述了以兴趣为基础选择课程内容的必要性：“学习者个人的兴趣不是课程内容的主要标准，只是必要标准。”

学生的身心发展水平与特点决定了对课程内容的接受程度。因此内容选择过程中，就需要根据学生的特点确定内容的深度、广度、难度。研究表明，学生获得信息和经验需要许多过程发挥作用，如感觉登记、选择性注意、加工速度，以及在环境的各个方面搜寻和利用信息的有效策略。而儿童在很多方面都与成人有所不同。如与成人相比，儿童在感觉登记的性质和操作上要差些，因为成人在感觉登记时会采用一种序列编码的策略，把感觉登记的信息及时转移到短时记忆中，而儿童则没有运用这种策略。这些研究都从一定程度上为课程内容选择的容量、深度、广度等提供了科学依据。

3. 社会发展需要

学生个体的发展总是与社会的发展交织在一起。“教育是为学生的未来生活做准备”，因此，在选择课程内容时，就必须要考虑现实社会与未来社会的需求，使学生在未来的社会生活中能有所作为。

课程史上，有许多课程专家主张课程要依据社会发展需要而定。如塔巴根据学校的社会功能、社会需要、知识和学科的性质，提出了六项课程选择的原则，其中位列第一、第二的是：内容的有效性和重要性，与社会现实的一致性。丹尼斯·劳顿(D. Lawdon)也认为，确定课程内容选择的标准时要考虑“社会现实”，其中包括：第一，社会的效用：有些教材，如自然科学、数学等教材将会给人们在复杂的工业技术社会里求得生存提供一个必要的基础。第二，社会责任感：有些教材，如政治学、社会学等教材在任何民主社会里都具有激发人们的社会和政治自觉性的重要意义。第三，家长与社会的压力：家长与校外各种团体要求对课程内容有一些发言权。

4. 课程内容本身的性质

课程内容的选择要考虑内容本身的性质，包括内容的重要性、实用性、正确性等。

在知识爆炸的时代里，内容的“重要性”对于课程内容的选择具有相当大的说服力。但何谓“重要”呢？有下面几项判断：第一，它是知识和文化中最基本的成分；第二，它是应用性和迁移力最大的成分；第三，它是属于探究方法和探究精神的成分。最基本的成分，也就是最核心的成分，缺乏这一成分，知识不称其为知识，文化不称其为文化，它们都丧失了本质，学习也缺乏意义。应用性和迁移力最大的成分，可以促使学习趋于省力，同时内容间的关系也容易阐明，学习效果更好。探究方法和探究精神是知识和文化进步的基石，有了它，事实、概念、原理、原则的发现和建立才有可能。

内容的实用性是指课程内容在实际生活中有用，也叫功用(utility)，或者叫关联(relevancy)。但在考虑这一依据时，需要注意：第一，日常生活出现多的，不一定是重要的，出现少的，不见得没有用。第二，日常生活不见得是最理想的生活，内容选择如果以实用为唯一标准，可能只是维护这一不太理想的生活，对社会进步没有什么帮助。第三，实用有立即与长期之分，不能仅仅考虑立即的实用性，不顾及长远发展的需要。

内容的正确性，可以由三个层面来判断。第一，课程内容的选择，必须避免错误的事实、概念、原则、方法，这是最基本的。第二，课程内容必须反映尖端知识的发展，陈旧的内容应排除在课程之外。第三，人类的知识、文化、价值、理想，有许多没有绝对的对错，课程选择就必须采取多元标准判断内容的正确性，将不同的现象呈现出来。

三、课程内容选择的原则

泰勒、巴恩斯及多尔(Doll)三人提出的准则尽管用不同的语言表述出来，但其中不乏大同小异之处。现将其总结归纳为以下几点。

(一)必须以课程目标为主要依据

课程内容的选择受到多种因素的影响，但在这些影响因素中，应当以课程目标为最主要的依据。这是因为，课程目标作为编制其他各个阶段的先导和方向，作为对学习者的理想期望，是经过专家、学者、教师等的周密思考，认真研究了社会、学科、学生等不同方面的特点与需求的结晶。

(二)必须适应学生的特点

课程内容无论如何选择、如何设计、如何实施，最终的目的是使学生的潜力得到最大限度的发挥。在内容的选择中，必须意识到，选择出来的课程内容如果不能被学生同化和吸收，就永远只是一种外在物，对学生将来的行为、态度、个性等不会产生影响。如果选择课程内容时，能够注意到学生的兴趣、需要和能力，并尽可能与之相适应，这不仅有助于学生更好地掌握科学文化知识，而且还有助于他们对学校学习形成良好的态度。实践已经证明，任何偏离学生特点的课程内容，无论过难或过易，都不会取得好的效果。

(三)注重内容的基础性

基础教育的性质和这个时代的特点决定了课程是为学生的终身发展打基础。因此，在浩如烟海的知识系统中，应该选择最基础的内容。所谓基础性，从一方面讲，它具有普遍性或共同性，无论是事实知识或原理知识，都是客观上大量存在的事物，成为学生学习和从事各种职业都用得着的工具；从另一方面讲，它具有发生性、起始性。学习其他知识，必须以它为准备条件，即知识系统中那些迁移力最强的知识。

(四)应贴近社会生活与学生生活

传统教育将学生置于一个理性的世界中，从而使学生失去了对生活世界的关注。

而实际情况是每个学生都要在社会中生活，迟早都要解决就业的问题，都要进行劳动，都要遇到和处理实际的生活问题，都要适应社会的需要，为社会的发展服务。而且，只有与社会生活、学生生活紧密联系的内容，才能激发学生的学习兴趣和动力，所以课程内容的选择必须要回归生活。

第三节　课程资源的开发与利用

课程资源开发是根据教育目的、培养目标和课程标准对可能涉及课程活动的各种可以利用的资源进行加工整理和合理利用，突出其在课程中的特殊功能，以形成系统化的资源库，便于教师和学生的互动，提高教育教学的质量。课程资源对学生的发展具有独特的价值，课程资源的开发和利用，是保证课程实施的基本条件，随着人们对现代课程观的理解，课程资源的开发和利用越来越受到重视。

一、课程资源的概念

课程资源的概念有广义与狭义之分。广义的课程资源指有利于实现课程目标的各种因素。狭义的课程资源仅指形成课程的直接因素。当前在执行新课程计划中，应当树立新的课程资源观，即扩展课程资源概念的外延，可以说，形成课程的因素来源与必要而直接的实施条件都是课程资源。

二、课程资源的特征

课程资源既不同于一般社会资源，也不是现实的课程成分或运作条件，而是具有潜在性、动态性、生成性和多质性的特点。课程实施者只有把握其特点，才能够对课程资源进行深度有效的开发和利用。

(一)潜在性

“潜在性”是指课程资源的课程功能处于潜在状态，而不是资源本身处于潜在状态。这类课程资源隐含在历史与现实的维度上和有形与无形的社会资源中，不具有直接的、显性的课程价值，需要主体在开发利用中进行合理有效的赋值、命定，即赋予并提升其课程潜能，才可进入显性课程资源领域；经开发利用，便可转化为现实的课程的组成部分和实施条件。

(二)动态性

与自然资源相比，课程资源具有“动态性”的特点。课程资源作为社会资源，需经主体的意义筛选，不仅涉及资源的客观性层面，而且涉及主体的主观意向性层面，表现出多个方面的动态特性。学习活动中的过程性成果、中间生成物和学生的收获、自感自悟的成果等都是动态性的课程资源。学生通过主动参与、积极地建构，在活动中生成动态的课程资源。

(三)生成性

在教学活动中的学生的体验是实现课程资源转化的重要机制，因为体验是知识的内化、经验的升华。生成过程中的体验，再现知识的发生过程和思维展开过程，使学生亲历知识生产过程，积极探索发现经验积累的乐趣，在课堂上，通过教材内容与实际生活的对接、学生情感与外部世界的对接、原有经验与新鲜经验的对接，在小课堂连着大世界的氛围中吸吮人文思想的乳汁，使课程资源得以利用和转化。因此课程资源具有生成性的特点。

(四)多质性

同一资源对于不同课程具有不同的用途和价值。如动植物资源可以成为学生学习生物学知识的资源，也可以成为学生学习环境学、生态学知识的资源，还可以成为学生调查、统计的资源。又如学校附近的山，既可以用于体育课程中的体育锻炼，也可以用于劳动技术教育中的植树绿化；既可以在艺术教育中陶冶学生的情操，也可以在生物课中用来调查动植物的种类。课程资源的这一特点，要求教师独具慧眼，善于挖掘课程资源的多种利用价值。

三、课程资源的分类

(一)素材性资源和条件性资源

按照课程资源的功能特点，可以把课程资源划分为素材性资源和条件性资源。素材性资源的特点是作用于课程，并且能够成为课程的素材或来源，如知识、技能、经验、活动方式与方法，情感、态度与价值观及培养目标等方面的因素。条件性课程资源的特点则是作用于课程，却并不是形成课程本身的直接来源，但它在很大程度上决定着课程的实施范围和水平，如直接决定课程实施范围和水平的人力、物力、财力、时间、场地、媒介、设施、设计和环境以及课程认识状况等因素。

(二)校内课程资源和校外课程资源

按照课程资源空间分布的不同，可以把课程资源分为校内课程资源和校外课程资源。凡是学校范围之内的课程资源，就是校内课程资源，超过学校范围的课程资源就是校外课程资源。新课程改革主张，要最大限度地利用校内课程资源；加强校外课程资源的开发；帮助学生与学校以外的环境建立联系，重视建立校内外课程资源的转化机制。

(三)校内信息技术资源和校内外的网络资源

从技术层面来看，信息化这一新的课程资源包括校内信息技术资源和校内外的网络资源。网络技术的发展开始逐渐打破校内外课程资源的分界，从而在很大程度上使课程资源，特别是素材性课程资源的广泛交流与共享成为可能，校内课程资源和校外课程资源相互转化的可能性越来越大。

(四)自然课程资源和人文课程资源

课程资源按生成背景可分为自然课程资源和人文课程资源。自然课程资源包括水土、气候、植被、综合环境、特色现象等。人文课程资源包括风景名胜、传统文化、文娱生活、民俗文化等。

(五)文字资源、实物资源、活动资源、信息化资源

课程资源按物理特性和呈现方式，可分为文字资源、实物资源、活动资源和信息化资源。文字资源包括教科书、课外书籍、图书资料、报纸杂志等各种印刷品。实物资源包括为教育教学活动专门制作的模型、标本、挂图、仪器等。活动资源包括班集体和学生社团的活动、各种集会和文艺演出、社会调查和实践活动、师生交往、生生交往等。以计算机网络为代表的信息化资源具有信息量大、智能化、虚拟化、网络化等特点，其优势是其他课程资源无法替代的，随着教育技术的不断发展，信息化课程资源的开发与利用已经势在必行。

另外，能够提供课程素材的学生、家长和其他社会人士也是课程资源的重要生命载体。他们构成了课程资源的开发主体，是课程资源开发的基本力量。

四、课程资源开发与利用的途径

(一)建立课程资源开发的社会网络

开发课程资源不仅要靠学校和教师，还需要教育行政部门、社区和家长的支持。为此建立联系机制，服务学校教育的社会网络非常重要。北京市 2008 年 9 月启动了中小学生“社会大课堂”工作，把包括爱国主义教育基地、历史文化古迹、名人故居、纪念馆、博物馆、展览馆、影剧院、文化馆等各类单位在内的多家社会单位纳入管理体系。这些单位正在从自身的资源特点出发，与有关部门密切配合，完善课程资源内容开发，为学生提供安全的活动环境、相适应的教育教学内容，并有效提供免费或优惠的服务。而对于广大的中小学校教师来说，应该把握好可供借鉴的已有资源，并进行课程资源的二次开发与利用。

学校要注意开展社区环境调查，了解社区资源状况。社区环境包括自然和人文环境。自然环境包括水土、气候、植被等，人文环境包括工农业生产、交通、文化遗产、社区经济生活、社区政治生活、社区文化生活等。教师通过对自然和人文环境的调查和了解，可以收集和挖掘丰富的课程资源。

教师要关注学生生活，从生活中找资源。关注学生的实际生活，充分挖掘和利用符合学生年龄特点和能力水平的研究课题，是开发课程资源的重要途径与方法。引导学生从生活实际出发，善于发现和提出问题。从自然现象到社会生活，从身边小事到国家大事，从现实世界到历史和未来，都是重要的课程资源。充分利用学校多媒体网络、图书馆、实验室、劳技室和各种活动场馆、专用教室等资源。

(二)注重课堂“活资源”的创生

新课程对教师的挑战之一就是要确立课程资源意识，明确课程是由教师、学生、文本及环境构筑的生态系统，教师应意识到课程资源无处不在，课堂是在创生新资源。课堂中来自学生的信息是最重要的、数量最大的、最直接的资源。教师要树立新的课程资源意识，珍视学生的信息，敏锐捕捉并有效地利用来自学生的新的课程资源，让师生共享学习的快乐。

学生的思维在课堂中处于兴奋和活跃的状态，往往会提出教师未预设的问题，教师在教学活动中常会遇到类似的突发状况。突发状况也是一种教学资源，它真正体现了学生的认知水平，是最符合学生学习需要的教参。发掘学生这种课程资源的过程，也是教师理解学生、走近学生的过程，是师生共同成长的过程。这些在课堂生成的问题，往往是学生关心的问题，也是其他学生热衷参与的问题，是全体学生的兴奋点。教师要正确处理学生在课堂上生成的问题，要尽可能让课堂丰富学生真实的探究经历，引导学生探究社会中的问题，关心社会、解决问题、学以致用。

(三)充分利用课外实践进行课程资源开发

课外实践活动使学生有机会将自己学到的知识、技能和素质恰如其分地运用于实践，在实践中锻炼成长。教师应指导学生去寻找自己需要的资源，为学生实践活动提供技能和方法上的帮助，这样学生面对丰富的、大量的、开放性的课外课程资源，才能有选择地利用。鼓励学生亲自参与，在活动中增长知识、培养能力、陶冶情操、获得体验。如教师组织学生外出参观、考察，充分利用公共设施和社区资源，使学生亲自获取将要学习的知识、技能，投身社会实践，提高自身素质；根据教学目标的具体要求，走出去，请进来，结合自身的感受向学生介绍经验并共同讨论在学习上应该奋力达到的目标等。

(四)总结和反思教学活动也是课程资源

教师的学习、总结、提高是原发性的资源因素，教学的新知识、新技能和新策略源于研究，源于新教材和新手段，源于先进教学法的报道，源于同事，源于督导人员，源于对教学的自我总结，源于对课堂学习情况的思考等。教师应不断地考虑如何充实自己教与学的知识库，并且为增加这方面的知识作出不懈的努力；要善于通过自我反思和积极借助他人的反馈，来强化自己的学习需要和学习风格，并不断地提高这种能力；应善于与同事合作，通过教学心得记录、同事指导建议、总结、反思等有效方式，不断提高教育教学能力和水平。

在教学中开发利用课程资源往往由教师的资源意识、对学生学习的了解、总结与反思、基于课堂生成、课外资源的运用几方面结合在一起决定。

第四节 基础教育课程内容改革

《基础教育课程改革纲要(试行)》中明确指出：“改变课程内容‘繁、难、偏、旧’

和过于注重书本知识的现状，加强课程内与学生生活及社会和科技发展的联系，关注学生的学习兴趣和学习经验，精选终身学习必备的基础知识和技能。”《义务教育课程方案和课程标准(2022 年版)》明确体现了素养本位的课程取向。审视我国的新一轮基础教育课程内容的改革，不难发现我国的课程内容改革取得了实质性的突破，表现出了这样一些特点和发展趋势。

一、新课程内容改革的特点

新一轮基础教育课程内容的改革，在继承我国原有课程内容的优点、借鉴当前世界各国先进经验、结合我国中小学教育实际的基础上，构建了与基础教育课程目标相一致的课程内容体系。这一课程内容体系具有如下特点。

(一)课程内容的思想性和时代性

坚持辩证唯物主义和历史唯物主义，加强中国特色社会主义教育，充分反映习近平新时代中国特色社会主义思想，全面落实社会主义核心价值观的基本内容和要求，提升道德修养，有机融入中华优秀传统文化、革命文化、社会主义先进文化、法治意识、国家安全、民族团结和生态文明等教育，充分体现中国特色。充分反映马克思主义中国化最新成果、当代社会进步、科技发展和学科发展前沿，充分体现先进的教育思想和教育理念，紧密联系学生生活经验，及时更新教学内容。

(二)为终身学习打基础，体现课程内容的普及性

基础性和发展性是新一轮基础教育课程内容改革的基本方向。在学生有限的学校学习时间里，究竟学什么最有价值？本次课程改革在课程门类的设置与课程内容的选择以及要达到的目标上，将如何为终身学习打基础，体现普及性、基础性和发展性是本次课程内容改革首先要回答的问题。

义务教育是国家为每个适龄儿童提供的基础教育，因此课程应该适应不同儿童发展的需要，不能被任意扩大和拔高，义务教育是为每一个儿童今后的发展和从事终身学习打基础的教育，因此它的课程内容和要求应该是基础的、有限的和具有发展性的；义务教育又是为每个儿童终身学习打基础的教育，不是终结性教育，因而课程要给儿童全面、丰富的发展留有充分的时间和空间，让儿童自主、多样、持续地发展。面向全体学生，依据学生发展核心素养，精选学生终身发展必备的基础知识和基本技能，打牢学生成长的共同基础。教师在保证每个学生达到共同基本要求的前提下，充分考虑学生不同的发展需求，结合学科特点，遵循学习科学的基本原理，分类分层设计可选择的课程，满足学生不同学习需要，促进学生发展；注重培养学生的学习兴趣、学习能力和探索精神，注重培养分析问题、解决问题的能力；适应国家人才培养需要，注重学科内容选择、活动设计与学生发展核心素养养成；合理控制学生的课业负担。

(三)素养本位作为课程取向的价值

《义务教育课程方案和课程标准(2022 年版)》明确体现了素养本位的课程取向。

而素养本位的课程取向具有如下几个方面的价值。(1)核心素养作为课程整合的内在线索，使整合成为课程改革的核心。课程整合最为重要的价值，就在于它打破了知识与能力之间的零碎状态，降低了教师零敲碎打、机械控制和单向灌输的可能性。核心素养作为融通了知识、能力和态度的综合性素养，其生成需要复杂问题情境。而知识的情境性，决定了复杂问题情境的构建需要整合的知识，整合的知识则以整合的课程为基础。因此，在以培养核心素养为旨归的课程改革语境中，"整合"是其探索的核心。(2)核心素养作为课程关注的重点，凝聚了学科核心素养。中国学生发展核心素养是党的教育方针的具体化、细化。为建立核心素养与课程教学的内在联系，充分挖掘各学科课程教学对全面贯彻党的教育方针、落实立德树人根本任务、发展素质教育的独特育人价值，各学科基于学科本质提炼了本学科的核心素养，明确了学生学习该学科课程后应达成的正确价值观、必备品格和关键能力，对知识与技能、过程与方法、情感态度价值观三维目标进行了整合。课程标准还围绕核心素养的落实，精选、重组课程内容，明确内容要求，指导教学设计，提出考试评价和教材编写建议。

进一步更新了教学内容。重视以学科大概念为核心，使课程内容结构化，以主题为引领，使课程内容情境化，促进学科核心素养的落实。结合学生年龄特点和学科特征，课程内容落实习近平新时代中国特色社会主义思想，有机融入社会主义核心价值观，中华优秀传统文化、革命文化和社会主义先进文化教育内容，努力呈现经济、政治、文化、科技、社会、生态等发展的新成就、新成果，充实丰富培养学生社会责任感、创新精神、实践能力相关内容。

(四)多元的课程综合

课程综合也被称为课程整合或课程统整，是把学科内不同领域、不同学科之间的知识，乃至学科与生活、学科与技术之间的信息进行整合的变革行为。课程综合的价值在于能够促进知识整合，搭建知识与能力之间的桥梁，改变教师教学的片段化和学生学习的碎片化。在《义务教育课程方案和课程标准(2022年版)》中，为了更好地实现核心素养的培育，专门提出了一个重要的修订原则：加强课程综合，注重关联。围绕这一原则，义务教育新课标实现了多元的课程综合。主要体现在：(1)加强综合课程建设，完善综合课程科目设置。第一，增加综合科目。新增加的劳动教育和信息科技课程，从其课程类型上而言都是综合课程，都强调综合运用多个学科知识，在真实情境中深入实践，养成在复杂情境中解决问题的能力。第二，将学科课程部分内容综合化。如美术和音乐两个艺术学科，一至二年级并不分科设置，而是以"艺术综合"的面目出现，通过"唱游·音乐、造型·美术两类活动"来提升学生的艺术素养；八至九年级学生则需在音乐、美术、舞蹈、戏剧(含戏曲)、影视(含传媒艺术)等综合艺术门类中进行选择学习。(2)改进课程编制和实施方式，加大学科内的内容整合。第一，以课程核心素养为线索，形成课程目标、课程内容、实施方式和评价方式的一体化。做到课程目标充分体现课程核心素养的要求，课程内容为培育课程核心素养服务，课程实施方式为核心素养的生成提供有效条件，紧紧围绕核心素养及其进阶设计有效的评价方式。第二，改进课程组织方式，推动以主题、任务、项目等为线索的课程内容重组。如语文课程标准以六大学习任务群来重组内容；数学课程标准用四大学习领域十五个主题来统整课程；英语课程标准提出要以单元形式组织呈现内容，以促进主题、语篇、语言知识、文化知识、语言技能和学习策略六要素整合。第三，改进课程实施方式，推动学科内容与学生日常生活和实践整合。《义务教育课程方案(2022年版)》指出，要加强知识学习与学生经验、现实生活、社会实践之间的联系，注重真实情境的创设，增强学生认识真实世界、解决真实问题的能力。各学科课程标准修订时也在这一方面做了大量的工作。(3)推动跨学科学习。第一，提出"课程核心素养"，关注共同素养。其主要目的之一就是强调不同学科之间的共同素养。具体到学科，新课标明确了物理、生物学、信息科技、地理等课程的共同性素养培养要求，实现科学类课程一体化建设。第二，为跨学科学习提供专门时间。本次修订，除综合性较强的课程外，强调其他课程要设计不少于总课时10%的跨学科主题学习，为跨学科学习提出了专门要求，也为之提供了专门时间。这是此次课标修订在课程综合方面的重大突破。第三，一些学科在跨学科学习方面提出了具体的举措。如语文学科有针对性地设置了"跨学科学习"任务群，突出中华优秀传统文化、革命文化等课程内容，也体现了语文、历史、道德与法治学科的跨学科学习。

二、关于教材处理的新课程理念

教材一直是我国学校教育的主要课程资源，以致人们常常误认为教材就是唯一的课程资源。一提到开发和利用课程资源，就想到订购教材或者编写教材，甚至进口国外教材。进行课程改革，必然要打破教材作为唯一的课程资源的神话，合理构建课程资源的结构和功能，以适应时代发展的多样化的需求。因此课程内容改革首先是教材观的变化。

(一)教材处理的一个基本观点是课程文化建构

课程文化观认为，课程不再只是人类经验理性概括的结晶，而是学生自我适应基础上的文化再生产，通过对课程内容的理解及意义建构，变课程的工具性存在为文化主体的存在。课程的学习不是静态的复制、被动的适应，而是动态的生成、主动的建构。从根本上说，学生个体的在校学习是借助课程内容和同伴(师与生)互助进行的，课程内容只有通过学习者自身的感受、理解和领悟，通过对以往知识经验的再生产、再加工、再创造，才能内化为个体独特的心理内容，生成多彩的内心文化世界和心智结构。只有学习主体的主动参与，才能使课程变为学生"自己的课程"，唤起学生的自我需求，以自己的方式对材料进行诠释、理解、改造和重组；发挥同伴的合作交互作用，通过师与生、生与生、师生与教材的沟通、对话与应答，共创共生、批判反思、求异创新。

(二)教材处理的一个核心问题是从“科学世界”走向“生活世界”

“生活世界”是课程内容的范围。“生活世界”是指对人生有意义的且人生活在其中的世界，是人生的过程，生活着的心、物统一的世界，在这个世界中，人的地位是至高无上的，人是能动的主体，人不依附于自然、社会、他人或者其他某些外在的力量。生活世界中充满着自然事实、社会事务和人的生活行为事件，而且这些因素相互交叉，“生活世界”是人的生命存在的背景，是人生价值得以实现的基础，它为人生奠定了基石。“生活世界”对课程的意义在于确立人本意识和生命意识，注重人的生成的动态过程。

当前基础教育的课程问题之一就在于远离儿童的生活世界，把儿童定格在“书本世界”或“科学世界”之中，丧失了生命的活力和生活的意义，难以培养起儿童的综合实践能力和社会责任感。因此，基础教育课程资源开发的着眼点之一应是向儿童的“生活世界”回归。

(三)课程内容要使人类文化进入学生的“生活经验”和“履历情境”

课程内容不应该是单一的、理论化的、体系化的书本知识，而要让学生发现人类群体的生活经验，并把它纳入学生的“生活世界”中加以组织。奥地利现象社会学家阿尔弗雷德·舒茨(Alfred Schütz)在《社会世界的现象学》(*The Phenomenology of the Social world*)中论及“生活世界”的结构时谈到生活世界中的知识问题，他说：人在面对外在世界、理解世界时，并不仅仅在进行感知的活动，他们和科学家一样，也运用了一套极为复杂的抽象构造来理解这些对象，这些构造物就是“手头的库存知识”，人利用这些“库存知识”才能理解世界。“科学世界”就为人提供了一部分“库存知识”，另一部分“库存知识”则是人的生活历史提供的，舒茨称人的生活历史为“生平情境”或“履历情境”。课程内容不能仅仅是来自“科学世界”的内容，而必须以“生活世界”作为背景和来源，课程才能够真正成为沟通学生的现实生活和可能生活的桥梁。

(四)课程内容为学生提供反思和创造的对象

课程是学生通过反思性、创造性实践而建构人生意义的活动。学生是在动态的反思和创造的过程中成长和发展的，课程为学生提供了反思和创造的对象。如前所言，课程提供的内容是与人类群体的生活经历以及学生个体的“生活经验”和“履历情境”相关的内容。但这些内容是不能通过灌输来获得的，而是要通过反思人类的生存状态以及个体的生活方式来理解。所以，我们不能把课程仅仅理解为有关教育内容的东西和文本，而要把课程动态地理解为学生反思性、创造性地探寻人生意义的活动及其过程。

总之，教学不是教材内容的移植和照搬，它特别需要执教者的创造加工，将教材内容变成关于学生学习的教学内容，变成发展学生文化素养的教育内容，赋予材料生命的活力。

本章小结

课程内容是指各门学科中特定的事实、观点、原理和问题以及处理它们的方式，是一定的知识、技能、技巧、思想、观点、信念、言语、行为、习惯的总和。关于课程内容的理解，需要重点把握：课程内容是人类文明成果的精华，课程内容是学生学习的对象，课程内容是影响学生发展的材料。课程内容存在着课程内容即学科知识、课程内容即学习经验、课程内容即学习活动的三种取向，从历史上看，课程内容的选择即在学生的需求、社会的需求以及两者兼顾之间摇摆不定。课程资源的开发和利用，是保证课程实施的基本条件，新课程内容对教师的挑战之一就是要确立课程资源意识，明确课程是由教师、学生、文本及环境构筑的生态系统，课堂是在创生新资源。教师要学习广泛利用、开发各种课程资源。新课程内容改革决定了必须树立新的教材观。

关键术语

1. 课程内容
2. 课程内容选择
3. 课程资源

思考题

1. 理解课程内容选择取向与选择依据。
2. 选取特定学科的特定章节，以小组研讨形式，讨论课程资源开发与利用问题。

实训练习

1. 观摩一堂课改课，体会新课程内容改革对课堂教学的影响。
2. 采访一位教师，谈谈新课程内容改革后他对教材处理的变化。

拓展阅读

1. 郭元祥．新课程背景下课程知识观的转向[J]．课程·教材·教法，2001(6)．

2. 郭华．落实学生发展核心素养 突显学生主体地位——2022年版义务教育课程标准解读[J]．四川师范大学学报(社会科学版)，2022(4)．

第六章　课程组织

学习目标▶

1. 识记课程组织、课程结构、学科课程与经验课程、分科课程与综合课程、显性课程与隐性课程、校本课程的概念。

2. 明确课程组织的意义和准则。

3. 理解学科课程与经验课程、综合课程、隐性课程的内涵、特点。

4. 明确课程计划、课程标准的内涵和教科书的编写原则。

5. 理解新课程改革中课程结构的创新点。

6. 应用所学知识分析课程实践在课程结构上存在的问题。

某高校教育系小学教育专业在学期末组织了一次课程满意度调查，发现学生对学校开设的课程提出了不少意见：学校开设的公共课太多，专业课课时偏少；学科理论课程太多，实践类课程太少；必修课程太多，而能供学生自主选择的课程太少；跟其他学校开设的课程一模一样，形成学校特色的课程太少……看完调查结果，教师们陷入了沉思：学校的人才培养方案应该怎样设计才是合理的？

课程开发的目标模式提出了课程开发的四个步骤：确定教育目标—选择教育经验—组织教育经验—进行课程评价。在第一、第二个环节结束之后，接下来的工作就是把选定的教育内容进行有效的排列组合。课程最终以怎样的具体形式呈现在师生面前？学校的课程方案中，有哪些课程类型，它们之间应该是怎样的比例构成？这便涉及课程开发中的一个重要环节：课程组织。

第一节　课程组织的概述

在课程开发过程中，已经选定的课程内容往往是分散和凌乱的，如果不加以有效组织，教育效果难以产生。那么，什么是课程组织，课程组织的意义是什么，在组织过程中应遵循哪些准则，本节主要探讨这几个问题。

一、课程组织的概念

课程组织是在一定的教育价值观指导下，将各种课程要素(curriculum element)妥善地加以排列，使彼此建立有机联系，形成课程结构，增进学习的累积效应，以有效实现课程目标。

课程要素即课程的基本构成，它是课程组织的基本线索和脉络，是课程这座“高楼大厦”的“钢筋结构”。不同的课程论专家从不同角度对课程组织要素进行了区分。美国课程论专家施瓦布从宏观角度出发，把课程看作一种有机整体，在此基础上确认了课程的四大因素：学习者、教师、教材和环境。古德莱德(J. I. Goodlad)等人从中观角度把课程组织的要素划分为范围、连续、序列、整合。麦克尼尔(J. D. McNeil)从微观角度提出了各种学习机会之间的共同要素包括概念、原理、技能和价值观四个方面：第一，概念是指陈述具有共同特征的事物或理念的名词，它是许多学术课程最基本的构成。例如，小学社会科学课程的组织，主要是以“差异”“相互依赖”“社会控制”三个概念作为课程组织的基本要素。各年级课程内容处理的概念名称一样，但概念的复杂性、抽象性随年级升高而增加。第二，原理是对两个或两个以上的概念间关系的说明。如“三角形的两边之和大于第三边”。课程组织需要通过精心设计的学习活动，帮助学生理解各门学科中诸如此类的原理。第三，技能包括技巧、能力与习惯。如小学生基本的运算技能、阅读技能、资料分析技能都是基本的技能。技能对于整个小学的学习有统整的功能。第四，价值观是关于价值的一定信念、倾向、态度的系统观点。价值观是支配行为的信念，也是支配课程的核心要素。如“每一个人的价值和尊严都应当受到尊重”“人类应与自然和谐共存”，都可以作为课程组织要素在各门课程中适时加以体现。

温馨提示

需要指出的是，对于学生而言，课程组织的过程是相对陌生的，他们一般只能意识到具体的学习内容，但对于课程组织的脉络及其设计思路并不清楚。而课程开发者和教师则要意识到更深层次的意义，看到直接的学习活动表明的主要抽象概念。比如，学说英语，不但要学会一种外国语言，而且要学会人际交往。

在实际的课程组织中，课程要素要根据不同的课程目标、学生发展特征、学科特点、预期的结果加以选择。如果课程目标是技术和职业方面的，侧重点就是技能要素；如果课程目标强调道德和伦理方面，价值观这一要素就应受到重视。

二、课程组织的意义

初步选定的课程内容往往是散乱无章的，正如米莱(Edna St. V. Millay)的诗中所言，“大量闪烁发光的事实，自天倾盆而下，未经质疑，互不联系……至今未有编织机把它梳理成章”。课程组织恰如智慧的“编织机”，将零散的课程要素编织成美丽的彩缎，以更好地促进学生的发展。

具体来说，课程组织有两个方面的意义：一是能激发学生学习的动机；二是增进学习效果的累积效应，实现课程与教学的目标。科学的课程组织既要考虑到知识本身的逻辑，又要考虑到学生的生活、学生的兴趣和认知特点，这样自然会调动学生学习的兴趣，激发他们的学习欲望，从而实现有效的学习。下面是部编版小学五年级上册《道德与法治》课程内容的组织案例：

第一单元　面对成长中的新问题
1 自主选择课余生活
2 学会沟通交流
3 主动拒绝烟酒与毒品
第二单元　我们是班级的主人
4 选举产生班委会
5 协商决定班级事务
第三单元　我们的国土 我们的家园
6 我们神圣的国土
7 中华民族一家亲
第四单元　骄人祖先 灿烂文化

8 美丽文字 民族瑰宝

9 古代科技 耀我中华

10 传统美德 源远流长

从组织序列来看，课程内容由个体的自我到群体中的“我”、到祖国及历史背景下的我，采用的是“同心圆”扩大的结构方式，由点及面、层层递进、逐步拓宽和加深。既符合儿童真实生活中的成长历程，也符合一般状态下儿童的认知次序。可以看出，这种课程内容的组织，营造的是一种“儿童文化”，从儿童自己的视角出发，认识自我、观察社会、感知世界。这种以“儿童的生活”为切入点的组织方式，自然会激发儿童的学习兴趣，让儿童用自己的眼睛观察世界，用自己的心灵感受世界，用自己的方式研究世界。所以，学生的理解和掌握程度会更高。

三、课程组织的准则

为使课程组织适当而有效，在组织课程时就要遵循一些基本的准则，使学习产生最大的累积效应，达成课程与教学目标。关于课程组织的准则，许多课程专家都进行过研究。其中泰勒提出的连续性、顺序性和整合性准则影响较大。综合前人的研究，我们认为，在课程组织过程中应把握好以下几个方面的基本准则。

(一)纵向组织和横向组织

课程组织最基本的两个维度是纵向组织和横向组织。

纵向组织又称垂直组织或序列组织，是指将各种课程要素按纵向的发展序列组织起来。由于人的身心发展有阶段性的序列，学科知识有逻辑演进的序列，所以课程就有垂直的必要。《学记》中提到的“不陵节而施”、夸美纽斯的“由简到繁”思想等都体现了这种组织原则。课程的纵向组织有两个具体准则：连续性和顺序性。

连续性指选定的各种课程要素在不同学习阶段反复出现，不断予以重复，以使学习者反复学习。如数学中的公式、英语中的词组、物理中的概念在学习过程中多次重复出现。连续性准则能为学习者提供多次学习的机会，有利于学生对学习内容的理解和掌握。

顺序性指选定的课程要素根据学科本身的逻辑体系以及学生认识发展的阶段由浅入深、由易到难、由简到繁地组织起来。它与连续性有关，但又高于连续性。如果说连续性关注的是课程要素的重复和反复，顺序性侧重的则是同一课程要素的拓宽和加深。

横向组织又称水平组织，是指将各种课程要素按知识间的横向关系组织起来。横向组织打破了学科知识之间的界限，将学科知识、学生经验看作一个互相联系的整体，在承认并尊重彼此差异的前提下，按照学生发展的阶段，以社会和个人最关心的问题为依据，将各种课程要素组织起来。横向组织的基本准则是“整合性”，即在各种课程要素间建立适当的内在关联。它关心的是应用而不是形式。课程的整合性包括学生经验的整合、学科知识的整合、社会生活的整合三个方面。通过整合，加强了学科之间、课程与学生需求之间、课程与社会需要之间的联系。

相比较而言，纵向组织注重课程内容的独立体系和知识的深度，横向组织强调知识的综合性和知识的广度。一般来说，大多数课程的组织都有纵向和横向两个维度。

（二）逻辑顺序和心理顺序

逻辑顺序是指按照学科知识内在的基本逻辑顺序来组织课程内容。心理顺序是指按照一定年龄阶段学生的心理发展特点来组织课程内容。

课程即学科，课程即儿童的经验。所以“学科知识”与“儿童”是进行课程组织时两个不可或缺的关注要素。课程组织是按逻辑顺序还是按心理顺序，是教育史上争论很激烈的问题之一，也是“传统教育”与“现代教育”的最大分歧。一方面，学科的各部分内容之间都有内在的逻辑关系；另一方面，课程内容是为学生安排的，如果不符合学生的认知规律和特点，很难保证学习的有效性。所以当代课程与教学改革趋向把学科的逻辑顺序与学生的心理顺序统一起来，同时观照学科知识与学生心理两个维度。

（三）直线式和螺旋式

直线式是将一门学科的内容按逻辑体系组织起来，前后内容基本不重复，即课程内容直线推进，前面安排过的内容在后面不再呈现。直线式的组织能较好反映一门学科的逻辑体系，避免不必要的重复，被认为是效率较高的一种组织方式，因此备受苏联教学论专家赞科夫的推崇。他认为由于不断呈现新内容，可以保持学生的学习兴趣。不过，直线式的弊端是不能恰当反映学生的认知发展的特点。

螺旋式是指根据学生的接受能力，在不同学习阶段重复出现特定的学科内容，随着学习的推进，逐步拓展知识面，加深知识难度。螺旋式能够将学科逻辑和学生的心理逻辑较好地结合。美国课程论专家布鲁纳明确提出采用螺旋式课程，不论我们选教什么学科，务必使学生理解该学科的结构。他认为要尽早让学生有机会接触学科的基本结构，随着智力的成熟，使学科结构不断拓宽和加深，这种学科结构在课程中呈螺旋式上升的态势，有利于学生全面掌握该学科。当然，螺旋式组织也会导致内容的不必要重复，导致学生产生厌倦情绪。

可以看出，直线式和螺旋式各有利弊。对不同性质的学科而言，这两种组织方式具有不同的适应性。一般来讲，对于理论性较强、不易理解的课程内容，以及对低年级儿童，按照螺旋式组织比较适合；而对于一些理论性相对较弱的学科知识和操作性较强的课程内容，采用直线式组织比较适合。具体到我国的课程实践，目前占主导地位的还是直线式课程组织，怎样适当采用螺旋式组织方式，更好地促进学生心理发展，是课程改革的重要课题。

案例链接

扬州市一些小学的综合实践活动课程，依据不同年龄、不同学段学生的身心特点和认知水平进行了螺旋式的组织和设计，形成了有梯度、有层次的综合实践活动课程体系。下面是扬州市某学校“传统节日”主题中“我们的节日——端午节”的活动方案(见表 6-1，篇幅所限，只展示其中活动目标、内容、方式和评价等要素内容)。

表 6-1 “我们的节日——端午节”活动方案①

方案要素	低年级	中年级	高年级
活动目标	学生直观地体验端午节文化，增进对端午节的初步了解	尝试提出自己好奇的问题，通过调查研究养成一定的考察探究能力	在充分了解端午节的基础上，制作粽子、咸鸭蛋，传承文化，创新产品，陶冶工匠精神
活动内容	认识粽叶，感知粽子形状、品种；向家长了解端午节的习俗；给自家门口插上艾条；朗读有关端午节的诗词、儿歌，制作一份剪贴小报	走进街巷，感受端午节的氛围，调查节日民俗；参与家庭包粽子、编织鸭蛋网等活动；制作一份手抄小报	查阅资料，探究端午节的文化意义；制作香囊，设计并与家长共同烹制端午“十二红”；动手制作低能量的粽子，送给社区的孤寡空巢老人；集体诵读屈原的诗作、课本剧表演；制作一份电子小报
活动方式	在父母的陪同下参观感知端午节日，开展品尝粽子、朗读诗歌等活动，获得端午节日体验	收集资料，参观寻访，动手操作，制作端午作品	独立运用电脑网络查找资料，小组设计调查问卷并实施，撰写调查报告，戏剧表演，志愿服务，制作小报，运用多种手段展示成果。
活动评价	形象化评价，如奖励一颗五角星、一朵小红花，或者给一个大拇指点赞等	活动照片，日记，产品展示，鼓励自我评价、相互评价	采用多种方式进行综合评价，如活动成果展示、量表评价、成长记录袋、个人反思等

第二节 课程类型及其组织结构

课程类型(curriculum types or categories)又被称为课程种类，是指一个教育系统或教育机构中具有某一相同属性或共同特征的课程形成的种类。课程的组织结构简称课程结构，是指构成课程整体的各个组成部分之间的比例及其结合方式和相互关系。课程结构是否合理、科学，直接关系到各级各类学校培养目标的实现。课程

① 潘洪建，杨会珍，蒋武超. 螺旋式综合实践活动课程开发研究[J]课程·教材·教法，2022(4)：4—10

结构分为宏观、中观和微观三个层面。宏观的课程结构是指课程类型的构成与各部分的比例关系，中观的课程结构是某一类型的课程的构成与比例关系，微观的课程结构是指某一门课程内部具体课程内容的构成。在此，我们具体讨论宏观课程结构及课程类型的构成和彼此间的比例分配。

在课程理论与实践中，典型的课程类型包括：学科课程与经验课程；分科课程与综合课程；必修课程与选修课程；显性课程与隐性课程；国家课程、地方课程与校本课程；基础型课程、拓展型课程与研究型课程。探究每一对课程类型之间的内在联系，是确立理想的课程结构的基本前提。

一、学科课程与经验课程

(一)学科课程与经验课程的含义

1. 学科课程的含义

学科课程是以学科为中心设计的课程，是一种古老的、应用广泛的课程类型，它起源于我国古代的"六艺"和古希腊的"七艺"学科。学科课程是以文化知识为基础，按照一定的价值标准，从不同的知识领域或学术领域选择一定的内容，根据知识的逻辑体系，将选出的知识组织起来的传统的课程形态的总称，由一定数量的学科构成。各学科皆具有固有的逻辑和系统。学科课程目前仍然是世界各国中小学课程设计中一种主要的课程类型，在中小学课程中起着重要作用。

学科课程有两个显著特征：第一，以学科知识或文化的发展作为课程目标的基本来源，课程开发以学科知识及其发展为基点，强调学科知识的优先性；第二，课程组织遵循学科知识的逻辑体系。

学科课程具有如下三个优点：第一，有助于学习者获得系统的文化知识；第二，有助于教学的组织、实施与评价；第三，有助于提高教学效率。学科课程的弊端如下：第一，由于学科课程是以知识的逻辑体系为核心进行组织的，容易导致对学生的需要、经验的轻视；第二，学科知识往往分科过细，忽视学科之间的内在联系，导致学生的知识被肢解为"语文知识""数学知识"等，而学生是作为一个整体来参与课程的，所以过于强调学科课程容易肢解学生完整的生活；第三，每一门学科课程都有其相对稳定的逻辑系统，容易导致与现实社会生活的脱离；第四，学科课程以掌握系统的固定的知识体系为目标，容易在实际教学中出现单一讲授式的教学方法。

2. 经验课程的含义

经验课程又称活动课程，或"儿童中心课程"，是打破学科逻辑组织界限，以学生的兴趣、需要和能力为基础，以儿童的主体性活动的经验为中心组织的课程。

经验课程的思想渊源是18世纪法国启蒙思想家卢梭的自然教育思想，裴斯泰洛齐、福禄培尔等人的思想与实践也对经验课程的形成产生了重要影响。经验课程作为一种课程形态，从根本意义上说是19世纪末、20世纪初欧美"新教育运动"和"进步教育运动”的产物。美国实用主义教育家杜威是经验课程的主要倡导者和推动者。他的实用主义为基础的经验课程论标志着经验课程的成熟。

与欧美一些国家相比，我国经验课程的理论和实践起步较晚。经验课程在我国兴起是在五四运动前后，特别是1918年以后，教育界对杜威实用主义思想的介绍推动了经验课程在我国的传播。20世纪80年代末以后，我国部分中小学开始进行经验课程的实验。1992年颁布的《全日制小学、初级中学课程计划》明确规定开设两类课程：学科课程和活动课程，将活动课程正式纳入我国中小学的课程体系中来。

案例链接

北京十一学校8项综合活动课实施过程①

课题	教学目标	内容及形式
十一探秘	初步培养学生独立探究问题、寻找资料的能力，以新颖的方式实行爱校教育	让学生分组，自己确定方式与方法，了解学校的各个方面； 以小组为单位，将了解到的内容写成汇报材料； 召开班级、年级交流汇报会
居民小区设计	为了培养学生自觉关心社会生活的意识、组织设计生活小区的模拟活动，使学生关心、了解周围的生活，形成为社会分忧的责任意识	参观新、旧小区； 小组讨论，写出设计方案，画出草图； 小组协作制作小区模型，展示设计草图及模型，回答同学质询
为了明天——社会调查	利用寒假里学生有更多时间接触社会的机会，让学生进行社会调查，进一步了解、认识社会，达到自育目的	学生个体采访，写成调查报告； 召开班级、年级会进行汇报交流
垃圾和我们的生活环境	以垃圾为突破口，培养学生的环保意识和良好的环保行为习惯。引导学生关心全人类共同利益。进一步拓展学生认识问题、研究问题的能力	请专家开设环境知识讲座； 观看有关环保问题的纪录片； 参观、访问垃圾转运站； 以小组为单位分专题研究，查找有关资料，到公园、住宅进行调查，写出调查报告； 进行班级、年级交流； 环保宣传活动
人口变化与我们的生活	意在唤起学生对人类生存与发展问题的关心，进一步培养他们关心与参与社会生活的主动意识，更深入地培养学生的科学研究能力	专家讲座，参观访问； 分小组进行专题调研：人口与交通、人口与住房、人口与教育、人口与能源等； 写出研究报告，接受专家答辩； 年级交流

① 周韫玉，张瑞玲．中小学校课程开发与示例[M]．北京：清华大学出版社，2002：259～261.

续表

课题	教学目标	内容及形式
设计与制作	意在让学生自觉探寻、掌握和运用有关知识及原理，学会有关构想、计划、制作等技能，锻炼学生的创造能力和动手能力，培养科技意识	跨班编组； 画出草图； 每组制作2辆汽车、1辆赛车； 评比竞赛； 心得交流
揭开雾灵山的面纱	走向自然，了解自然，研究自然，培养学生自觉探究科学问题的能力，陶冶情操、锻炼意志，培养学生热爱大自然、爱护生态环境的意识	组织全体学生到雾灵山野营拉练3天，调查当地地形、动植物情况、气候等； 小组写调查报告，个人可以动、植物标本、文学作品、绘画、作曲、科技小论文等方式进行交流汇报； 学生自办调查成果展览会
艺术综合活动课	全面提高学生的综合素质，培养学生良好的审美意识和能力，高尚的道德情操和文明素养	实施其他各项活动课的过程中，以辅导形式适当穿插； 内容涉及书法、绘画、音乐等； 经常组织学生参与的艺术实践活动

首先，与学科课程相反，经验课程能够考虑学生的需要和兴趣，照顾学生的个体差异，真正视学生为课程的主体，这样的课程学习是真实而有意义的。其次，经验课程将学科知识、学生经验和社会生活统整为一个整体，进行整体性学习，有利于学生的综合素质发展。但是，经验课程过分夸大了学生个体经验，忽视了系统知识的学习，容易导致教学质量的下降。此外，从经验课程的具体实施来看，经验课程对教师的要求较高，在教学组织、评价方面难度较大。最后，经验课程容易导致“活动主义”，使经验课程形式化或片面化，过分追求表面的热闹，忽略儿童深层的心理品质，如思维能力的发展。

(二)学科课程与经验课程的关系

学科课程与经验课程是学校教育中两种基本的课程类型，可以这样来概括二者的关系：它们是两种不同的课程，但彼此又具有内在的统一性。

1. 学科课程与经验课程的区别

学科课程和经验课程之间的争论自经验课程诞生后就没有停止过。两种课程分别反映了不同的课程价值观。甚至可以说，正是学科课程自身的缺失孕育了经验课程的诞生。陈旭远从以下几个方面分析了学科课程和经验课程的区别。一是课程内容上的不同：学科课程学习各门学科的基础知识，属于静态的间接经验；经验课程学习实践活动中的综合性知识，属于动态的直接经验。二是学习方式的不同：学科课程多采用教师为主体的“讲授式”，经验课程主要采用学生为主体的体验式。三是教学组织形式的不同：学科课程以班级授课制为主，小组教学和个别教学为辅助；

经验课程多采用丰富多样的活动方式。四是评价标准和方法的不同：学科课程中的教师是评价主体，重视对结果的评价，书面测验为主；而经验课程重视对学习过程的评价，评价主体多元，方法多样，如观察评价和成果展示评价。

2. 学科课程与经验课程的联系

学科课程与经验课程之间相互补充而非相互替代。从上述对学科课程和活动课程的优缺点的分析可以看出，二者在功能上是互相补充的。学科课程保证学生掌握系统而扎实的基础知识和基本技能，但由于只关注学科的逻辑体系，未能充分照顾学生的需要、兴趣和个性发展，容易导致教育与学生生活、社会生活的脱节，影响学生的学习水平和教育质量。而活动课程恰恰能从学生需要、兴趣出发，选择跟学生生活、社会需要相联系的综合性的活动主题，既能调动学习的积极性，又利于学生综合能力和素质的提高。由此可以看出，两种课程类型缺一不可，不可牺牲某一方，用一方来代替另外一方。

互动平台

想一想：你在中小学上过哪些活动课程？这些课程给予你哪些不一样的经验和收获？

二、分科课程与综合课程

分科课程和综合课程是课程内容的两种不同的编制方式。分科课程属于学科课程中的科目本位课程，指由一系列各自具有独立体系、彼此缺乏相应联系的科目组成的课程，在我国学校课程体系中一直占有显要位置。综合课程又叫整合课程，是将若干个具有内在逻辑或价值关联的相关学科内容统整在一起的一种课程形态，旨在消除各类知识之间的界限，使学生形成关于世界的整体性认识和综合解决现实问题的能力。

(一)综合课程的历史发展

关于综合课程的设想早在18世纪一些教育家的课程理论中已经出现。卢梭提出以获得儿童关于世界和现实生活经验为目标，以儿童自然生长的需要为中心来组织课程。福禄培尔主张把学生作为整合的中心，通过学生的自我活动和独立作业的形式将学校的课程体系整合在一起，以使学生获得完整的而非割裂的学习经验。赫尔巴特曾提出“学科联络”和“中心统合论”，提出谋求多学科内容统一的设想。综合课程的实践尝试始于19世纪，20世纪以后得以多样化发展。

综合课程在我国也有悠久的历史，可以追溯到古代的“四书”“五经”和《千字文》等。在我国近代史上，1904年，《奏定学堂章程》中规定的“格致”即属于综合课程，包括动物、植物、矿物等。20世纪80年代以来，科学和社会的发展对综合课程的设置提出了迫切要求，设置综合课程势在必行。上海、浙江的课程改革方案中都有了综合课程。1992年，国家颁布施行《九年制义务教育全日制小学、初级中学课程计划(试行)》，将小学开设的“社会科”纳入课程计划，将以前的历史、地理两科整合为一门课程。2001 年，教育部颁布的《基础教育课程改革纲要（试行）》明确提出，“小学阶段以综合课程为主”。

（二）设置综合课程的依据

第一，综合课程符合科学文化知识的综合化趋势。科学的分化与综合始终是课程分化和综合的基础。分化反映了人们对世界认识的不断深入；综合则意味着学科间要相互开放，彼此关联。20 世纪 60 年代以来出现的许多影响巨大的综合科学，如环境科学、生态科学、空间科学、生命科学等都是各种科学的有机综合的体现。综合课程则能够满足科学技术间相互作用、彼此关联的发展需求。

第二，综合课程符合真实世界的需求。在现实的世界中，很多社会问题都涉及多个领域，包括学术领域和非学术领域，也包括多个学科。如环境问题、社会暴力问题、能源问题等，没有一个问题是单凭一门或两门学科知识就能解决的。所以，必须打破学科界限，让学生在学校里学到的东西可以跟体验到的世界的性质之间建立有意义的联系，弥补分科课程带来的学校教育与社会生活的割裂，这就需要以社会生活和问题为核心进行课程组织。

第三，综合课程符合学生整体发展的需求。每一个学生的个体都是整体的存在，心理发展具有整体性。所有的知识、能力、观点在学生那里都不应是割裂的，而应形成一个综合的素质结构。素质教育倡导全面的、和谐的发展的前提也是学生是一个整体性的人。学生心理发展的整体性必然要求学校课程具有整合性。

（三）综合课程的种类

第一，相关课程，又叫关联课程，是两个或两个以上学科既在一些主题上相互联系，又保持各学科的相对独立。如将本国语言与历史学习、自然科学和数学相联系，学习伊丽莎白一世时期文学的同时，学习伊丽莎白一世统治英格兰的历史。相关课程没有让各学科统合起来，只是让各科知识发生了联系。

第二，融合课程，是将有关学科合并为一个新的学科，合并后学科之间的界限不复存在。如地理、历史、公民融合为综合社会科，动物学、生物学、生理学、解剖学合并为生物学等。可见，融合课程的综合程度远远超出相关课程。

第三，广域课程，顾名思义，“广域”即广阔的领域，整合的范围更大、更广泛。融合课程的范围主要限于与学科有关的领域，而广域课程不仅包括学科有关领域，人类所有的知识与认知领域都可以被整合。如生态学统合了化学、生物学、农学、地理、经济、政治、社会、地球科学等科目。广域课程不仅有利于各学科内容间联系的建立，而且有助于解决学校课程臃肿的问题。

第四，核心课程，主要是指 20 世纪 30～50 年代的核心课程，非 60 年代以后的“学校计划中那些被特别强调，并且要教给所有学生的知识”①。此处的核心课程基

① 靳玉乐．现代教育学[M]．成都：四川教育出版社，2005：162.

于社会问题的分类来设计课程，以社会功能和社会问题为核心，统合各学科的内容，重视培养学生的问题解决能力。核心课程源于两股课程改进的势力：一是反对分科过细造成的零碎性学习倾向；二是强调学校教育的社会角色，认为学校教育必须协助学生澄清或维持共同的价值观。

案例链接

“声音”的综合课程设计思路①

北京师范大学教育学部2010级教育学本科　宣琰

［课程概述］

学时：本课程共9学时，计划一周学1学时，于学期中期结课。

授课对象：高一或高二学生。

课程特色：真正从学生的感官经验出发，围绕生命中不可避免的事物——声音进行探索，而不是用一个主题将学科知识进行机械地切割、堆砌；每一部分内容的呈现都是为了引导学生更好地进行思考与体验；注重学生艺术素质的培养，在自主创作中体会自由，在欣赏他人中学会尊重，在交流分享中体验自足。

课程主题包括课程导入、认识声音、聆听声音、捕捉声音、体验分享五部分。

一、课程导入

呈现一段声音材料（音乐人小河的*after time*）和一段描述声音的文字材料（诗人里尔克的《马尔特手记》的篇章）。（内容略）

世间万物都与声音有关。我们人类需要声音，也无法回避声音，然而我们真的认识声音吗？

因此，从现在开始的半个学期内，我们将走上一段发现之旅，请大家抛开对声音的种种成见，重新认识声音。

二、认识声音

（一）步骤1：探索声音本身

声音何以产生：音叉振动试验。

声音的性质：介绍振幅与频率、振幅影响音量实验。

声音的传播与空间感知：我们每时每刻都存在于不同的空间中，声音是我们感知、认识空间的秘密途径。

（二）步骤2：探索人类的听觉器官

由宏观到微观介绍人体解剖结构：耳的结构—耳蜗的结构—柯蒂氏器的结构

（三）步骤3：探索人体与声音的互动

“世界真的是我们听到的那样吗？”

① 吴国珍．综合课程革新与教师专业成长［M］．北京：北京师范大学出版社，2013：125～129．

听觉生理与听觉心理两者之间的不对等；人耳对高频声音更为敏感；声音的遮蔽效应。

(四)步骤 4：讨论课——声音如何影响人的情感

为学生提供几种基本的参考文献，如《礼记·乐记》《声无哀乐论》《剑桥西方音乐理论发展史》及其他与声学心理学相关的研究成果，让每一位学生就自己感兴趣的一种文献进行深入阅读并加以批判思考，一星期后进行课堂讨论，教师将依据讨论中各同学有效信息的贡献率及个人观点的合理性、创新性进行考评，讨论结束后每位同学需要结合讨论内容向老师提交一篇论文以阐明自己的最终观点。

活动课：自制一种乐器。要求学生能用自制乐器奏出音阶，并且制作者必须向听众说明如何调音，于课程末验收成果。

三、聆听声音

阅读材料《为了听觉的尊严》。(《视野》2009 年 24 期 赵功强)

(一)步骤 1：发现自然

聆听专辑《森林狂想曲》中来自台湾原始森林的声音。

介绍世界自然音乐大师丹·吉布森(Dan Gibson)与他的自然音乐。

活动：聆听专辑 *Songbirds by the Storm* 和 *Nurturing Rain* 中的音乐，要求学生用一张白纸，表达聆听体验。可以选择用线条与色彩，可以采用文字形式甚至是剪纸、折纸或是拼贴画这一类的手工作品。于课程末验收成果。

(二)步骤 2：发现社会

让学生闭上眼睛，聆听《张玮玮与郭龙的故事》。

介绍姚大钧与“中国声音小组”(China Sound Unit)：通过记录本上的日常的声音去捕捉社会的流变。

声音万花筒环节：向学生介绍几项有趣的声音艺术作品，如麦可恩·纽豪斯的《时代广场》(Max Neuhaus ，Times Square，1977)等。

(三)步骤 3：发现自我

观看动画片《柔软的角》，这是一个关于声音、寂静与生命的故事。

四、捕捉声音

(一)步骤 1：了解实地录音

向学生们介绍什么是实地录音，包括实地录音带的定义和发展史。

(二)步骤 2：活动——捕捉声音

学生通过自制的接触式地麦完成个人的实地录音作品，课程末将举办声音聆听聚会，邀请家长一同欣赏同学们的艺术作品。

五、体验分享

最后，对课程中的三次活动成果进行集中展示。学生可以邀请重要他人参加最后一次课。

(四)分科课程与综合课程的关系

首先，分科课程与综合课程有各自的独特价值。分科课程是科学深入发展的结果，强调不同学科的独立体系，保证学生掌握系统的深度的科学知识；综合课程是学科走向整合的趋势的反映，强调学科间的横向关联，有利于学生形成整体看问题的思维方式，提高学生的综合素质。

其次，两种课程之间不是相互排斥，而是相互联系的。综合课程是作为分科课程的改进形态出现的。分科课程也强调知识之间某种程度的综合，综合课程也不是全然不顾学科逻辑，而是对学科逻辑的超越。作为课程计划的一部分，综合课程也包含分科的特征，如我国小学阶段开设的“科学”“综合实践活动”均属于这一类型。所以，两种课程类型各有所长、功能互补。两者的整合才符合人的认识发展规律，符合科学发展的趋势。

> **互动平台**
>
> 思考一下：综合课程在具体实施中会遇到哪些难题？

三、必修课程与选修课程

(一)必修课程与选修课程的含义

必修课程与选修课程是从对学生学习要求的角度来划分的。必修课程是指国家、地方和学校规定，学生必须学习的课程，突出体现了国家和地方对学生所学课程的基本要求，也是学校教育质量的保证。必修课程的价值观是“共性和统一性”。选修课程是指学生根据自己的兴趣爱好及需求，自愿选择学习的课程。选修课程的价值观是对差异性需求的满足。选修课程一般分为限定选修课和任意选修课，简称“限选课”和“任选课”。从学习的内容上，选修课程可分为学术类选修课程、职业技术类选修课程和趣味类选修课程。

(二)选修制度的发展

在课程发展的历史上，选修课程的出现要比必修课程晚。最早的选修课程诞生在18世纪的德国，而选修课程的真正问世则发生在19世纪初洪堡创立的柏林大学。选修课程制度的建立应归功于时任哈佛大学校长的艾利奥特，在他的努力下，到20世纪初，选修课程已在美国大学普遍盛行。艾利奥特的贡献不仅在于使选修课程在大学确立，而且还为选修课程在中学的实施争取了一席之地。

我国正式开设选修课的历史可追溯到1919年。1919年4月，教育部向各地下达咨文，要求中学酌情增减课程及时间。许多学校纷纷尝试，也积累了一些经验。到1922年，北洋军阀统治时期颁布的《学校系统改革令》中，命令中等教育试行选修课制。但到20世纪30年代，选修课程被取消。

中华人民共和国成立后，受苏联课程模式影响，取消了选修课程的设置。全国中小学开设的课程完全一致。直至改革开放之后，选修课的问题真正受到重视。

1981 年，教育部颁发的《全日制六年重点中学教学计划试行草稿》中提出，要在高中开设选修课程。1986 年，第一次在初中阶段设置选修课程。此后，虽然政府和教育管理部门一直在努力出台政策，调整和完善选修课程制度，但由于教育传统的惯性和招生考试制度的原因，选修课程的实施状况和效果并不理想。

（三）必修课程与选修课程的关系

必修课程和选修课程是学校教育适应社会发展需求，促进学生个性发展的必需的两种课程存在形式。二者具有同等的价值。必修课程能够适应社会的要求和学生共同需要，为学生的全面发展打下共同的基础，并保证学生学习的课程比较全面而不至于有所荒废，保证学生的基本学力，其课程价值观属于“平等主义”。选修课程则可以适应不同学生的个性差异的需要，给学生提供适合每个人的能力、兴趣、发展方向的多样化教育，尽可能发挥他们各自的优势，培养和发展特长，其课程价值观属于“能力主义”。所以，必修课程和选修课程在学生的发展中处于同等重要的地位，具有同等的价值，二者相辅相成，构成完整的课程结构。

> **想一想**
>
> 在不断加大学生自主选择比例的情况下，学校如何保证学生的选择不是盲目的？如何在一种选择的环境下，提供平衡的课程？

四、显性课程与隐性课程

按照课程的存在方式，可以把课程分为显性课程与隐性课程。

（一）显性课程与隐性课程的含义

显性课程也称正式课程、官方课程，是在学校的课程计划中明确规定的课程，是学校课程表中列出的所有有组织的活动，是教科书编订、教学活动实施的主要依据之一。其突出的特征是计划性。

隐性课程也称非正式课程、潜在课程，是学校政策和课程计划中未明确的、非预期的无意识的知识、价值观念、规范和态度。非预期、广泛性、非学术性是隐性课程的主要特征。隐性课程在学校情境中的主要表现形式包括：观念性隐性课程，指学校的文化传统、办学理念、校风、学风等；物质性隐性课程，指学校建筑、教室的布置、校园环境等；制度性隐性课程，包括学校管理体制、学校组织机构、班级管理方式、班级运行方式；心理性隐性课程，主要包括学校人际关系状况、师生特有的心态、行为方式等。

隐性课程的理念可以追溯到杜威和克伯屈（Kilpatrick），他们分别提及的“附学习”和“副学习”的概念应该说已经包含了隐性课程的含义。首次正式提出“隐性课程”这一概念的是美国学者杰克逊。他在 1968 年出版的《班级生活》（*Life in Classroom*）一书中提到，如果说显性课程是学校教育中有计划、有组织地实施的正式课程的话，那么隐性课程则是学生在学习环境中学习到的非预期的或非计划的知识、价值观念、规范和态度等。我国学者对隐性课程的研究始于 20 世纪 80 年代中期。现代课程改革的一个重要方面是隐性课程被公认为学校课程中的重要组成部分，并已被纳入学校课程的范畴。

(二)显性课程与隐性课程的关系

显性课程与隐性课程是两种不同的课程存在方式，有着不同的特点、功能。显性课程是有计划、有组织的教育活动；隐性课程是非计划、非预期和无组织的教育活动，随机性强。显性课程在学生的学术知识的学习、系统知识体系的构建、学习和研究能力等方面起着重要作用。隐性课程在陶冶学生的性情、发展学生的人格、形成良好的态度和价值观方面作出了较大贡献。

显性课程和隐性课程之间有着内在的关联。它们相互渗透，一方面，显性课程的实施总伴随着隐性课程；另一方面，隐性课程也会随着人们认识的提高逐步转化为显性课程。

五、国家课程、地方课程与校本课程

根据课程开发、设计和管理的主体，可以将课程划分为国家课程、地方课程和校本课程。

国家课程是国家规定的课程，是根据所有公民基本素质发展的一般要求设计的，反映了国家教育的基本标准，体现了国家各个地方的中小学教育的共同要求。其主导价值是“基础性”和“统一性”，是确保所有国民的共同的基本素质，是国家基础教育课程体系中的主体部分，所有学生必须按规定修习。

地方课程是地方教育主管部门以国家课程标准为基础，为满足地方政治、经济、文化、民族等发展需要，由省、自治区、直辖市一级的教育行政部门开发的课程。它的主导价值是“适应性”，在于通过课程满足地方社会发展的现实需要。地方课程要充分利用地方特色教育资源，注重用好中华优秀传统文化资源和红色资源，强化实践性、体验性、选择性，促进学生认识家乡，涵养家国情怀，铸牢中华民族共同体意识。

校本课程是学校根据自己的办学思想，结合本校的教育教学实际自主开发的课程。校本课程的开发主体是学校教师。其主导价值是“特色论”，要凸显学校的办学传统和办学目标，发挥特色教育教学资源优势，以多种课程形态服务学生个性化学习需求，校本课程原则上由学生自主选择。校本课程是国家课程和地方课程的重要补充。如果说国家课程的优势在于基础性和统一性，地方课程的优势在于解决课程的针对性和地方性，那么校本课程的优势则表现为尊重具体学校环境和学生的独特性和差异性，这是前两者难以企及的。

案例链接

北京市史家胡同小学的校本课程“专题研究课”

四(2)班“小课题组”一览表①

课题	导 师	导师的职业、职务
关于我国部分城市青少年观看动画片的倾向性调查	王菲	船舶公司职员
克隆技术的利与弊	于勇	网络公司CEO
申奥与古迹保护	王之龙	法学教授
人民币发展史	朗理英	银行行长
老人与小孩在生活习性上的不同	周艳军	大学教师
种子的研究	李怡	公司经理
二十四节气的调查与研究	夏世华	副经理
有关北京小吃的调查	黄春红 王之龙	公司经理 法学教授

六、基础型课程、拓展型课程与研究型课程

根据课程的任务，可以将课程分为基础型课程、拓展型课程与研究型课程。基础型课程注重培养学生的基础能力，即以培养学生作为一个公民必需的“三基”(读、写、算)为中心的基础教育，是课程的主要组成部分。拓展型课程重点在于拓展学生的知识和能力，开阔学生的知识和视野，发展学生的特殊能力。研究型课程注重培养学生的探究态度和能力。这是一类在教师指导下，由学生自主设计、自主探索来完成任务的课程。

第三节　课程计划、课程标准与教科书

课程是怎样从最宏观的课程目标、课程理念，最终转化为具体的课程形式的？目前最常见的结构是课程计划、课程标准和教科书三个层次。这种结构形式是包括我国在内的许多国家广泛采用的。随着学校制度的逐步完善，学校课程日益丰富，如何在众多可开设的课程中进行选择，各门课程开设的顺序怎样，开设多长时间，每门课程学习什么具体内容，学到什么程度等，这些问题最终通过课程计划、课程标准和教科书进行了回答。所以，它们也是学校办学、师生教学的主要依据。

一、课程计划

课程计划是课程的总体规划，是根据教育目的和不同类型学校的教学任务，由

① 周韫玉，张瑞玲．中小学校课程开发与示例[M]．北京：清华大学出版社，2002：52.

教育主管部门制定的有关教学和教育工作的指导性文件。它体现了国家对学校的统一要求，是课程实施、评价和管理的基本准则。①

在我国，“课程计划”一词由过去的“教学计划”演变而来。1953 年，教育部制定了我国第一个《中学教学计划（修订草案）》。从此，“教学计划”的基本结构和名称在我国一直沿用了四十余年。随着中小学课程教材的改革，特别是 20 世纪 90 年代以后，课程结构的内涵、功能较以往发生了一些实质性的变化，如将活动课纳入课程、增设了选修课程等。课程的含义已经超出了原“教学计划”规定的学科教学内容。1992 年，《九年义务教育全日制小学、初级中学课程计划（试行）》正式使用“课程计划”。

课程计划的基本内容包括培养目标，课程设置，学年、学周安排，考试考查，实施要求五部分。课程计划具体涉及：一是培养目标，即预期的课程学习结果。二是课程设置，即某一类学校应开设的科目、开课顺序及各科授课学时。三是学年、学周安排，包括学年阶段的划分、各个学期的教学周数、学生参与社会实践的时间等。四是考试考查的科目、要求、方法。五是执行计划的若干实施要求。其中，课程设置是核心内容。

义务教育课程方案（2022 版）课程类别与科目设置

类别	科目	年级
国家课程	道德与法治	一至九年级
	语文	一至九年级
	数学	一至九年级
	外语	三至九年级
	历史、地理	七至九年级
	科学	一至六年级
	物理、化学、生物学（或科学）	三至八年级
	信息科技	一至九年级
	体育与健康	一至九年级
	艺术	一至九年级
	劳动	一至九年级
	综合实践活动	一至九年级
地方课程	由省级教育行政主管部门规划设置	
校本课程	由学校按规定设置	

① 刘学利，傅以赣，张继瑜．课程与教学论[M]．北京：中国人民大学出版社，2013：98.

二、课程标准

一位数学教师的心声：

张老师今年35岁，当一个班的班主任，教两个班的数学，每天起早贪黑，工作很辛苦，学生成绩还算不错，属中上等。但是，还有许多家长甚至学校领导说哪位教师教得更好。张老师有点想不通："到底应该怎样评价我的工作？有没有标准能够说明教师做到什么份上就应该可以了？国家能不能制定一个标准，告诉所有关心教育的人，教师的主要任务是帮助每个学生达到最起码的标准，而不是无休止地要求教师完成根本完成不了的任务；学生的主要任务是在教师的帮助下，通过各门课程的学习，达到最起码的学习要求，而不是门门100分。如果都以100分要求教师和学生，有几个教师才是合格的，有几个学生才是令人满意的……"①

课程标准是国家对基础教育课程的基本规范和要求，是教材编写、教学实施、教学评估和考试命题的依据，是国家管理和评价课程的基础。国家课程标准要体现国家意志，突出地表现在国家规定的国民素养或公民素质的基本要求上。正因为国家课程标准体现的是一种国家意志，所以它具有统一性、普遍性和强制性。

课程标准一词最早可以追溯到清朝末年。我国明确以"课程标准"作为教育指导性文件源于1912年，南京临时政府教育部公布的《普通教育暂行课程标准》。直到1952年，在全国学习苏联教育的背景下，才把"课程标准"改为"教学大纲"，20世纪90年代以来，又改为"课程标准"。

(一)课程标准的内涵

课程标准主要是对学生学习完某一门课程后应达到的结果的描述，不是对教学内容、教学方法的具体规定。这其中隐含着教师不是教科书的执行者，而是教学方案的开发者，与学生一道作为课程的实施主体进行创造。

课程标准对学习结果的描述应该是可理解、可评估的，而不是模糊的、模棱两可的。

课程标准主要规定某一年级所有学生在教师的帮助或在自己的努力下都能达到的要求，是面向全体学生的共同的、统一的基本要求，不是最高要求。

课程标准是国家基础教育课程质量的主要标志，是对国家或地方的学校教育质量、教师教学质量、学生学习质量进行管理、督导和评价的重要依据。

(二)课程标准的内容与框架

课程标准基于不同阶段培养目标，将党的教育方针具体化细化为各门课程应着力培养的核心素养。以《义务教育课程标准(2022年版)》为例，课程标准一般包括课程性质、课程理念、课程目标、课程内容、学业质量、课程实施、附录等部分。

---

① 钟启泉，崔允漷．新课程的理念与创新[M]．北京：高等教育出版社，2003.

2022版义务教育课程标准内容框架

课程性质		
课程理念		
课程目标	核心素养内涵	
	总目标	
	学段目标	
课程内容	第一学段(1～2年级)	说明：不同课程，学段划分有差别：数学分为小学部分和初中部分；艺术分为1～2年级、3～5年级、6～7年级、8～9年级
	第二学段(3～4年级)	
	第三学段(5～6年级)	
	第四学段(7～9年级)	
学业质量	学业质量内涵	
	学业质量描述	
课程实施	教学建议	
	评价建议	
	教材编写建议	
	课程资源开发与利用	
	教学研究与教师培训	
附录	教学实例等	

(三)课程标准的意义

由“教学大纲”到“课程标准”的改变是对一种新的课程价值观的反映。新的课程标准使课程实践呈现出新的意义。

它标志着我国义务教育阶段有了明确而科学的质量标准，包括教材编写、教师教学、学生学业成就、课程与管理等的质量标准。原来的“教学计划”侧重规定具体的教学内容，而课程标准则更为关注教学结果。质量标准不仅涉及学生的学业质量，还涉及学生的生活质量、发展质量。

它有利于教材编写的多元化。教材多元化是世界课程改革的共同趋势，我国在20世纪80年代中期，教材制度由国定制改为审定制，在很大程度上促进了教材建设的多元化，但由于只有共同的内容，没有统一的课程标准与明确的框架，导致简单、重复的多本化。课程标准的出现，确定了统一的质量标准，为教材编写留下了一定的发展空间，使教材多元化成了可能。

它有利于教师专业自主权的实现。以往的教学大纲侧重对具体教学内容的规定，详细规定了学科的教材范围、教材体系、教学进度和教学方法上的要求，其思维的重点是教学工作的开展，便于教师直接运用，操作性较强，同时，也在一定程度上限制了教师教学的专业选择权利，教师只能按部就班地教“教材”。新的课程标准从

“内容”取向转为“标准”取向，更多关注基本要求的达成，而对达到要求的手段没有硬性规定，它对教材编写、教师教学的影响是间接的、指导性的、弹性的，从而为教师的教学创新提供了足够的空间，有利于教师专业自主权的实现。

（四）课程标准的编制

课程标准的编制必须以课程计划为依据，在具体编制中需要注意以下几点。

第一，坚持正确的政治方向和价值导向，加强思想性，有机融入社会主义先进文化、革命文化和中华优秀传统文化等教育内容，反映科技进步新成果、经济社会发展新成就，特别是马克思主义中国化最新成果，引导学生树立正确的世界观、人生观、价值观。

第二，坚持素养导向，体现育人为本，依据各学段培养目标总结课程核心素养，形成清晰、有序、可评的课程目标。课程内容注重与学生经验、社会生活的关联。注重课程内容结构化，探索跨学科主题学习任务。

第三，加强课程一体化设计，做好各学段之间的衔接与过渡，结合不同年龄学生特点，把握课程内容深度广度的变化，体现课程目标的连续性和进阶性。

案例链接

《义务教育语文课程标准(2022年版)》1～2年级学段要求

【识字与写字】

1. 喜欢学习汉字，有主动识字、写字的愿望。认识常用汉字1 600个左右，其中800个左右会写。

2. 学会汉语拼音。能读准声母、韵母、声调和整体认读音节。能准确地拼读音节，正确书写声母、韵母和音节。认识大写字母，熟记《汉语拼音字母表》。

3. 掌握汉字的基本笔画和常用的偏旁部首，能按基本的笔顺规则用硬笔写字，注意间架结构，初步感受汉字的形体美。努力养成良好的写字习惯，写字姿势正确，书写规范、端正、整洁。

4. 学习独立识字。能借助汉语拼音认读汉字，学会用音序检字法和部首检字法查字典。

【阅读与鉴赏】

1. 喜欢阅读，感受阅读的乐趣。学习用普通话正确、流利、有感情地朗读课文。学习默读。

2. 结合上下文和生活实际了解课文中词句的意思，在阅读中积累词语。认识课文中出现的常用标点符号，在阅读中体会句号、问号、感叹号所表达的不同语气。借助读物中的图画阅读。

3. 阅读浅近的童话、寓言、故事，向往美好的情境，关心自然和生命，对感兴趣的人物和事件有自己的感受和想法，并乐于与他人交流。诵读儿歌、儿童诗和浅近的古诗，展开想象，获得初步的情感体验，感受语言的优美。

4. 尝试阅读整本书，用自己喜欢的方式向他人介绍读过的书。养成爱护图书的习惯。

5. 积累自己喜欢的成语和格言警句。背诵优秀诗文 50 篇(段)。课外阅读总量不少于 5 万字。

【表达与交流】

1. 学说普通话，逐步养成说普通话的习惯，有表达交流的自信心。

2. 能认真听他人讲话，努力了解讲话的主要内容。听故事、看影视作品，能复述大意和自己感兴趣的情节。能较完整地讲述小故事，能简要讲述自己感兴趣的见闻。与他人交谈，态度自然大方，有礼貌。积极参加讨论，敢于发表自己的意见。

3. 对写话有兴趣，留心周围事物，写自己想说的话，写想象中的事物。在写话中乐于运用阅读和生活中学到的词语。

4. 根据表达的需要，学习使用逗号、句号、问号、感叹号。

【梳理与探究】

1. 观察字形，体会汉字部件之间的关系。梳理学过的字，感知汉字与生活的联系。

2. 观察大自然，热心参加校园、社区活动，积累活动体验。结合语文学习，用口头或图文等方式整理、表达自己在活动中的见闻和想法。

3. 对周围事物有好奇心，能就感兴趣的内容提出问题，结合其他学科的学习和生活经验交流讨论，尝试提出自己的看法。

在落实以上要求过程中，注重引导学生关注中华优秀传统文化在日常生活中的表现，初步感受中华优秀传统文化的重要价值；初步懂得幸福生活是革命前辈浴血奋战、艰苦奋斗换来的，激发对革命领袖、革命家、英雄人物的崇敬之情。

三、教科书

教科书也称“课本”是根据各科课程标准编写的教学用书，是教学内容选择和组织的物化形态，是教材的主体，也是师生双方进行教学的最主要的资源。教科书通常按年级分册，划分单元或章节。对学生而言，教科书是帮助学生预习、理解、复习、作业的主要工具，是学生课外扩大知识领域的主要基础。对教师而言，教科书是教师备课、上课的“剧本”。优秀的教科书对于统一规范教师的教学、保证教学的总体质量作用很大。

教科书的管理制度主要有三种：国定制、审定制和自由制。国定制是由国家教育行政部门统一组织编写教科书，其他任何机构无权自行出版。审定制是指由民间编辑出版教科书，经中央或地方教育行政部门审查合格后，各地学校可以选用。自由制是由民间自行编辑出版和发行教科书，供各学校自由选用。表面上看，自由制无须经教育行政部门审查或认可，但仍受课程标准或国家考试制度的制约。我国在20世纪80年代以前，中小学教科书采用国定制，人民教育出版社是唯一的专门出版机构。80年代以后，成立了中小学教科书审定委员会，管理制度改为审定制。在国外，日本一直实行教科书审定制度，美国则采用的是自由制。

教科书的编写是一项复杂的工作，需遵循以下基本原则：

按照不同学科的特点，强调科学性、思想性和时代性。

强调内容的基础性。在加强基础知识和基本技能的同时，注意贴近社会生活，并适当渗透先进的科学思想，为今后学习新的知识奠定基础。

在保证科学性的前提下，还要考虑到我国社会发展的现实水平和教育现状，必须注意基本教材对大多数学生和大多数学校的实用性。

合理体现各科知识的逻辑顺序和学生学习的心理顺序。

正确把握与其他学科的纵向与横向联系。

充分体现"学材"特点，从心理学、美学、卫生学角度，使教科书的编排有利于学生的阅读和学习。

加强情境创设和问题设计，引导学习方式和教学方式变革，充分利用新技术优势，探索数字教材建设。

第四节　我国基础教育课程结构的改革

2001年6月，教育部出台了《基础教育课程改革纲要(试行)》，新一轮课程改革由此拉开了序幕，此次改革被业界称为"新课程改革"。本次改革重点涉及课程目标、课程内容、课程结构、课程实施、课程评价、课程管理六个方面。(具体内容请参照第二章相关内容)

与以往相比，国家基础教育新课程在课程结构上呈现许多新特点，这些特点正是新一轮国家基础教育课程改革的创新之处。

一、均衡性原则

均衡性是根据人的全面发展理论和素质教育精神提出来的，其宗旨在于促进学生德、智、体、美等方面全面和谐地发展。

我国基础教育课程结构长期以来存在严重失衡：学科课程过多，经验课程太少；分科课程过多，综合课程太少；必修课程太多，可供学生选择学习的课程太少；国家统一规定的课程太多，学校自主开发、体现学校特色的课程太少等。这些问题严重影响了学生的发展。新的课程结构对原有的课程类型的比例进行了调整，以使所有科目保持合理的比例结构。

新课程在结构上倡导和实现的均衡性试图改变以往学生实践能力低下、知识体系相互隔离、所学知识远离现实生活的状况，努力引导学生在掌握学科知识的同时，关注生活、关注社会发展和科技进步，积极开展探究活动，主动参与社会生活，实现素质的均衡发展。

二、综合性原则

综合性是根据基础教育的特殊功能、当代科学发展的趋势和学生发展的需求等提出来的，反映了世界基础教育课程改革的重要趋势。新课程的综合化主要有三种途径：第一，开设学科性综合课。小学阶段以综合课程为主，如科学、艺术等，试图统整特定学习领域的内容和教育价值。其中“科学”综合了生物学、物理、化学学科的内容，增加了贴近学生生活及实践操作等方面的知识，注重儿童科学兴趣的培养。“艺术”不再局限于传统的音乐和美术课，而是结合各地文化传统，将舞蹈、戏曲等丰富多彩、富有特色的艺术内容容纳其中，重在陶冶儿童的艺术素养。第二，开设专门的综合实践活动课程。《基础教育课程改革纲要（试行）》中规定从小学至高中，将综合实践活动课作为必修课程来开设，包括研究性学习、社区服务与社会实践等。这是本次课程改革创新的亮点。第三，在分科课程中实现课程内容的统整。

三、选择性原则

选择性是针对地方、学校和学生的差异提出来的，反映了三方的多样化需求。以往的学校课程存在灵活性、选择性、自主性差的问题，不利于学生个性和特长的发展，不利于课程对地方和学校的适应。为此，新课程特别增强了课程的选择性。主要从几个方面体现出来。第一，在国家课程层面，可以有一定的选择性：既可以选择艺术、科学等综合课程，也可以选择音乐、美术、物理、化学、生物学等分科课程。第二，《基础教育课程改革纲要（试行）》对开设选修课程做了规定：初中应努力创造条件开设选修课，高中要开设丰富多彩的选修课。第三，三级课程管理制度初步建立，试行国家课程、地方课程和校本课程三级课程系统。地方课程，特别是校本课程在很大程度上为学校和学生提供了较多的选择。

本章小结

课程组织是课程开发中的重要环节，是指在一定的教育价值观指导下，将各种课程要素妥善地加以排列，使彼此建立有机联系，形成课程结构，增进学习的累积效应，以有效实现课程目标。课程组织有两种功能，一是通过有效安排课程要素，激发学生学习的动机；二是增进学习效果的累积效应。

课程组织要处理好纵向组织和横向组织的关系、逻辑顺序和心理顺序的关系、直线式和螺旋式的关系。课程的组织结构包括纵向结构和横向结构。横向结构是指各种课程类型，如学科课程与经验课程，分科课程与综合课程，必修课程与选修课程，显性课程与隐性课程，国家课程、地方课程与校本课程等的比例构成。课程组织的纵向结构包括课程计划、课程标准、教科书，它们是学校办学、师生教学的主要依据。新一轮课程改革在课程结构方面体现了均衡性、综合性和选择性的特点。

关键术语

1. 课程组织
2. 课程要素
3. 学科课程
4. 经验课程
5. 综合课程
6. 隐性课程
7. 课程计划
8. 课程标准

思考题

1. 说明课程组织的含义和意义。
2. 评价不同类型课程的特点。
3. 课程标准的含义和编制要求。

案例研究

1. 分析本专业的人才培养方案，从课程类型上进行评价。
2. 了解一所小学某年级的课程安排，结合新课改的课程结构政策进行分析。
3. 研读小学的某学科教材，从课程组织的视角进行评价。

拓展阅读

1. 刘学利，傅义赣，张继瑜．课程与教学论[M]．北京：中国人民大学出版社，2013.

2. 陈旭远．课程与教学论[M]．长春：东北师范大学出版社，2002.

第七章　课程实施与教学

学习目标▶

1. 了解课程实施的意义。
2. 理解课程实施的三种取向。
3. 能够阐明影响课程实施的因素。
4. 了解教学在教育活动中的作用。

美国课程专家古德莱德把课程分为“理想的课程、正式的课程、领悟的课程、操作的课程、体验的课程”五个层次。通常，在课程组织结束后，一套新的课程方案也就基本完成了。这时的课程属于“正式的课程”，它停留在文本上，以书面的形式存在。只有当教师在学校的课堂上实际执行、实施了这些课程计划和变革方案，课程才能最终转化为学生的“体验的课程”，课程变革方案才具有实际的意义，课程开发的目标才能最终实现。所以，课程实施是保证课程改革成效和教学质量的重要一环。

第一节　课程实施概述

课程实施是课程开发中的一个重要阶段，是从理想课程到实际课程的转化过程，关乎课程理想和课程目标的实现，所以也是课程论与教学论的共同研究领域。本节主要探讨课程实施的概念、意义及基本取向。

一、课程实施的概念

课程实施(curriculum implementation)就是把新的课程计划付诸实践的过程，即一套规定好的课程方案实际的运行过程。

课程实施进入人们的研究视野是伴随着对课程改革效果的关注开始的。20 世纪五六十年代，美国进行的大规模课程改革运动的失败引起了人们的反思。研究者发现，这次课程改革运动之所以失败，是因为新的改革方案没有在实践中得到广泛采用。正如古德莱德所言，“改革很多时候被视为失败，其实不然，因为它们从来就未得到实施”。由此，从 20 世纪 70 年代初，课程实施成为人们研究的焦点领域。

(一)课程实施与课程采用

课程变革是一项综合性的系统工程，既包括变革计划的制订，又包括变革的实施，还包括对课程变革过程及效果的评价。其实，从变革计划的制订到实施，中间还有一个过渡环节，这个环节通常被称为“课程采用”(curriculum adoption)。课程采用是指作出使用某项课程变革计划的决定的过程，它关注的焦点是是否决定采用某项课程计划，这与课程实施是不同的。课程实施关注课程实践中实际发生的变革的程度和哪些因素影响了变革的程度。研究表明，一个完整的课程变革过程包括三个阶段：第一个阶段是启动、动员、采用阶段，第二个阶段是实施阶段，第三个阶段是变革的制度化、常规化阶段。可见，课程采用属于课程变革的第一个阶段，只有当新课程方案被采用后，才进入第二个阶段，即课程实施。

(二)课程实施是一个动态的过程

课程实施不是简单地采纳课程方案，不是一个镜式反映，实施的课程不可能原原本本地、机械地按照文件规定的课程去做。相反，从文件规定的方案到实际的执行，是一个动态的过程。有可能是每一所学校的具体情况和条件有差异，有可能是不同教师对方案的理解有差别，总之，同一个课程方案，由于不同的实施者和不同的条件，很可能产生不同的结果。实施过程在具体的学校情境中会表现出多样化、个性化的特征，绝非静态地照搬。从这个意义上讲，恰当准确地认识课程实施过程，就应当综合地考查和分析各方面因素，才能对课程方案与具体实施结果之间的关系有一个清晰明确的认识。

案例链接

20世纪50年代末至60年代末，西方世界发生了一场指向教育内容现代化的课程改革运动，这就是肇始于美国，影响波及全球的“学科结构运动”。此次课程改革的直接导火索是1957年，苏联第一颗人造卫星的成功发射，成为当时科技领域的“珍珠港事件”，轰动了美国朝野。1958年，美国颁布《国防教育法》，政府拨巨资用于推行全国范围的课程改革，组织大批学科专家开发了包括PSSC物理课程、BSCS生物课程、SMSG数学课程、ESCP地学、CBA化学与CHEMS化学在内的系列“学术中心课程”。但最终这次声势浩大的课程改革运动并未达到预期目的，教育界内外怨声载道，最终以失败告终。人们在反思这场课程变革运动时发现，本次运动的一个重大失误是改革领导者们只沉醉于课程变革计划和假设体系的制定，而对课程变革的具体实施过程关注甚少，导致有些变革计划压根儿就没实施过或者在实施中走了样。正像古德莱德所说：“改革很多时候被视为失败，其实不然，因为它们从来就未得到实施。”

二、课程实施的意义

虽然我国关于课程实施的研究起步较晚，但许多学者已经注意到研究课程实施的意义。目前人们取得的共识是，要想取得课程改革的成效，必须深入研究课程方案的实施过程，并根据实施中的实际情况及时对方案进行修订和完善。根据“课程实施”问题研究奠基者迈克尔·富兰(M. Fullan)等人以及国内学者的研究，我们把课程实施的研究意义概括为四个方面。

(一)了解课程改革的实际情况，发现课程实施中的问题

课程实施是课程方案从文本到实践的运行过程。由于种种因素的存在，要想让实践与方案完全一致几无可能。国外一项研究报告指出，一项变革方案被采用后，研究者将方案要求的行为模式分解为12种具体的行为，然后用测量工具对教师的行为进行观察测量，结果发现，方案实施的量只有16%，即教师的行为只有16%符合方案要求的行为模式①，其改革成效可想而知。由此可见，如果没有对课程实施过

① Snyder, J., Bolin, F. & Zumwalt, K.. Curriculum Implementation in Jackson, P. W.. (ed.) Handbook of research on Curriculum[M]. New York: Macmillan Publishing Company, 1992: 405-406.

程深入细致的研究，就难以及时发现课程实施中存在的问题，就很难对课程实践进行适时、有效地指导。纵观课程史上那些“不尽人意、昙花一现”的课程变革，无一不与忽视课程实施的程度有关。所以，只有关注课程实施过程，对课程实施过程进行直接测量和界定，我们才能了解课程实施的真实状况：课程实施的范围、程度、水平如何，课程变革引发了课程实践怎样的变化，学生在此过程中产生了怎样的改变等。这些信息将成为我们指导课程实践的关键依据。

(二)探寻课程变革失败的原因，有利于新变革的改进

课程变革是一项综合性的系统工程，既包括变革方案的设计，也包括变革方案的实施。为什么在课程史上有如此多的课程变革惨遭失败？通常，我们容易把问题的答案归因于方案本身，但事实证明这太过武断。实际上，采用了一项新方案，只意味着一次良好开端，并不决定改革的好效果。同样，好的教育效果也并非仅来自好的方案，即使不太完美的方案，对于高水平的实施者，也可能取得好的成效。一项研究估计，学生学习结果的35%的差异可以归因于实施过程的差异，也就是说，即使运用了同一方案的不同学校或班级的学生，其成绩的差异也有可能达到35%。由此可知，以往把采用新方案的学生成绩优秀或不优秀的原因完全归于变革方案的思路是有偏差的，这明显忽视了课程实施的过程和实施的程度的作用。所以，要想探寻课程变革失败的真正原因，需要我们对变革过程进行全景式分析，特别是对课程实施的研究。

(三)有利于进一步完善课程理论

就课程理论研究的内容而言，人们比较关注课程目标、课程内容、课程设计、课程评价等方面的研究，而对目标达成的运行过程的关注较少，导致课程理论研究的缺口。从课程变革的发生过程来看，一个完整的课程变革过程包括课程计划、课程采用、课程实施、课程评价几个环节。课程采用是组织内部变化的第一个阶段，关注在教育实践中选择和采用什么样的课程方案，它与课程实施不同。课程实施关注在实践中真正改变的程度和影响因素。由于过去课程实施理论研究成果的欠缺，人们对课程实施关注不够，为了把课程实施与相关的其他环节区分开来，就需要把课程实施从课程变革中分离出来单独研究，使课程理论更加完善。

(四)有利于课程实施方案的推广

通过对课程实施的研究，可以发现影响课程与教学实践的真实变量，确定哪些变量是制约课程与教学的关键，哪些变量对课程与教学影响不大，从而及时正确干预和控制无关变量。可以明确课程方案在不同教育情境中运作的可能状况，寻找到课程方案与具体学校的最佳结合点。教育工作者眼里的课程与教学不应该是一种工作任务，而应该是一种责任和使命，教育工作者应该为学生、为社会的发展负责。为此，就要科学处理影响课程教学的诸因素，谨慎实施全程。研究课程实施则可以为采用课程方案的地区展现真实的进程，帮助人们理解、修订、借鉴和再造课程方案。

三、课程实施的基本取向

“课程实施究竟是怎样的过程”，人们对此问题有不同的认识和理解，而这些不同的理解背后代表了不同的价值取向。课程实施的取向是指人们对课程实施本质的不同认识以及支配这些认识的相应的课程价值观。美国课程学者辛德尔(Snyder)等归纳了课程实施研究的三种取向，即忠实取向(fidelity perspective)、相互适应取向(mutual adaption)和创生取向(curriculum enactment)。

(一)忠实取向

忠实取向是指课程实施就是忠实地执行新课程计划的过程。“忠实”意味着按图索骥、一丝不苟、严格地执行。因此，衡量课程实施成功与否的标准是课程实施过程对预定计划的实现程度，实现程度越高、越忠实，课程实施越成功。与预定的计划差距越大、越不忠实，课程就越失败。

人们开始课程实施的研究时，大多持忠实取向。所以忠实取向是课程实施研究最初的也是主流的取向。忠实取向的基本特征更集中体现在其对课程、课程变革、教师角色以及研究方法论的认识方面。

忠实取向强调课程设计的优先性和重要性，认为课程主要是由课程专家在课堂之外为教师预先规划好的课程计划、教科书、指导用书等。这些事先经过规划的课程具有示范作用和明确的效用，应该被教师忠实地执行，课程实施必须完全符合设计人员的意图和理想。否则，花费大量的精力、物力、人力的最佳设计将付诸东流。因此，忠实取向下的课程变革是一种单向的线性过程，在这一过程中，教师是作为课程执行者的身份存在的，他的职责就是忠实地、不折不扣地按照专家预设的课程变革计划在课堂上实施。教师对课程的创造和选择没有话语权。作为课程的传递者，教师对课程变革的成败起着关键作用，所以持忠实取向的学者非常强调前期的教师培训和运行中对教师的有效监督，以保障课程计划的实现程度。基于上述认识，忠实取向下的课程实施研究主要探讨两个问题：一是测量特定的改革在实际中的实施程度，二是确定影响课程实施的因素(哪些因素导致了未能忠实执行课程计划)。采用的研究方法基本上是量化研究，即将研究计划中的每一个概念都进行操作化处理，尽量将其分解为可以测量的部分，然后，用与之相关的量表来测量课程在实际中的实施情况。这种方法是在心理测量的基础上确定的方法，在现实的教育研究中应用较为广泛。

(二)相互适应取向

课程实施的相互适应取向认为，课程实施是一个连续的动态过程，是课程计划与学校实践情境相互调整、改变与适应的过程。这种调整和适应包括两种可能：一方面，既定的课程变革方案为适应各种具体的实践情境的特殊需要而发生改变；另一方面，现实的课程实践为适应课程变革方案的要求而发生变化。

相互适应的价值取向是在总结课程变革的经验、教训中提出来的。研究者们发现，期望课程实施如忠实取向所言，完全按预定模式实现几乎是不可能的，课程实践者在实施课程计划的过程中，总是根据自己对课程的理解和现场的具体条件对既定方案加以改变，以满足教育实践的需要。正如富兰所言，“变革是一种过程，而非一个事件”。这一过程即修改的过程、动态的过程、相互调适的过程。基于此，美国课程学者伯曼和麦克劳林(F. Beman & M. McLaughlin)在20世纪70年代中期最先提出了“相互适应”的理念。应该说，这种取向是对传统的忠实取向的挑战。

在相互适应取向看来，真正的课程不是固定不变的，不仅包括体现在课程计划、教科书中的具体内容，还包括学校和社区中各种环境因素构成的谱系，这些情境因素会改变课程变革方案。所以，课程变革不是预期目标的线性演绎过程，不是一个完全可以提前规划、控制的过程，而是一个不可预知的、复杂的、非线性的过程。在此过程中，实践中的教师可以并且应该对预设方案进行改造。因此，相互适应取向者眼中的教师不再是“被动的消费者”，而是“主动的、积极的消费者”，有权根据具体教育实践的需要对预定方案进行调整。并且，教师对预定方案积极的、理智的改造是课程实施成功的基本保证。调整得越好、越适应具体教育情境的需要，课程实施就越成功。

相互适应取向指导下的课程实施研究，其核心研究议题有两个：一是具体实施的课程与规定的课程之间存在什么差异？这些差异是合理的还是不该发生的？这些调整是否符合实际需要，是否有利于学生的发展？二是产生这些差异的影响因素有哪些？虽然忠实取向也会研究上述问题，但两者的出发点完全不同。忠实取向的研究目的是提高课程实施对原计划的忠实程度，相互适应取向的研究意在追求课程实施过程与预定计划之间相互适应的效果。因为要把握课程实施的全过程，相互适应取向有着更为宽泛的方法论，既包括量化研究，也包括质性的研究方法，所以对研究者的研究水平、对实际教学情境的认识程度等要求更高。

(三)创生取向

课程实施的创生取向是课程实施研究中的新兴取向。创生取向认为课程实施既不是按部就班忠实执行课程计划的过程，也不是根据现场需要对课程计划进行“小修小补”的过程，而是在具体实践情境中，教师和学生创造和开发自己教育经验的过程。在这里，既有的课程变革方案只是为创造过程提供参考的工具。

创生取向视野中的课程不是实施前固定下来的课程计划、方案和教科书中的具体内容，而是由教师和学生共同参与创造的教育实践经验。这种课程充满着个性化和情境化。课程实施过程也成为课程形成过程的一部分，教师和学生在实施过程中可以根据自己的实际情况来确定课程的目标和内容。所以，在创生取向看来，教师是课程的开发者和生成者，教师连同学生成为建构教育经验的主体，课程创生的过程是教师和学生持续成长的过程。

创生取向下，课程实施研究的主要问题有：第一，创生的经验是什么，师生是如何创造这些教育经验的，怎样赋予教师和学生自主创造的权利？第二，课程资料、各级教育政策以及师生的性格特征等因素是如何影响创生的课程的？第三，实际缔造的课程对学生的发展究竟有着怎样的影响？这些研究问题表明，人们的研究重心已从对课程方案的重视程度、课程方案与现实情境的适应程度转到教育经验的实际创造程度上。因为不同教育情境下的课程创生差异很大，所以，创生取向的研究者更倾向于“质性研究”的方法论，特别像“深度访谈”这种适合个案探究的研究方法更符合创生取向的研究目的。

对以上三种课程实施取向进行比较分析可以发现，三种取向各有其存在的价值，也各有其局限性。

忠实取向强调了课程变革的决策者和计划制订者对课程实施的控制，保证了预设方案在实践中的实现程度，但却容易把课程变革变成一个机械的、技术化的程序，从而忽视了现实教育情境的具体需要，抹杀了教师和学生的主体价值。相互适应取向主张要根据特殊情境的需要把“计划的课程”变为“修改的课程”，说明其综合考虑了专家预设的课程和课程的使用者——学校和学生的具体情况，体现了“关注实践”的价值追求，实践的需要被看得格外重要。但在具体实施过程中，如何调整预设的方案和具体实践需要之间的平衡，怎样达到两者最好的结合点？对这一问题的回答是比较模糊的，带有折中的色彩。

创生取向把课程实施看作教师和学生在实际教育实践中的创造和开发自己课程的过程，强调教师和学生在课程变革中的主体性和创造性，大大提高了教师和学生的地位和积极性。但这种思路过于理想化，对教师提出了很高的要求，教师不仅要善于对专家开发的课程进行正确评判、选择，还要善于根据现实需要自行创造适合自己的课程，这与教育教学实际也有一定的差距。尽管如此，能够让教师参与课程制定过程，已经成为国际上课程改革的一种趋势。

课程实施从忠实取向到相互适应取向到创生取向，反映了人们对课程变革本质认识的不断深化，也是学校、教师和学生在课程实践中主体地位不断得以提升的过程。课程变革不是政策制定者对变革方案和计划的控制过程，而是参与者之间民主交往的过程。只有各级课程参与者特别是教师和学生的主体地位受到尊重，课程变革才有可能取得成功。

案例链接

在学习《石钟山记》一文时，出现了如下的情况。

我：作者不迷信前人的说法，自己在深夜去探究其得名的原因，这反映了他什么样的精神？

生 1：勇于探索。

生2：不盲从，不迷信权威。

生3：实事求是，勤于实践。

这时我听到了另外一个声音：他为什么在深夜去而没有在白天去呢？

学生哄然大笑。

这句话显然答非所问，属于“节外生枝”。我当时一愣，随即冷静下来，没有去责问这位同学，而是马上说：“对呀，他为什么深夜去呢？某同学动了脑筋，说明他肯于思考，这个问题我们一起来探讨一下好不好？”

然后，我就和学生一起进行探究和分析。学生们思考积极，讨论热烈，发言踊跃。有的说夜深人静，能更清楚听到水石相击的声音；有的说到了晚上湖水受潮汐现象的影响，流速更快，所以发出的声音更大……

请分析：上述材料体现了哪种课程实施取向？请说明其基本思想。

第二节 影响课程实施的因素

由专家设计好的课程改革方案为什么在教学实践中有的能得到实施，有的却得不到实施？为什么在一些地方、学校和课堂上能有效实施，而在其他地方不能？这不禁让人们产生一个疑问：究竟哪些因素在影响着课程实施？怎样使这些因素成为动力而非阻力？对这一问题的回答，对于我们顺利推进课程实施，实现课程变革的理想意义重大。

自20世纪70年代以来，国外一些学者开始关注课程实施的影响因素问题。80年代，加拿大课程专家迈克尔·富兰曾把影响课程实施的因素分为四大类、15个因素。这四大类分别是课程变革的特征、学区的特征、学校的特征和外部环境的特征。我国学者陈侠将影响课程实施的因素分为人和物两大类，人的方面包括学生和教师，物的方面主要指教科书和教学设备。综合国内外的研究成果，我们认为可以把影响课程实施的因素归纳为三个方面：课程改革方案本身的特征、学校内部因素的特征和学校外部因素的特征。

一、课程改革方案本身的特征

一项课程改革本身的性质：改革方案的合理性、明晰性、复杂性、实用性等是影响课程实施的直接因素。

(一)课程改革方案的合理性

课程改革的目的是改进旧课程中存在的问题，力图使课程更科学。所以，考察课程改革方案的合理性，首先，要看课程方案是否确实改进了已有的课程，体现了良好课程的要求，方案是否能满足学校和教师对改革的需要；其次，要看课程改革方案包含了哪些主要的因素，各因素之间是否协调一致。

(二)课程改革方案的明晰性

从课程方案的制订，对一线实践者的培训到最终方案的执行，这个过程会经过多个人、多道程序的传递和转换。如果课程方案本身不够明晰，就容易让使用者产生误解，导致课程实施不完全。研究发现，缺乏明晰性是阻碍课程实施的重要因素。许多教师不能明确他们正在进行的改革的基本特征，这种不理解和模糊的认识往往使改革的质量大打折扣。例如，一个已经通过审批的课本可能很容易成为教室中的课程，但因为方案的清晰度不足，教师未能准确理解新旧教材存在的差别，未能领悟新教材的设计理念，就可能导致实施中的目标和期望的目标的不一致，但教师们却认为“我们用了新教材，已经在改革了”。

(三)课程改革方案的复杂性

通常，人们会认为“翻天覆地、彻底”的改革更能激发人们的斗志，也更能划时代地解决问题。但如果改革方案太复杂，如在教育哲学观、课程内容、教学方法、评价制度等方面调整的范围和幅度过大，就会给使用者在理解上带来困难，使用者甚至难以接受，造成转化上的困难和问题。相反，如果课程方案过于简单，就难以调动实施者的积极性，产生“改革不过如此”的想法。所以，课程改革方案的复杂程度应该适中。

(四)课程改革方案的实用性

一项课程改革计划可以不是完美无缺的，但必须是切实可行的。所谓课程改革方案的“实用性”是指方案是否符合实际需要，是否方便教师的具体操作，是否能配合正常的教学活动，是否满足教学实践的需要。总之，课程改革方案的实用性、操作性是影响课程实施顺利进行的重要变量。

二、学校内部因素的特征

学校是课程改革的中心和基地，新的课程方案要在每一所学校的每一间教室里进行。因此，成功的课程实施离不开学校对课程改革方案的管理、领导和各种行政配合。学校教育改革的基础、学校的办学理念、学校文化等都会影响课程的实施。具体表现为以下几个方面。

(一)校长

一个好校长能成就一所好学校。校长既是学校教育的管理者，又是教育的实践者，是学校管理的责任主体。教育改革能否走进学校、走进课堂，在很大程度上取决于校长对改革的理解、认同和对改革的积极领导。

这是一项受政治而非教育驱动的变革，可能在两年以后终归会撤销。教师对它不感兴趣，或者根本没时间应付它。他们痛苦地抱怨着它。我甚至讨厌去把它呈现给教师。我真的不理解这项计划。它看上去那么抽象，并且充斥着美好的通则。上次校长会议上，一个半小时的指导知识令我更加困惑。从内容上判断，我怀疑上级领导或董事会成员是否理解它的含义。我将把它列到下次教职工会议的议程上，解决它。我担心我们将来可能必须召开的有关它的会议。我希望不要有人穷追不舍地探究它。我会在每年一次的校长报告会上写道：新计划已经做了介绍。

——富兰在《教育改革的意义》中的访谈实录

从这里我们可以看出，如果校长对即将开始的新的课程计划没有信心，缺少合作的态度，那么改革就难以发生。如果改革方案过于抽象、模糊，缺乏操作性，使得校长不理解课程改革的背景、理念和要求，那么校长就不会积极地领导改革的实施。由此看来，改革之初对校长的培训工作必不可少。它影响着改革的启动、组织和具体实施的效果。实践已证明，很多学校都是因为校长接受了国家培训后，才开始对学校的教师进行宣传、培训和要求的。校长对新的课程计划的理解和领悟程度决定着教师对新课程的理解和领悟程度。

霍德和霍尔(S. M. Hord & G. E. Hall)曾将校长的领导风格归纳成三种类型：反映者、管理者和发动者。“反映者”具有民主的作风，但认为自己的角色只是维持学校的正常运转；“管理者”强化管理中心，认为要忠实地执行国家的课程计划；“发动者”表现出强烈的创新意识，能够与教师一道不断创生新的课程。显然，要想取得实质意义上的成功，校长应该成为“发动者”，拥有自己的教育价值观和教育理念，创造性地实施课程改革。

(二)教师

教师是历次教育改革最大的主力和阻力，特别是在课堂教学层面，教师成为课程实施的中心，影响课程实施的其他因素最终都要通过教师来发挥作用。所以教师是课程实施成功与否的关键力量。教师对课程实施的影响体现在以下几个方面。

1. 教师对待新课程改革的态度

每个人都有自己的“舒适地带”。如果所处的环境和要处理的事务是自己熟悉的、能够掌控的领域，就能有充分的安全感，否则就可能产生不安、担忧、焦虑等负面情绪。教师的职业领域同样如此，面对改革，放弃熟悉的工作方式是需要勇气和魄力的。如果教师愿意告别旧的思想和工作习惯，乐意接受新的教育理念，对改革充满信心，能自觉主动地探索新的教学思路和方式，那么课程实施就容易成功。相反，如果教师对实行课程改革缺少热情和动力，持抗拒、抵触的态度，不愿自己的教学受到影响，不想接受新的理念和方法，就会阻碍课程的有效实施。因此，帮助教师理解课程改革的意义，增强教师对改革的认同一直是教师培训的首要目标。

2. 教师的能力

通常，新的课程方案总是体现了新的理念、新的方法、新的内容。教师原有的习惯化的思想和工作方式会受到挑战，对教师的能力要求会有新的高度。有的教师具备承担课程实施职责的能力，有的教师则表现为能力不足，纵使他极愿意参与变革，无奈“心有余，力不足”，从而影响新课程的有效实施。所以，新的课程改革往往都伴随着对一线教师的专业培训。

3. 教师的课程决策

在课程实施过程中，教师不是一个被动的执行者，而是一个主动的决策者。课程方案制订得再完美，也很难穷尽所有学校的具体情境。所以，要树立这样一种观念，课程实施不是简单复制课程方案的过程，而是一个需要二度创造的过程。教师因为与教育实践的零距离接触，最能清晰地知觉到实践的需求。教师对课程改革应当具有发表意见、参与改革的权利。使教师能根据不同的情况随时作出专业判断和选择，对预定的课程方案进行补充、调试和完善，最终实现课程改革的理想和目标。

4. 教师间的合作

改革因为要推陈出新，对教师而言意味着要放弃根深蒂固的思维和习以为常的工作方式，意味着要重新学习新的事物，所以，教师往往会有不胜任感和无助感。而教师间的互动、支持和合作则是使彼此消除无力感，进行社会学习的基础。如果教师能广泛合作，增加交流、沟通和支持，形成“学习共同体”，课程实施便有了更多的成功机会。但教师职业的特征和教师群体间的竞争有时会成为影响教师合作、阻碍课程实施的重要因素。

(三)学校的支持系统

学校内部的支持系统主要体现在以下三方面：一是学校行政人员的工作态度和工作策略。如果学校行政人员关心课程实施工作，能准确领会课程实施的重要性，能够科学管理教学活动，调动师生参与教学的积极性，就会有力推动课程的实施。二是学校在经费、人力、物力、政策等方面的支持，如赋予教师广泛的课程参与权、在教师参与课程变革方面给予政策上的激励等。三是加强师资培训，为教师的进修、培训创造条件，提高教师的课程开发能力，吸收新的教育理念、新的教学方法和手段。

(四)学校的环境

这里所指的环境侧重心理环境，包括学校的办学理念、集体氛围、人际关系、文化传统等。如果学校参与改革很积极、办学充满开放性、民主风气浓厚、朝气蓬勃、人际合作互助多，对一项新的课程改革计划的实施程度就高；反之，一所保守的学校，实施一项新的计划就困难重重。

三、学校外部因素的特征

课程实施不仅仅是学校内部的事务，它与学校围墙之外的因素有着千丝万缕的联系。这些因素具体包括政府部门的影响、社区与家长的因素等。

(一)政府部门的影响

政府部门特别是教育行政部门与学校教育改革有直接的关联。它在政策制定、课程选择与推广、经费、评价等方面起着决策的作用。教育行政部门(包括学区)的认同、支持是课程实施不可缺少的因素。国务院教育行政部门指导省级教育行政部门全面落实国家课程，建设地方课程，规范校本课程。要开展国家、省两级课程实施监测，主要包括课程开设情况、课程标准落实情况、教材使用情况和课程改革推进情况，重点是党中央、国务院一系列教育要求，特别是习近平新时代中国特色社会主义思想落实情况。把义务教育质量检测结果作为评价课程实施质量的参考指标，确保课程开齐开足开好。

(二)社区与家长的因素

学校教育与社区文化之间的联系日益呈现出一体化的发展趋势。所以，课程变革不仅是学校的内部事务，课程变革不应该孤立于社区之外，而应该主动谋求与所在社区文化、经济等方面的有机整合。在国外，学校的许多重大决策都会征求社区代表的意见，学生家长也有权参与课程政策制定或表达对学校课程的意见。目前来看，我国课程改革中，社区和家长发挥的作用还没有达到西方国家的程度，但社区和家长对学校的课程改革越来越重视。

以上因素在不同水平、不同程度地影响着课程实施。而且这些因素往往不是单独产生作用，各因素之间存在复杂的相互作用。近年来，越来越多的学者将学校作为研究单位，从学校和教师文化入手探索课程实施问题，从实施的具体情况中分析影响课程实施的各种因素，从中寻找有效的实施途径。

第三节 课程实施的基本途径——教学

课程实施阶段的核心是组织和开展教学活动。作为一种重要的教育活动，教学是实现教育目的的基本途径，是学校和教师的中心工作。教学既关系到学生素质的发展与提升，也关系到社会文化的传承与创新。

一、教学的意义

教学是学校教育中最基本的活动，不仅是智育的主要途径，也是德育、体育、美育和劳动技术教育的基本途径，在整个教育体系中居于中心地位。

(一)教学是传授系统的科学文化知识最有效的形式

学校的教育途径和方式有很多：教学、劳动、社会活动、党团活动等。其中教学作为一种专门组织起来的有计划、有目的的活动是最有效的传递科学文化知识的方式。教学能较简洁地将人类积累起来的科学文化知识转化为学生个人的精神财富，使他们在短时间内达到人类发展的一般水平，从而保证社会的延续和发展。教学不仅促进个体实现社会化，而且使人类文化一代代继承发展。

(二)教学是促进学生个体全面发展的主要途径

教育部制定的《面向21世纪教育振兴行动计划》中强调，要整体推进素质教育，全面提高国民素质和民族创新能力，从本质上说，就是全面贯彻党的教育方针，促进学生德、智、体、美、劳等方面生动、活泼、主动、全面地发展。教学的作用直接地、具体地表现为：一是它能使个体的认识突破时空局限和个体直接经验的局限，扩大学生的认识范围，赢得认识的速度；二是使个体的身心发展建立在科学的基础上，结合科学知识的传授和学习，在一个统一的过程中实现德、智、体、美、劳诸方面的和谐发展。

(三)教学是学校和教师的中心工作

教学既是传承文化的有效形式，也是实现教育目的的基本途径，所以教学在学校教育中处于中心地位。一所学校的工作有教学工作、党务工作、行政工作、后勤工作等，其中教学工作应该是中心，后三种工作都是为教学服务的。因此，学校工作要以教学为主，这是中华人民共和国成立以来教育工作经验的总结。20世纪50年代末，学校以劳动为中心，60年代初，以政治教育为中心，60年代中期至70年代中期，以“文化大革命”为中心，这一切导致了我国学校教育走向了崩溃的边缘。所以，学校坚持以教学为主，教育质量就能提高。反之，教育质量必然下降。因此，要办好学校，提高教育质量，必须把教学作为学校和教师的中心工作来抓。

二、教学的任务

(一)引导学生掌握科学文化基础知识和基本技能

教学的首要任务是引导学生掌握科学文化基础知识和基本技能。说是“首要任务”，是因为教学的其他任务只有在引导学生掌握基础知识和基本技能的基础上才能实现。基础知识是指构成各门学科的基本概念、原理、公式及系统。它是组成一门学科知识的基本结构，揭示了学科研究对象的规律性，反映了科学文化发展的现代水平。基本技能是指各门学科中最主要、最常用的技能。无论什么时候，进行什么样的改革，都要坚持加强“双基”教学而不应有所削弱，这样才能完成教学任务，保证教学质量。

(二)发展学生智力，培养学生的创造能力和实践能力

智力是指个人在认知过程中表现出来的认知能力系统。它包括观察力、记忆力、想象力和思维力，其中思维能力是智力的核心。创造能力不仅是智力发展的高级形式，而且是学生个人的求知欲望、进取心和首创精神、意志力与自我实现决心的体现。基于新课程改革的目标，现代教学任务强调培养学生积极主动学习的意识和创新意识以及创造和实践能力。

(三)发展学生体力，提高学生的健康水平

教学不仅要传授文化知识，也要关心学生身心的平衡发展，使学生掌握锻炼身

体的知识和技能，养成锻炼身体的良好习惯，增强体质、促进发展。体力主要指身体的正常发育成长与身体各个器官的活动能力。教学特别要注意教学卫生，要求学生在坐、立、阅读、书写和其他学习活动中保持正确的姿势，保护学生的视力，防止学生课业负担过重，使学生有规律、有节奏地学习与生活，保持旺盛的精神，发展健康的体魄。

(四)培养学生高尚的审美情趣，养成良好的思想品德，形成科学的世界观和良好的个性心理品质

教学在使学生形成科学的世界观、培养优良的道德品质方面起着重要作用。审美情趣的培养可以通过在教学中的审美教育，运用艺术、大自然和社会生活中的美陶冶学生的道德情操。世界观是对世界总的看法和态度。科学的世界观的形成，必须建立在科学知识的基础之上。学生在教学中掌握的自然科学、社会科学知识以及进行的学习和交往是他们认识世界和进行社会交往的组成部分。这都为学生形成科学的世界观提供了坚实基础。教学在强调共性的同时，也要关注学生的个性。教师通过教学，激发每个学生的个性，不仅使他们有现代科技文化知识，而且有自觉能动性、独立自主性和开拓创新性，有强烈的竞争意识、平等观念和合作精神。

本章小结

课程实施是在20世纪70年代开始作为课程研究的重要领域的。课程实施是一个动态的过程。课程实施的研究对于探寻课程变革失败的原因、及时了解课程实施中的问题，完善课程理论，促进新的课程实施方案的推广等意义重大。人们对课程实施本质的认识有三种不同的价值取向：忠实取向、相互适应取向和创生取向。不同的价值取向对课程、课程改革、教师角色以及研究方法论等问题持有不同的主张。影响课程实施的因素包括课程改革方案本身的特征、学校内部因素的特征和学校外部因素的特征。课程改革方案本身的合理性、明晰性、复杂性和实用性在很大程度上影响着课程实施的效果。在学校情境中，校长和教师是重要的和起决定作用的因素。校长对课程改革的理解程度、教师的态度、能力等都会影响课程的实施。外部因素中，教育行政机构的力量、社区及家长等也对课程实施有重要影响。课程实施不等于教学，但教学是课程实施的基本途径。作为教与学的双边活动，教学的根本目的和任务是促进学生德、智、体、美等方面全面发展。教学是学校教育的中心工作。任何学校都要以教学为主。

关键术语

1. 课程实施

2. 课程采用

3. 课程实施的忠实取向

4. 课程实施的相互适应取向

5. 课程实施的创生取向

思考题

1. 怎样理解课程实施的含义？

2. 比较分析课程实施的三种取向。

3. 影响课程实施的因素有哪些？怎样使这些因素成为动力而非阻力？

4. 为什么学校应该把教学作为中心工作来抓？

案例研究

结合新课程改革实验，分析怎样才能实现成功的课程实施。

拓展阅读

1. 张华．课程与教学论[M]. 上海：上海教育出版社，2000.

2. 钟启泉，汪霞，王文静．课程与教学论[M]. 上海：华东师范大学出版社，2008.

第八章　教学过程与教学原则

学习目标 ▶

1. 理解教学过程的基本含义和本质属性。

2. 理解和掌握教学过程的基本规律与结构。

3. 各教学原则的含义以及贯彻的基本要求。

4. 用所学理论分析教学课例，初步学会在自身教学实践中自觉遵循教学规律，贯彻教学原则，形成正确的教学观念。

教学是课程实施的基本途径，教师要透彻理解教学过程的本质特点，自觉遵循教学过程的基本规律，在教学原则指导下设计安排教学环节、教学内容、教学方法与手段等，只有这样才能最大限度地避免教学的随意性，保证教学的科学性与实效性。那么教学过程的本质是什么，有哪些基本规律？教学过程要遵循哪些原则才能保证教学目标的实现？这是本章要学习的基本内容。

第一节　教学过程

一、教学过程的含义

教学过程的含义与教学的含义密切相关，教育界对此进行了许多有益的探索。《中国大百科全书·教育》认为，教学过程即“学生在教师有目的、有计划的指导下，积极主动地掌握系统的文化科学基础知识和基本技能，发展能力，增强体质，并形成一定的思想品德的过程”①。著名教育家李秉德先生认为：“教学过程是学生在教师的指导下，对人类已有知识经验的认识活动和改造主观世界、形成和谐发展个性的交往实践活动的统一过程。”②他把教学过程定义为认识过程、交往过程与实践过程相统一。还有学者认为：“教学过程在教学实践中实际的形态纷繁复杂，具有多种形式。但是，各种具体形式的教学过程都是教师和学生协同活动的过程，是学生在教师指导下，依据课程计划和课程标准的要求，积极主动地掌握系统的文化、科学知识和基本技能，发展身体素质、心理素质和社会文化素质，并形成一定思想品德和心理品质的过程。”③这种观点强调了教师与学生的协同活动。裴娣娜教授认为：“教学过程就是教师教的活动与学生学的活动按照确定的原则、目标、形式和程序启动、互动，从而现实地生成和开展教学的过程，也就是教学活动合目的合规律地、现实地建构、生成和展开的过程，更是教学质量现实地形成的过程。”④

无论如何表述，教学过程都具有一些基本特点：交往性，是师生、生生交往互动的活动过程；间接性，围绕一定的教学内容展开，主要以掌握间接知识为主；发展性，为了促进学生知识技能、能力、体力、品德、心理及社会性的发展，同时也促进了教师的专业成长；实践性，是师生的一种特殊的实践活动过程。

因此，教学过程是学生在教师引导下，在师生交往互动、合作交流过程中，积

① 董纯才，等．中国大百科全书·教育[M]．北京：中国大百科全书出版社，1985：151.
② 李秉德．教学论[M]．北京：人民教育出版社，2000：22.
③ 钟启泉，汪霞，王文静．课程与教学论[M]．上海：华东师范大学出版社，2008：189.
④ 裴娣娜．教学论[M]．北京：教育科学出版社，2007：129.

极主动地学习掌握系统的文化科学基础知识和基本技能，发展能力，增强体质，并形成良好的思想品德和个性心理品质的实践活动过程。

二、教学过程的本质

本质是指事物本身固有的区别于其他事物的根本属性。教学过程的本质就是指教学过程区别于其他过程的那种根本属性。它要回答的问题是教学过程究竟是一个什么样的过程，与其他过程有什么根本区别？关于这个问题，目前比较有影响的观点有以下几种。

(一)特殊认识说

特殊认识说是在马克思主义辩证唯物主义认识论指导下，在学习苏联教育思想基础上逐步形成、发展和完善起来的，在教育理论界一直是一种得到普遍认可的、影响最大、占主导地位的教学本质观。我国教学论专家王策三认为："教学过程确实是一种特殊的认识过程，其任务、内容和整个活动，或是认识世界或是对世界的反映。它的特点就在于是学生个体的认识，主要是间接性的，有领导的，有教育性的。"①劳凯声教授在他主编的《教育学》中写道："教学活动对学生来说是一种认识活动，因此它应该服从人类认识活动的一般规律……教学活动作为一种相对独立的认识活动，既要受到这些认识规律的制约，又表现出了它自己的特征。教学活动就其本质而言，是一种特殊的认识活动。"②

特殊认识说认为，教学过程本质上是一种特殊形式的认识过程，所以必然受人类一般认识规律的制约。但是这种认识过程又不完全等同于人类的一般认识过程，它是一种特殊形式的认识过程，这种特殊性表现在：从认识主体上看具有个体性，是学生的个体认识过程。从认识对象看具有间接性，主要以书本知识的形式呈现。学生通过学习书本知识，可以使个体知识在较短时间内达到当今社会需要的知识水平。从认识条件看具有简约性。学生的认识是在教师的引导下进行的，教师为学生精心创设有利于学生学习成长的教育环境，可以使学生在较短时间内掌握大量的、系统的科学文化知识。从认识任务或结果看具有发展性，学生通过学习书本知识，在认识世界的同时，身心各方面也得到了发展。

特殊认识说根据人类认识的一般规律来研究教学过程的特点。但随着人们对教学过程本质研究的逐渐深入，这种观点在近些年也经常受到质疑和批评。批评者的主要观点表现为：特殊认识过程概括不了教学过程的本质，只重视对学生认识特殊性的分析，具有很大的局限性和片面性，容易导致教学实践中片面强调系统知识的传授和学习，忽视学生身心的整体协调发展。

---

① 王策三．教学论稿[M]．北京：人民教育出版社，1985：32.

② 劳凯声．教育学[M]．天津：南开大学出版社，2001：257.

（二）发展说

发展说认为，教学过程是促进学生发展的过程。虽然学生的身心发展是建立在认识的基础之上的，但认识过程不等于发展过程，掌握了知识不等于促进了发展。在教学实践中不能仅仅重视学生知识与技能的掌握，促进学生身心发展才是教学过程的根本任务。"教学过程是一种特殊的认识过程，也是一个促进学生身心发展的过程。"①

苏联教育家赞科夫，从1957年开始，进行了长达13年之久的"教学与发展实验"，他反对传统教育只重视知识与技能的传授，忽视学生发展的做法，主张教学要促进学生的发展。他继承了苏联早期心理学家维果茨基的"最近发展区"的思想，以及维果茨基有关教学与发展关系的观点，认为"只有当教学走在发展前面的时候，这才是好的教学""教学结构是'因'，学生的发展是'果'，这种因果关系很重要，因为它能决定学生的发展进程"②。

"发展说"突出强调了教学与发展的关系，把学生的发展置于教学过程的核心，弥补了"特殊认识说"的不足，具有积极的意义。但在实践中，人们容易混淆教学与发展这两个概念，将教学等同于发展，教学是促进儿童发展的条件和过程，教学可以促进发展，但它代替不了发展。

（三）实践说

实践说的基本观点认为：教学过程是一种特殊的实践活动过程。"教学过程是学生在教师的指导下，对人类已有知识经验的认识活动和改造主观世界、形成和谐发展个性的实践活动的统一过程。"③"教师实践说"认为从教师角度来说，教师是实践活动的主体，教学过程是教师根据一定社会的要求和学生身心发展规律对学生进行培养的过程。整个教学活动的设计、实施、组织、评价等都要由教师进行安排。同时，"教师的教学活动是一种特殊的实践活动，其特殊性主要表现在教学过程中教师通过教学引起了学生信息状态的变化，并由此逐渐导致学生内在结构的发展变化"。"教学实践的根本目的是要逐步确立和发展学生在学习过程中的主体地位，也就是要塑造和建构学习主体。"④"共同实践说"认为师生双方同是实践活动的主体，教学过程是师生共同的实践活动或行动过程，教学本质上是教与学相统一的社会实践活动。⑤

从实践的角度看待教学过程，它的积极意义在于，使师生关注教学过程中开展的各种具体的教学实践活动以及这种实践活动对学生的意义，这种实践活动对师生

---

① 王道俊，王汉澜．教育学[M]．北京：人民教育出版社，1988：197～200.

② 王道俊，郭文安．教育学[M]．北京：人民教育出版社，2009：177.

③ 李秉德．教学论[M]．北京：人民教育出版社，1991：24.

④ 桑新民．呼唤新世纪的教育哲学——人类自身生产探秘[M]．北京：教育科学出版社，1993：333～334，337.

⑤ 孙国友．也谈教学的本质[J]．中国教育学刊，1998(1)：47.

尤其是对学生成长发展会带来影响与促进作用。但实践说的不足在于容易使学生的认识活动与实践活动混为一谈，界限不清。“教师实践说”容易导致重教轻学，“共同实践说”强调教师与学生的双主体地位，但在教学中，如何处理好二者的关系还需进一步研究。

(四)交往说

交往说认为，教学过程本质上是师生之间的一种特殊的交往过程。“教学活动不是孤立的个体认识活动，而是社会群体性的有目的有组织的认识活动，它离不开师与生、生与生之间的交往、互动，离不开人们的共同生活。所谓交往是指人与人之间的相互来往、交际、沟通、交流等意。”①

这种观点最早起源于德国，认为传统的教学忽略了学生的地位，教学中教师与学生的地位不平等，教师拥有绝对权威，不考虑学生各方面的能力，一味将知识灌输给学生，使得教学成为一种不民主的生活，交往说由此提出反权威、平等、解放的观点。

苏联心理学界维果茨基派认为：儿童只有凭借同成人的交往，掌握人类历史发展的成就并作为其个人资产而再现，才能获得实在的发展。由此认为，广义的教学是交往的一般形式，学校中的教学是交往的特殊形式。②

在我国，叶澜教授最早提出“教育形态交往起源说”，认为“教学活动中没有师生共享的教学经验及成果，就没有交往，就称不上是教学活动”③。不能把教学活动简单地理解为传授知识的活动，也不能把它仅仅看成学生内在潜力展开的过程，而应该看成师生间知、情、意、行相互作用的过程，并对交往的类型、方式方法做了较详细的分析。

交往说突破了教师中心论和学生中心论的片面性，强调了教师与学生两类主体的互动与合作，强调民主与平等、协作与共享的师生关系，在我国新一轮课程改革中得到普遍认可。交往说的不足在于，交往是人类社会的一种普遍的活动形式，广泛地存在于人类的各种活动中，将其作为教学过程的本质失之宽泛，难以突出教学过程的特殊性与本质属性。

(五)多本质说

多本质说认为，教学过程是一个多层次、多类型、多方面、多形式的复杂的矛盾过程，应该用系统论观点，从整体上多角度、多侧面地分析把握教学过程的本质。如果仅仅从哲学认识论角度去分析，会有很大局限性，很难找到有价值的规律。

但也有许多学者对多本质说提出批评，把一种事物与其他事物的每一种联系或关系，都看成事物的一种类型的本质，而且各类型的本质之间没有逻辑上的内在联

---

① 王道俊，郭文安．教育学[M]．北京：人民教育出版社，2009：182.

② 钟启泉．现代教学论发展[M]．北京：教育科学出版社，1988：309～330.

③ 叶澜．新编教育学教程[M]．上海：华东师范大学出版社，1993：264～285.

系，将它们并列在一起会导致对教学过程本质属性的模糊认识。

教学过程的本质究竟是什么？综合上述观点，从马克思主义认识论出发，教学过程的本质可以理解为：教学过程是一种特殊形式的认识过程和发展过程，是学生在教师引导下通过对人类已有知识经验的认识活动，从而达到改造主观世界，实现自我发展的目的。

教学过程是人类社会的一种特殊的交往实践活动过程，这种活动过程对师生都具有发展价值，而且这种价值必须通过师生、生生间的交往以及在交往过程中的相互影响、相互作用才能实现。

三、教学过程的规律

教学过程的规律就是教学中客观存在的、本质的、内在的、必然的联系。教学过程是由教师、学生、教学内容、教学方法与手段等因素构成的动态的活动过程，这几个因素之间的矛盾，是教学过程的基本矛盾，它们之间的关系能否处理好，直接影响教学过程的活动成效。

(一)教师主导作用与学生主体作用相统一的规律

教师主导作用与学生主体作用相统一的规律是指在教学过程中既要发挥教师的组织者、引导者的作用，又要尊重学生的主体地位，将学生学习的主动性、积极性充分调动起来。

首先，在教学过程中，教师是组织者、引导者，应充分发挥教师的主导作用。教学内容的安排、教学任务的确定、教学方法的选择、教学组织形式的确定、教学活动过程的组织等都是由教师完成的。教师的教引领着整个教学活动的进行，学生学什么、怎样学、学得如何，离不开教师的引导，也正因为如此，教师职业素养的高低直接影响着学生的学习成效。

其次，在教学过程中，学生是学习的主体，应充分调动并发挥学生学习的主体作用。学生的主体作用体现在学生学习的自主性、自觉性、主动性上。教学的任务是要将人类的认识成果转化为学生的精神财富，转化为学生的智慧和品格，这一任务必须通过学生自身的主动认识与实践才能实现，教师的教只是引起、促进和维持学生学的重要外部条件，教师的教代替不了学生的学。学生原有的知识基础、思维水平、理解能力、内在的求知欲望等才是影响学生学习的决定性因素。

最后，在教学过程中，应将教师主导作用与学生主体作用有机结合起来。没有教师引导的教学是低效的，没有学生参与的学习是不可能发生的，教师的教与学生的学相互依存、相互促进。一方面，学生学习的积极性、主动性如何，有赖于教师主导作用的发挥，教师主导作用是否充分发挥，又要从学生学习的积极性、主动性上去衡量。另一方面，不仅教师的教促进学生的学，反过来，学生的学也会促进教师的教。陶行知曾说过：“你要教你的学生教你怎样去教他。如果你不肯向你的学生虚心请教，你便不知道他的环境，不知道他的能力，不知道他的需要，那么，你就有天大的本事也不能教导他。”

总之，我们应该确立一种新的主体间交往的教育观，教学过程就是师生间相互学习、相互促进、教学相长、共同发展的过程。

(二)掌握知识与发展能力相统一的规律

掌握知识与发展能力相统一的规律是指在教学过程中既要让学生掌握知识，又要在掌握知识过程中加强能力的培养，使二者相互依存、相互促进、有机结合。

首先，掌握知识是发展能力的基础。知识是人类智慧的结晶，它既是人类长期认识探索世界的结果，又蕴含着人类探索认识世界的方法，所以学生理解领会知识的过程也是掌握认识事物的方法的过程，是思维得到训练和提高的过程；学生运用知识解决问题的过程同时也是能力水平得到锻炼与提高的过程。一个知识经验很贫乏的人，不可能有很高的能力水平。

其次，能力的发展是掌握知识的必要条件。能力水平直接影响学生知识理解的速度、深度、角度和广度。一个人能力水平高，他理解知识的速度就快，而且理解得透彻灵活，知识也容易迁移；而能力水平较差的人，在学习中就会遇到较多的困难。

最后，教学要将掌握知识与发展能力有机结合起来。关于掌握知识与发展能力的关系，历史上存在着“实质教育论”与“形式教育论”之争。前者认为教学的主要任务是传授知识，而能力无须进行特别的训练与培养。后者则强调发展能力的重要性，知识的传授则是无关紧要的。这两派观点将掌握知识与发展能力人为地割裂开来，在今天的教学中，重视知识传授、轻视能力培养仍然是一个比较突出的问题。

掌握知识与发展能力同是教学的基本任务，二者相互依存、相互促进。学生的能力水平是在掌握知识过程中得到发展的，但掌握了知识不等于就自然发展了能力，只有系统的、有规律的知识才具有发展能力的价值，同时学生能力水平的提高与掌握知识的过程与方法密切相关，要让学生经历理解和运用知识的过程、掌握理解和运用知识的方法，学会学习、学习实践、学会创造。

(三)传授知识与思想教育相统一的规律

传授知识与思想教育相统一的规律是指教学过程既要让学生学习科学文化知识，又要在掌握知识基础上接受政治、思想、道德与法制方面的教育，从而养成良好的思想品德，教师要将教书与育人有机结合起来。

教学具有教育性是赫尔巴特教学思想的重要组成部分，揭示了传授知识与思想教育之间的关系。他说：“我想不到有任何‘无教学的教育’，正如在相反方面，我不承认有任何‘无教育的教学’。”“教学如果没有进行道德教育，只是一种没有目的的手段，道德教育如果没有教学，就是一种失去了手段的目的。”①

首先，传授知识是学生接受思想教育的基础，要在引导学生掌握知识的过程中渗透思想教育。知识本身具有教育价值，科学的知识体系不仅是人类智慧的结晶，也凝聚了人们的思想感情和精神力量，各门学科知识是对自然规律、社会规律、人自身发展规律的反映，学生在掌握知识、形成基本的文化素养的过程中，知识中蕴含的世界观、人生观和价值观会潜移默化浸润学生并转化为学生的个体思想和情感，并通过自身对人、对事的态度和行为表现出来。

其次，要通过对学生良好的思想教育促进其对知识的学习与掌握。学生的思想道德水平越高，学习目的就越明确，学习态度就越端正，就容易对学习建立起积极的动机、兴趣、情感，学习就越自觉主动而富有成效。

最后，教学中要将传授知识与思想教育有机结合起来。在教学中要防止两种倾向：一种是只重视传授知识，忽视思想教育的倾向；另一种是脱离知识传授，机械进行思想教育，与知识传授割裂开来的倾向。通过教学内容、教学方法、教师的榜样示范作用等将传授知识与思想教育有机结合起来。

（四）认知活动与情意活动相统一的规律

认知活动与情意活动相统一的规律是指教学过程既要重视学生知识、技能的学习与能力水平的提高，又要激发学生的学习动机，培养学生的学习兴趣、态度、自信心，使学生养成对学习积极的情感与自觉、自制、坚持等良好的意志品质，将认知活动与情意活动有机结合在一起。

美国心理学家推孟（Terman）在《天才的发生学研究》中，分析了同为高智商的150名最成功者和150名最不成功者，发现他们之间的主要区别在于：取得最好成果的持久力、锲而不舍的精神、自信心、社会适应力和实现目标的内驱力等健康心理素质方面。

人本主义心理学家罗杰斯主张要培养真正意义上的“完整的人”，其基本特征是“躯体、心智、情感、精神和心理力量融为一体”，主张要创造一种良好的人际关系气氛，愉快活泼，充满理解、信任、友好的气氛能导致学生思维能力的改观。“一旦真诚、对个人的尊重、理解学生的内心世界等态度出现了，振奋人心的事情就发生了。所得到的报偿不仅在像分数和阅读成绩之类的事情上，而且也在较难捉摸的事情上，诸如更强的自信心，与日俱增的创造性，对他人更大程度地喜爱。”②他批判传统教学导致学生知情分离，课堂教学只重视认知的培养，忽视情感上的交往，使学生个性得不到充分的发展。

首先，教学过程是学生的认知活动过程，要重视学生认知能力的培养，这是激发或调动学生情意活动的基础。在教学过程中，学生的主要活动是认知活动，就是

① 王天一．外国教育史（上册）[M]．北京：北京师范大学出版社，1984：321.

② 巨瑛梅，刘旭东．当代国外教学理论[M]．北京：教育科学出版社，2004：97～98.

掌握知识、认识世界进行的感知、思维、记忆、想象等信息加工活动。认知活动是学生学习活动的思维加工系统和行为操作系统，直接参与对知识的加工和理解，如果没有认知因素的参与，学习任务不可能完成。如果学生认知能力较强，学习便能顺利进行，就能学得懂、学得会、学得好，学生就能体验到一种内在的满足感和成就感，也同时能得到他人的尊重和认可，这是学生对学习产生兴趣、建立自信心的基础。

其次，教学过程也是学生的情意活动过程，情意活动是认知活动的内在动力，是学生学习活动的动力调控系统，它虽不直接参与对知识的加工理解，对知识能否“学会”不起决定作用，但它对学习活动起着驱动、维持和调节的作用。没有情意因素的参与，学习活动既不可能发生，也不可能维持。

最后，教学过程要将认知活动与情意活动有机结合在一起。学习过程是以人的整体的心理活动为基础的认知活动和情意活动相统一的过程。认知因素涉及“能不能”做某事，情意因素涉及“愿不愿意”做某事，二者在学习过程中同时发生、交互作用，从不同角度对学习活动产生重大影响。教学中要转变重认知、轻情意的倾向。

(五)间接经验与直接经验相统一的规律

间接经验与直接经验相统一的规律是指在教学过程中要以学习掌握书本知识、间接经验为主，同时还要充分利用或创造条件丰富学生的直接经验，使间接经验的学习建立在直接经验的基础上，将二者有机结合起来。

学生认识的来源不外乎两种途径，一是在亲身实践中获得直接经验，二是学习间接经验、他人的认识成果，而且以后者为主。

首先，在教学过程中，学生的主要任务是学习书本知识、间接经验。学生通过学习别人的认识成果，跨越时空限制间接地认识世界，这不仅大大缩短了学生认识世界的过程，同时也可以在短时间内达到人类现有的认识水平。恩格斯指出：“每一个体都必须亲自去经验，这不再是必要的了，个体的个别经验在某种程度上可以由个体的历代祖先的经验的结果来代替。”①

其次，学习间接经验必须以学生的直接经验为基础。间接经验不能脱离学生的直接经验、脱离实际去学习。原因有二：一是间接经验多是理性知识，比较抽象，不好理解，学生要想将其转化为自己的知识，必须有一定的感性认识、直接经验做基础，以帮助学生实现从感性认识到理性认识的飞跃。二是学生还需将所学知识运用到实践中解决实际问题，提高自身的实践能力，同样离不开学生的实践以及在实践中获得的直接经验的支撑，以使学生认识由理性到实践的第二次飞跃。

最后，教学中要将间接经验与直接经验有机结合起来。既要防止脱离直接经验的单纯书本知识的学习，又要防止只重视个人直接经验的积累而忽视系统书本知识

---

① 马克思恩格斯选集[M].3卷.北京：人民出版社，2012：978.

学习的倾向。传统教育重视书本知识的学习，忽视学生动手操作，忽视学生的研究探索，既不利于学生运用知识解决实际问题能力的培养，又不利于学生形成对知识的真正理解。而以美国教育家杜威为代表的实用主义教育家们，则过分强调并夸大个人的直接经验，忽视系统书本知识的学习。因此在教学中，第一，教师要充分利用学生已有的直接经验理解知识；第二，要根据教学需要选择运用多种直观教学手段，丰富学生的感性认识、直接经验，以帮助学生理解由于直接经验缺乏造成的认知困难；第三，改变课堂教学模式，给学生创造更多的实践、“从做中学”的机会，使学生能在实践中将直接经验与间接经验有机整合在一起。

四、教学过程的结构

教学过程的结构是根据学生在教学中掌握知识的阶段形成的，是围绕着学生的认识活动分步骤、分阶段进行的。

(一)接受式学习与以教为主的课堂教学结构

1. 接受式学习

接受式学习是指学生把教师以现成定论的形式呈现出来的学习材料加以内化，纳入自己已有认知结构中去，从而理解、掌握知识的一种学习方式。

接受式学习的特点：以掌握知识为主要任务；学生接受的知识是经过教师加工处理的有组织、有序列的材料，既有助于理解和接受，还有助于获得系统的科学知识；学习过程不要求学习者去独立发现，只要求他们把教师传授的知识加以内化，并储存在认知结构中，以便在需要时能够再现和运用；可以在短时间内学到更多的知识。

接受式学习的局限性：把学习建立在人的客观性、受动性和依赖性上，容易使学生被动学习，产生对教师的依赖，造成思维惰性，不利于积极主动学习态度的培养以及问题意识、独立性、创造性能力的提高。

接受式学习学生掌握知识的基本阶段。

(1)引起学习动机

学习动机是引起、推动和维持学生学习的一种内在动力和心理准备状态，应该贯串学生学习过程的始终。

(2)领会知识

这是学生学习的中心环节，包括感知教材、理解教材两个阶段。感知教材是理解知识的起点，是具体事物的属性和联系在头脑中的反映，只有感性材料丰富、完善、典型，才能形成事物的清晰表象，并为揭示事物一般特征的理性认识打下基础。理解教材的过程是学生从感性认识上升到理性认识的过程，学生通过分析、综合、比较、抽象、概括等思维方式，通过各种变式练习等形成对事物本质属性的真正理解。

(3)巩固知识

学生对知识的理解是巩固的前提，运用知识是巩固知识的重要途径和手段。必要的复习和恰当的练习以及学习策略的掌握，都有助于培养良好的记忆品质，提高记忆能力。

(4)运用知识

学生掌握知识的目的是运用知识、促进迁移，迁移到新的学习之中，迁移到解决实际问题中去，并在这个过程中形成智力技能和动作技能，将知识转化为能力。

(5)检查知识

学生掌握知识技能的情况如何，只有通过检查才能确定。可以在教学前、教学中、教学后进行，通过教师提问、作业、专门的测验等方式，或者由教师检查，或者由学生自查与互查等。通过检查获得反馈信息，及时调整教和学。

2. 有助于接受学习的课堂教学结构

有助于接受学习的课堂教学结构主要以教为主，重视教师主导作用的发挥，重视系统知识的学习理解。

(1)历史上几种典型的以教为主的课堂教学结构

奥苏贝尔的先行组织者教学策略：美国教育心理学家奥苏贝尔认为，教学过程是一种特殊形式的认识过程，在教学过程中学习者主要以间接知识的学习为主，这就决定了学习者的学习必须是接受性的。他在认知同化理论基础上，提出了有意义学习理论并对接受学习进行了系统科学的分析，提出了先行组织者教学策略，主要包括三个阶段：呈现先行组织者—呈现学习任务和材料—扩充与完善认知结构。

赫尔巴特的教学形式阶段理论：赫尔巴特以其观念心理学为基础，认为兴趣活动分为四个阶段，注意、期待、要求、行动。对应于兴趣发展的这四个阶段，提出了教学形式阶段理论，认为任何教学活动都必须是井然有序的，都要经历四个阶段，包括明了、联合、系统、方法。赫尔巴特去世不久，他的学生齐勒尔(Ziller)将第一个阶段“明了”细分为“分析”“综合”两个阶段。齐勒尔的学生又进一步把教学过程确立为预备、提示、比较、总结、应用五个阶段，这就是历史上著名的“五段教学法”。

凯洛夫的教学过程理论：苏联教育家凯洛夫在马克思主义认识论基础上提出了六环节教学过程结构理论：引发学习动机、感知新教材、理解新教材、巩固知识、运用知识、检查知识。凯洛夫的这一思想对我国教育界产生了非常深远的影响，以至于成了以教为主、以知识学习为主的课堂教学的基本结构。

加涅的九段教学法：美国教育心理学家加涅根据人类信息加工模型设计教学过程，认为教学过程是由影响学生内部心理加工过程的一系列外部事件构成的，教学活动程序应该与学习者的内部心理加工过程相吻合。他把学习者的内部心理加工过程分为九个阶段，教学活动也包含九大教学事件：引起注意、阐明教学目标、回忆先前学习的知识技能、呈现新知识、提供学习指导、诱发学习反应、提供学习反馈、评估作业表现、促进记忆和迁移。

直导式课堂教学结构：20 世纪 70 年代末 80 年代初，一些西方学者对发现学习进行了反思，研究发现学习者在学习内容较具体、结构较严谨的课程内容时，以教师主导的方式进行教学，比个别学习或发现学习效果要好。“这种由教师直接介入或主动介入的教学方式就被称为‘直导教学’(direct instruction)，也有译介为直接教学”。“有研究者称之为‘显性教学’或‘主动教学’”。[①] 罗森海因(Rosenhein)的直导式课堂教学结构包括：复习、呈现新内容、指导性练习、反馈与矫正、自练、定期复习六个阶段。亨特(Hunter)的直导式课堂教学结构包括：目标、定向、呈现、示范、导练、检查、自练等阶段。

(2)以教为主的课堂教学结构

综合以上观点，以教为主的课堂教学结构主要包括导入新课(引发动机)、呈现新知识(感知、理解)、指导性练习、反馈与矫正、总结与迁移、课后独立练习等环节。其中教师导入新课的方式主要有复习、设疑、事例、数据、引言、演示、视频导入等，起到一个组织教学、激发动机、启发思考、提供先行组织者的作用；呈现新知识的方式主要有教师分析讲解、举例子、作比较、演示操作、问答等，是学生感知理解知识的中心环节；指导性练习也叫导练，就是初始学习后教师给学生提供的初始练习，起到一个及时运用知识、巩固知识、检查学生理解情况的作用。学生练习时教师的指导非常关键，可以及时发现问题及时反馈纠正，防止可能出现的错误理解；反馈与矫正环节主要有两种形式，个别问题个别反馈，集体问题集体反馈；总结与迁移环节主要起到一个帮助学生梳理知识结构、升华思想、加深理解，通过拓展性问题引导学生将所学知识运用到新的问题情境之中。课后练习阶段，学生需要独立思考、独立解决问题、巩固知识、培养能力，区别于课堂中的导练。

(二)发现学习与以学为主的课堂教学结构

1. 发现学习

发现学习也称探究式学习、研究性学习，是指从学科领域或现实生活中选择和确立主题，在教学中创设类似于学术研究的情境，让学生自己经历从发现问题、提出问题，到研究问题、解决问题等一系列过程，体验、理解和应用科学研究的方法，最终获得知识、培养能力的学习方式。

发现学习的特点：有利于高级思维能力的培养；能激发学生内在的学习动机；有利于提高学生的探究意识、精神与独立解决问题的能力；学习的主题具有综合性、开放性特点，以解决问题为中心；学生的活动方式具有自主性、过程性、实践性和任务驱动性特点，强调学生的主动参与、独立思考、动手操作、自主发现以及创新精神和能力的培养。

---

① 盛群力，等．教学设计[M]．北京：高等教育出版社，2005：151.

发现学习的局限性：发现学习费时太多，不易作为获取大量知识的主要手段；不是所有学科知识都适合并必须进行探究；适合小班教学，在大班额条件下实施难度较大。

一般来讲，在探究过程的感受和体验上，在对科学探究方法的理解和探究能力的培养上，发现学习优于接受学习；而在对知识结构的理解上，在课堂获得知识的效率上，接受学习则优于发现学习。有意义的接受学习对知识的获得和理解是经济有效的。但从长远来讲，要培养学生的创新精神和能力，接受学习会显得力不从心。因此应将二者有机结合。一方面，发现学习过程中需要应用相关知识技能，而这些知识技能不可能都通过探究获得。大量知识技能是通过接受学习的方式获得的。另一方面，在接受学习中也要渗透探究的思想和做法，如通过问题启发学生思考，鼓励学生自主学习，并在自主学习基础上发现问题、提出问题、思考问题、解决问题，调动学生学习的主动性、积极性。

发现学习的基本阶段有：确定问题、提出假设、验证假设、得出结论、整合与应用。

2. 有助于发现学习的课堂教学结构

有助于发现学习的课堂教学结构主要以学为主，重视学生主体作用的发挥，重视探究意识、发现问题与研究解决问题能力的培养。

(1)历史上几种典型的以学为主的课堂教学结构

杜威的教学过程模式：建立在经验论哲学思想基础上，杜威非常重视思维尤其是反省思维在学习中的作用，他认为“教学法的要素与思维的要素是相同的。这些要素是：第一，学生要有一个真实的经验的情境——要有一个对活动本身感兴趣的连续的活动；第二，在这个情境内部产生一个真实的问题，作为思维的刺激物；第三，他要占有知识资料，从事必要的观察，对付这个问题；第四，他必须负责有条不紊地展开他所想出的解决问题的方法；第五，他要有机会和需要通过应用检验他的观念，使这个观念意义明确，并且让他自己发现他们是否有效。”①他强调这些阶段的顺序不是一成不变的，要灵活处理。

布鲁纳的发现学习模式：发现学习的基本过程是让学习者通过对具体事例的归纳来获得一般法则，并用它来解决新的问题。主要包括三个步骤：设置问题情境、假设与检验、整合与应用。

支架式教学策略：在苏联教育家维果茨基最近发展区理论基础上，建构主义学者借用建筑行业中使用的“脚手架”作为形象化的比喻，提出了支架式教学策略，目的是通过教师给学习者提供的帮助(支架)引导学习者一步步提高，将学习者的活动逐步引向预定目标。支架式教学的步骤主要有：搭脚手架、进入情境、自主探究、

---

① [美]约翰·杜威．民主主义与教育[M]．王承绪，译．北京：人民教育出版社，2001：179.

协作学习、效果评价。

抛锚式教学策略：也称基于问题的教学策略或者实例式教学策略。由温特比尔特认知与技术小组开发的。这种策略将真实事件和真实问题比喻为“锚”，问题确定了，整个教学进程也就被确定了。主要包括创设情境、确定问题、自主学习、协作学习、效果评价五个环节。

随机进入教学策略：基于“弹性认知理论”，为促进学习者理解能力与知识迁移能力的提高，针对同一教学内容，学习者可以在不同时间、不同情境、以不同方式随机进入学习，以获得对同一问题多方面的认识与理解。主要包括以下几个环节：呈现与学习内容相关的基本情境、思维发展训练、小组协作学习、学习效果评价。

(2)以学为主的课堂教学结构

综合以上观点，以学为主的课堂教学结构主要包括创设问题情境、自主学习、合作学习、归纳总结、迁移运用等环节。首先要创设真实的问题情境，情境之于知识就如同汤之于盐一样，盐融入汤之中才能被吸收，知识只有融入真实的问题情境之中才能被真正理解并能灵活应用；自主学习是学生独立探究问题的过程，教师需要为其提供必要指导，也就是搭建脚手架；合作学习是学生在自主学习的基础上，对于独自把握不了的问题，可以小组合作学习，互相启发、集思广益、完善思想；归纳总结是师生共同将零散的、片面的、感性的、浅层次的认识上升到系统、完善、理性、深层次认识的过程；迁移运用是将知识运用到新的问题情境中去的过程，同时实现学生能力的提升。其中教师自始至终的适时点拨指导非常关键，没有教师的引领同没有学生主动参与的课堂一样都是低效的。

除了上述两种典型的课堂教学结构外，由于学情、学科内容、教学目标、办学条件、教师素质等的不同，实际的课堂教学复杂丰富、灵活多样，更多体现的是两种教学模式以及多种学习方式的有机结合。一些教育理论工作者也在致力于各种模式的融合研究，比如美国当代教育心理学家梅里尔(Merrill)就在自己的研究中融合了认知主义与建构主义的思想，提出了一组相互关联的首要教学原理，即“五星教学原理”。他认为应该寻找各种教学原理的共通的成分，兼收并蓄，博采众长。他将教学过程分为五个环节15个具体要素①：

第一，聚焦解决问题，将问题融入解决实际问题的情境之中，包括交代学习任务、安排完成任务、形成任务序列三个要素。

第二，激活原有知识，包括回忆原有经验、提供新的经验、明晰知识结构三个要素。

第三，展示论证新知，包括紧扣目标施教、提供学习指导、善用媒体促进三个要素。

---

① 盛群力，等．教学设计[M]．北京：高等教育出版社，2005：252～255．

第四，尝试应用练习，包括紧扣目标操练、逐渐放手操练、变式问题操练三个要素。

第五，融会贯通掌握，包括实际表现业绩、反思完善提高、灵活创造应用三个要素。

这五个环节是不断重复、循环往复的，将概念原理的学习置于具体的问题情境之中，并最终能运用所学知识解决问题完成任务。

这种模式实际上也是一种双主结构，融合了教为主与学为主的优势，体现了教师主导与学生主体、知识学习与能力培养的统一。

第二节　教学原则

一、教学原则的概念

(一)教学原则的含义

教学原则是为了实现教育目的，遵循教学过程的基本规律，在总结实践经验的基础上提出的指导教学的基本要求和行为准则。教学原则要服务于一定的教育目的和教学任务，是为了更有效地培养人而制定的一些教学要求；教学原则是教学过程基本规律的具体体现和反映；教学原则是教育实践经验的总结和概括；教学内容的加工处理、教学方法手段的选择使用、教学环节的设计等都要以教学原则为指导。

(二)教学原则与教学规律

教学原则与教学规律既有区别又有联系。教学规律是客观的，是不以人的意志为转移的本质的、必然的联系，人们只能发现它、掌握它、利用它，而不能违背它、改造它。而教学原则是主观意识形态的东西，是人们对教学规律的主观反映，是根据教学规律提出的教学活动实施的行动上的要求，教学规律是教学原则制定的依据和基础。

(三)教学原则制定的依据

首先，教学原则受到教育目的的制约。教育目的规定培养人的基本质量规格要求，教学是实现教育目的的基本途径，因此作为指导教学活动的基本要求，教学原则的制定必须服务于教育目的，服务于具体的教学目标，从而保证对全面发展人才的培养。

其次，教学原则是教学规律的科学反映。由于人们对教学规律认识角度和深度不同，提出的原则体系就不尽相同。例如，苏联教育家赞科夫从教学与发展的关系角度提出了关于教学与发展问题的主导思想——“以最好的教学效果来达到学生最理想的发展水平”，并逐步形成了体现这一主导思想的五条“新教学原则”：以高难度进行教学的原则、以高速度进行教学的原则、理论知识起主导作用的原则、使学生理解学习过程的原则、使全班学生(包括学习困难学生)都得到一般发展的原则。美国心理学家布鲁纳从重视学科基本结构入手提出了有助于掌握学科基本结构的四个教学原则：动机原则、结构原则、程序原则、强化原则。

原则依据规律，但原则与规律不是一一对应的关系，一条教学规律可能有多条教学原则，一条教学原则也可能反映多条教学规律。

最后，教学原则是教学实践经验的总结与概括。在长期的教学实践中，人们积累了大量成功的经验或失败的教训，一些思想家和教育家将这些经验或教训加以总结、抽象和概括，上升到理论层面去认识，就提炼出了指导以后教学实践的教学原则。例如，我国古代大教育家孔子就在自身的教学实践中总结出了“学思结合”“因材施教”等原则，《学记》中进一步总结了儒家的教学思想，提炼出了“教学相长”“长善救失”“启发诱导”等原则。

二、我国中小学常用的教学原则

(一)科学性与思想性相结合的原则

1. 基本含义

科学性与思想性相结合的原则是指教师在教学中要以马克思主义为指导，在引导学生学习科学知识过程中，有机渗透政治、思想道德与法制教育，做到既教书又育人。

科学性与思想性相结合的原则是实现我国教育目的的基本要求，也是依据传授知识与思想教育相统一的规律提出来的，同时也体现了我国教育“教书育人”“文以载道”的优良传统，符合新时代“课程思政”的教育理念。

2. 贯彻该原则的基本要求

第一，要保证教学的科学性。教学的科学性主要体现在：教学目标设计的科学性，要保证教学目标全面、清晰、具体、有层次性，可操作、可检测，能兼顾不同层次学生的学习基础与需要。教学内容的科学性，要保证学生所学习的知识的科学严谨，要重点突出，难点恰当；要联系学生和社会生活实际，将科学世界与生活世界融通；要重视学科知识的纵向与横向联系，让学生获得系统的而不是支离破碎的相互割裂的知识。课堂教学方法与媒体设计的科学性，要具有适切性、多样性、有效性和创新性。要适合教学目标、教学内容、学生特点、教师特点，要将多种方法综合运用，优势互补，要有利于目标达成，要将传统教学手段与现代教学手段有机结合。教学结构与课堂管理的科学性，教学结构要严谨，时间分配要合理，能充分调动学生参与教学，对课堂问题行为和突发情况处理要得当等。同时教师的教学语言、演示、示范等也要科学、准确、恰当。

第二，要保证教学的思想性。首先，课堂教学设计、实施与评价的全过程都要有利于学生身心健康发展，如对学生的评价方面，如果不能全面客观公正，不能坚持正面疏导、尊重信任、长善救失等原则，可能会伤害学生自尊心和自信心，影响学生做人做事的态度。其次，要挖掘教材中蕴含的思想教育因素，使学生在学知识的同时潜移默化受到熏陶和感染。再次，要让学生在完成学习任务过程中逐渐养成守时、诚信、认真、负责、自觉、自制、坚持、合作互助等良好品德。最后，教师要不断提高自身的思想道德水平，要与学生建立和谐融洽的师生关系，言传身教、为人师表，以自己的知识、智慧、品德和人格魅力潜移默化地影响感染学生，充分发挥潜课程对学生的“不教之教”的作用。

第三，教学中要将科学性与思想性有机结合起来，防止两层皮现象。也就是说要防止单纯重视知识学习忽视思想教育，或者脱离知识学习的空洞的道德说教。

（二）直观性原则

1. 基本含义

直观性原则是指在教学中教师要通过多种直观手段引导学生直接感知事物、模型，或教师通过形象化的语言描述，丰富学生的感性经验，以帮助学生更好地理解抽象的概念、原理。同时，教师又要引导学生由感性认识及时上升到理性认识，不要让学生的认识仅仅停留在感性阶段。

这条原则反映和要求正确处理教学过程中的间接经验与直接经验、理性认识与感性认识之间的关系。

2. 贯彻该原则的基本要求

第一，要正确选择直观教具。直观教具主要有四类：一是实物直观，包括各种实物、标本、参观、实验等，在物理、化学、生物课上经常采用。二是模像直观，包括模型、图表、图片、幻灯片、影视片、录音录像等，如在地理、历史课上使用的地图、地球仪等属于模像直观。三是语言直观，教师用生动形象、声情并茂的语言描述也能给学生创设栩栩如生、活灵活现、如闻其声、身临其境的教学情境，达到直观的效果。四是多媒体教学，多媒体教学特指运用多媒体并借助预先制作的多媒体教学软件来开展的教学活动过程。由于多媒体教学集声音、图像、文字、影像于一体，可以向学生展示传统直观手段无法展示的情境，如宏观的宇宙世界、微观的分子运动变化过程等。教师要根据教学目标、教学内容、学生特点以及学校办学条件等恰当选择教具。

第二，要正确运用直观手段提高课堂教学质量。直观教学可以使抽象的知识具体化、形象化、趣味化，有助于激发兴趣、促进理解，教师要合理选择和运用。但直观不是目的，直观只是一种教学手段，教学中不能为了直观而直观，一味追求形式上的视觉冲击和趣味感。运用不当会喧宾夺主，使学生的认识始终停留在感性阶段，不利于对文本的深入思考和理解。

第三，要将多种教学媒体有机结合起来，将直观手段与教师的语言讲解结合起来。无论是传统媒体还是现代多媒体技术，各自都有其优势和局限性，要根据教学需要适时、适度灵活选择与运用。在使用过程中，还要将直观手段与语言讲解结合起来，及时将学生的感性认识上升到理性高度。结合的方式主要有三种：先直观再讲解、边直观边讲解、先讲解后直观。

(三)理论与实际相结合的原则

1. 基本含义

理论与实际相结合的原则是指在教学中既要重视系统理论知识的学习，又要密切联系实际，从理论与实际的联系中理解、掌握知识。同时还要让学生学会运用理论知识分析、解决实际中的问题，加强科学世界与生活世界的联系，让学生学懂会用、学以致用，提高实践能力。

这条原则要求正确处理好间接经验与直接经验、知识学习与学生发展之间的关系。如果说直观性原则可以帮助学生实现认识上的第一次飞跃，即由感性认识上升到理性认识，那么理论与实际相结合的原则可以帮助学生实现由理论到实践的第二次认识上的飞跃。

2. 贯彻该原则的基本要求

第一，重视理论知识的学习。学生学习的首要任务是掌握基础知识和基本技能，这是学生发展的基础，没有知识谈发展，那发展就是无源之水、无本之木。学生智力的开发、能力的提高、品德的养成以及健康心理素质的形成，都要在学习掌握知识的过程中实现。

第二，理论知识的学习要密切联系实际。一要联系学生的生活实际，学生已有的生活经验、知识、能力、情意等，是同化新知识的基础。二要联系社会生活实际，使学生能运用所学知识分析、解决社会生活中的实际问题，实现科学世界与生活世界的融通。三要联系本门学科最新的科研进展和科学成就，在重视知识的基础性的同时增强知识的时代感。理论联系实际既能激发学生的求知欲望，培养学生的学习兴趣和实践能力，又有助于学生更好地理解、掌握知识。

第三，要适当开展实践活动，引导学生运用知识。学生的实践包括教学中的实践活动与课外、校外实践活动。首先，要重视教学实践，课堂上要尽可能多给学生提供自己动脑、动手分析、解决问题的机会，并通过给学生布置联系实际的练习、实验、实习等作业，培养学生运用知识解决实际问题的意识和能力。其次，教师还要适时组织学生通过参观、访问、社会调查、生产劳动、社会公益活动以及一些科技小发明、小制作等活动，增强学生的社会责任感，培养学生的社会实践能力。

(四)启发性原则

1. 基本含义

启发性原则是指教师在教学中要最大限度地激发学生学习的自觉性和主动性，引导学生独立思考、独立探究，培养问题意识与求知欲，在掌握知识的同时，学会学习、促进发展。

这条原则是基于教师主导作用与学生主体作用相统一的规律提出来的，要求教师正确处理好教师的教与学生的学的关系。

在我国，“启发”一词最早起源于孔子的教育思想，《论语·述而》说：“不愤不启，不悱不发，举一隅，不以三隅反，则不复也。”这是“启发”一词的由来。《学记》又进一步发展了这一思想，提出了“道而弗牵、强而弗抑、开而弗达”的重要教学思想。

德国教育家第斯多惠(Diesterweg)讲，教学的艺术不在于传授知识和本领，而在于激励、唤醒和鼓舞。教师在教学中将学生想学习的欲望激发起来，激活学生已有的知识技能，唤醒学生潜意识里向善向上向好的欲望，让学生主动投入学习活动中，这同时也是衡量教师主导作用发挥的主要标志。

2. 贯彻该原则的基本要求

第一，激发动机，调动学生学习的积极性、主动性。在教学过程中，教师要不断提高自身的教学水平，增强教学的感染力，激发学生的学习兴趣；要通过恰当的教学设计使得学生的学习方式多样化，让全体学生全程主动参与进来；要给学生提供展示自己的平台，并及时肯定学生，增加学生在各种学习活动中成功的机会，尊重学生的个性化见解，让学生在学习中体验到成就感、满足感，从而增强自信心；要给予每个学生积极期望，相信他们在自己原有基础上都能进步和发展；要给学习能力不足的学生提供帮助，并给予应有的尊重、理解和信任。

第二，启发思考，培养学生的问题意识和求知欲。问题意识是一种怀疑、困惑、焦虑、探究的心理状态。在教学过程中，教师要根据教学内容基于学生原有的知识基础和思维水平通过恰当的问题启发引导学生主动思考；要理论联系实际积极创设问题情境，鼓励学生学会发现问题、提出问题，并尝试运用知识分析解决问题；要引导学生掌握正确的思维方法，在分析解决问题过程中学会分析、综合、比较、归纳、演绎、判断、推理等逻辑思维方法。

第三，发扬教学民主，营造和谐民主的课堂学习氛围。人本主义心理学家罗杰斯认为：“人际关系是教学的一个极为重要的因素或条件，在教学活动中创造了‘接受’这样一种气氛，将极有可能对学习数量及其种类产生十分显著的影响。”[①]因此，他把良好的心理气氛看作比教学技能更为重要的教学因素，技能是次要的。

课堂气氛是积极、消极还是对抗的可以从学生注意力的集中状态、思维活跃状态、师生与生生间的团结与亲密程度、学生参与课堂活动情况、学生的学习体验等方面反映出来。紧张拘谨、心不在焉、反应迟钝，或者过度兴奋、各行其是，师生、生生间关系不融洽、不友好，学生不满意、烦闷、厌恶、恐惧、紧张、焦虑等消极的态度和情感体验，都是不良课堂气氛的重要表现。

---

① 巨瑛梅，刘旭东．当代国外教学理论[M]．北京：教育科学出版社，2001：95.

民主的课堂是充满爱心、尊重个性、理解接纳、信任支持、体现平等的课堂。教师真诚地关爱鼓励学生就会赢得学生的尊敬和信赖，就会架起师生间友谊的桥梁，师生之间的情感就会相融相通。也只有在这样的心理环境下，学生才会思维活跃、畅所欲言、敢说善说，学生的创造潜能才会得到发挥，才会真正积极主动地投入学习之中。

（五）循序渐进原则

1. 基本含义

循序渐进原则是指教学要按照学科知识本身的逻辑顺序和学生的认知顺序进行，通过设计合理的教学顺序使学生获得系统的知识和技能，培养学生系统思维的习惯和能力。

这条原则要求在教学中要关注知识本身的内在逻辑顺序和学生的认知顺序，要处理好知识的逻辑顺序与学生认知顺序之间的关系。

循序渐进是我国古代重要的教学思想，《学记》中就有“学不躐等”“不陵节而施”“杂施而不孙，则坏乱而不修”的论述。朱熹第一次明确提出了“循序而渐进，熟读而精思”的教学要求。19 世纪，俄国教育家乌申斯基（Ushinski）指出：“知识只有形成了系统，当然是从事物本质出发来形成的合理的系统，才能被我们充分掌握。脑子里装满了片段的、毫无联系的知识，那就像东西放的杂乱无章的仓库一样，连主人也无法从中找到他所需要的东西。”①

2. 贯彻该原则的基本要求

第一，要按照知识本身的逻辑顺序安排教学，关注同一学科知识的前后联系、不同学科之间的横向联系、各个学习阶段内容之间的联系，使教学新旧衔接、前后连贯，使学生获得系统的而不是支离破碎的知识，从而帮助学生形成合理的知识结构。

第二，教学要符合学生的认知顺序。学生的认知发展具有顺序性和阶段性，例如，思维能力的发展，小学低年级的学生以具体形象思维为主，到小学高年级逐渐向抽象逻辑思维过渡，再到初中阶段，抽象逻辑思维逐渐占主导地位，而且思维的批判性、独立性、深刻性逐渐发展起来。所以教师的教学必须考虑不同年龄阶段学生的认知发展特点，考虑学生的接受能力和发展潜力。

第三，设计好教学过程的顺序。要根据知识本身的逻辑顺序、学生的认知发展顺序，合理安排教学过程的顺序和结构：要保证学生的学习过程由易到难、由已知到未知；要能够深入浅出、化繁为简、化难为易；要及时发现并弥补学生学习上的漏洞，防止学生知识链条的断裂；要培养学生系统学习的能力和习惯。

（六）因材施教原则

1. 基本含义

因材施教原则是指教师在教学中既要对学生提出统一的基本要求，又要根据学

---

① 曹孚．外国教育史[M]．北京：人民教育出版社，1979：91.

生的实际情况、个性差异，采取不同的方法、实施不同的教育，使每个学生都能在各自原有的基础上得到充分发展。

因材施教原则是对学生身心发展差异性规律的反映，要求教师要处理好共性与个性的关系，使学生既符合教育目的的要求达到全面发展，又能促进个性潜能的健康发展。

在我国，孔子是因材施教的最早实践者。他善于根据学生的不同性格特点，有针对性地进行教育。《论语·先进》中有这样的论述："柴也愚，参也鲁，师也辟，由也喭。""德行：颜渊、闵子骞、冉伯牛、仲弓。言语：宰我、子贡。政事：冉有、季路。文学：子游、子夏。"说明孔子对学生的个性特点非常了解，而且能根据学生的不同特点采取不同的方法。《论语·先进》中记载了这样一个故事：子路问："闻斯行诸?"子曰："有父兄在，如之何闻斯行之?" 冉有问："闻斯行诸?"子曰："闻斯行之。" 公西华曰："由也问闻斯行诸，子曰，'有父兄在'，求也问闻斯行诸，子曰，'闻斯行之'。赤也惑，敢问。"子曰："求也退，故进之；由也兼人，故退之。"朱熹在总结孔子的这一经验时说"夫子施教，各因其材"，这就是因材施教的来源。

美国心理学家霍华德·加德纳(Howard Gardner)在1983年出版的《智力结构：多元智能理论》一书中提出了他的"多元智能理论"，他认为，每个人都至少具备言语智力、数理逻辑智力、音乐节奏智力、视觉空间智力、身体动觉智力、交往交流智力、自知自省智力和自然观察智力等。多种智力在每个学生头脑中同时存在，每个学生都有自己的优势领域与劣势领域，不同的组合形成个体差异，即使同一种智力，其表现形式也不一样，它们在智力结构中同等重要。因此学校里不存在优生、待优生之分，只有哪些方面是优势，哪些方面是劣势之别。多元智力理论为因材施教提供了坚实的理论基础。

伴随着社会的发展，因材施教思想的外延也有了进一步发展，包括因人(学生、教师)、因事、因时、因地不同，选择不同的教育教学方法，进行有针对性的教育。

2. 贯彻该原则的基本要求

第一，要了解学生、研究学生。了解包括对学生群体和每个个体的了解，既要了解学生的年龄特征，又要准确把握每个学生的个性差异。了解、研究的方法主要有观察法、谈话法、测验法、作业分析法、教育会诊等。教育会诊是近些年总结出来的行之有效的方法，所谓教育会诊"是指在教学过程中，教育理论工作者会同班主任、科任教师以及家长，运用教育科学理论，分析、研究学生的生理、心理特点，提出教育学生的具体方法"①。教育会诊因有与学生相关的多方面人员的参与，可以最大限度消除教师的个人成见，有利于对学生形成比较客观公正的认识。

---

① 李秉德. 教学论[M]. 北京：人民教育出版社，2000：90.

第二，要正确对待并能根据学生的个性差异，实施不同的教育。由于遗传、环境、教育及学生个体主观能动性的不同，学生之间是存在差异的，教师要正视学生的差异，将差异作为一种课程资源去开发、利用。例如，设置选修课，适应不同学生的不同的兴趣爱好，使学生的潜能得到及早发掘和培养；实施分层教学，对特殊才能学生要给予特殊指导，对困难学生要提供更多帮助。根据不同学生的特殊性或者固其基础，或者指导方法，或者激发动机，或者强其信心。也可以扬其所长，或者补其所短，最终的目的都是增强教学的适切性，创造适合学生的教育，使各个层次的学生，尤其是学习有困难的学生都能在原有基础上得到较好发展。

第三，要把因材施教与统一要求结合起来，处理好集体教学与个别指导的关系。国家对同一学龄阶段的学生有一个基本的统一的要求，只有这样才能保证人才的培养规格，不以降低水平为代价消极适应学生的原有基础。这一要求通过教育目的、课程计划、课程标准、课程内容等以必修课的形式体现出来，要想让各具差异的学生都能达到这一要求，教师必须将集体教学与个别指导结合起来，在集体教学中也要面向多数、兼顾两端。

（七）量力性原则

1. 基本含义

量力性原则又称可接受原则、发展性原则，指教师向学生提出的教学要求既要适应学生的原有身心发展水平，又要有一定的难度，是学生经过努力能够接受并达到的要求，从而有效地促进学生的发展。

这条原则要求教师要正确认识和处理好教学要求与学生已有身心发展水平及学习潜能之间的关系。

《学记》里有一句话："语之而不知，虽舍之可也。"即学生不能理解所教的知识的时候，可以暂时停下来。明代王守仁也说过：在教学中对学生要"量其资禀"，"常使精神力量有余，则无厌苦之患，而有自得之美"。

苏联心理学家维果茨基的最近发展区理论也给我们的教学提供很多启示：维果茨基把学生的学习水平分为两级，一是现有发展水平，二是潜在发展水平。现有发展水平就是学生能够达到的独立解决问题的水平，这是学生学习的起点水平，是教学的基础。潜在发展水平是指在成人指导下或者更有能力的同伴帮助下能够达到的解决问题的水平，是学习后期待的水平，是教学的目标。两者之间构成了每个学生的最近发展区。教学就是要促进学生由现有水平向潜在的可能达到的水平发展。每个人的现有发展水平不同，其最近发展区是各具差异的。而且人的最近发展区不是一成不变的，当潜在水平达到时，就会转化为新的现有水平，学生就是在不断实现新的更高层次的潜在水平过程中不断向前发展的。

2. 贯彻该原则的基本要求

第一，要正确评估学生现有的身心发展水平及发展的潜在能力。学生的现有发展水平既是教学的基本出发点，又是学生成长发展的基本生长点。因此，教师要深入了解、准确把握。既不能高估学生，教学要求太高，超出了学生的接受能力，学生望而生畏很难达到，从而失去信心。又不能低估学生，要求太低，消极适应，不能满足学生的求知欲望，对学生发展无益。

第二，教学要符合学生的“最近发展区”。“最近发展区”是由“现有发展水平”与“潜在发展水平”之间的差异来确定的。教学要符合最近发展区，使学生“跳一跳，摘桃子”，教师首先要掌握班级大多数学生的知识、能力及情意水平，按照大多数学生的最近发展区安排教学。同时还要兼顾不同层次学生的不同基础、不同的最近发展区。要针对不同层次的学生提出难易不同的教学要求，实施分层教学，区别对待。要让学生既量力而行，又尽力而为。

(八)巩固性原则

1. 基本含义

巩固性原则是指在教学中要引导学生在理解的基础上通过复习、练习、实践等方式将知识技能牢固保持在头脑中，以便在后续的学习与实践中能加以利用，并在巩固前人知识的基础上能有所创新。

这条原则是由学生认识活动的特殊性决定的。巩固已有知识是新的学习顺利进行的基础，也是创造性思维发展的重要条件。历代许多教育家都非常重视知识的巩固，“学而时习之”“温故而知新”就是孔子的重要思想。捷克教育家夸美纽斯、瑞士教育家裴斯泰洛齐、苏联教育家凯洛夫、美国教育家布鲁纳等都强调巩固强化的重要性。19 世纪，俄国教育家乌申斯基曾做过一个形象的比喻，他把学习中不巩固知识比喻成醉汉拉货车，边拉车边丢货，到家时只剩下一辆空车。

2. 贯彻该原则的基本要求

第一，在理解的基础上巩固知识。理解是巩固的基础，没有理解的巩固就是死记硬背。教师要重视提高课堂教学质量，采取各种方法促进并加深学生对所学知识的理解，如加强新旧知识的联系，使新的学习建立在已有知识基础上；根据学生的年龄特点和教学需要合理运用直观教学手段；密切联系学生的生活实际、联系相关学科的知识；帮助学生发现知识的个人意义；做中学、及时反馈等。

第二，通过练习和复习巩固知识。练习和复习不仅有利于进一步加深理解，还能使所学知识条理化、系统化，同时还可以培养学生运用知识解决实际问题的能力。练习要适度，反对题海战术，机械训练；练习形式要多样化，要有一些实践性的作业，使学生能手脑并用；练习要分层，设计个性化作业；要根据心理规律合理组织学生复习；教师鼓励学生根据自己的兴趣爱好搞一些小改装、小发明、小制作等。

本章小结

教学过程是学生在教师引导下，在师生交往互动、合作交流过程中，积极主动地学习掌握系统的文化科学基础知识和基本技能，发展能力、增强体质，并形成良好的思想品德和个性心理品质的实践活动过程。

教学过程的本质有多种说法，主要有“特殊认识说”“发展说”“实践说”“交往说”“多本质说”等。综合上述观点，从马克思主义认识论出发，教学过程的本质可以理解为：教学过程是一种特殊形式的认识过程和发展过程，是学生在教师引导下通过对人类已有知识经验的认识活动，从而达到改造主观世界，实现自我发展的目的；教学过程是人类社会的一种特殊的交往实践活动过程，这种活动过程对师生都具有发展价值，而且这种价值必须通过师生、生生间的交往以及在交往过程中的相互影响、相互作用才能实现。

教学过程的规律就是教学中客观存在的、本质的、内在的、必然的联系，主要有：教师主导作用与学生主体作用相统一的规律、掌握知识与发展能力相统一的规律、传授知识与思想教育相统一的规律、认知活动与情意活动相统一的规律、间接经验与直接经验相统一的规律。

教学过程的结构是根据学生认识过程的基本阶段形成的。学生的学习方式主要有接受式学习与发现学习；接受式学习的基本阶段有：引起学习动机、领会知识、巩固知识、运用知识、检查知识。有助于接受学习的课堂教学结构主要以教为主，重视教师主导作用的发挥，重视系统知识的学习理解。发现学习的基本阶段有：确定问题、提出假设、验证假设、得出结论、整合与应用。有助于发现学习的课堂教学结构主要以学为主，重视学生主体作用的发挥，重视探究意识、发现问题与研究解决问题能力的培养。

教学原则是为了实现教育目的，遵循教学过程的基本规律，在总结实践经验的基础上提出的指导教学的基本要求和行为准则。主要的教学原则有：科学性与思想性相结合的原则、直观性原则、理论与实际相结合的原则、启发性原则、循序渐进原则、因材施教原则、量力性原则、巩固性原则。

关键术语

1. 教学过程
2. 教学规律
3. 教学原则

思考题

1. 教学过程的本质属性有哪些有代表性的观点，试作出简要分析。

2. 理解接受式学习与发现学习的含义、特点、局限性及基本学习阶段，分析与之相适应的教为主与学为主的课堂教学结构。

3. 简述教学过程的基本规律：分析教学过程应处理好的基本关系。

4. 教学原则有哪些？掌握各条原则的基本含义，结合实际分析贯彻这些原则的基本要求。

实训练习

1. 搜集中小学课堂教学案例，运用所学原理作出简要分析。

2. 通过开展模拟课堂、说课以及到中小学进行教学见习与实习等活动，进一步加深对教学过程本质特点与基本规律的理解，学会运用所学原理指导教学实践，初步形成正确的教学观念。

拓展阅读

1. 裴娣娜．教学论[M]．北京：教育科学出版社，2007.

2. 钟启泉，汪霞，王文静．课程与教学论[M]．上海：华东师范大学出版社，2008.

3. 李朝辉．教学论[M]．北京：清华大学出版社，2010.

第九章　教学方法、教学组织形式与教学模式

学习目标▶

1. 理解教学方法、教学组织形式和教学模式的基本概念。

2. 理解并掌握几种常用的教学方法、教学组织形式和教学模式。

3. 在新课改背景下，领悟当前教学方法、教学组织形式和教学模式的变革与运用。

教学方法、教学组织形式和教学模式是教师在教学过程中涉及的三个主要方面，是解决"如何教"的问题。因此，教师需要掌握几种常用的教学方法、教学组织形式和教学模式，以指导教学实践工作。然而，一节高质量的课，需要教师结合教学实践中的具体目标、内容、情境等，采取合理的方法和策略，不断突破创新，多种模式和方法结合使用。本章主要从教学方法、教学组织形式和教学模式的概念、选择与运用、常见形式等来讨论。

第一节　教学方法

教学方法一直是教学论讨论的重要议题之一，也是教学活动的基本组成要素。教学有法，教无定法，教学方法的选择与运用影响着教学的质量和效率。那么，教学方法是什么？它有哪些影响因素呢？随着课程改革的推进，教师如何理解新课改提倡的教学方法呢？本节将从教学方法的概念、常用的方法以及教学方法的选择与运用上详细探讨。

一、教学方法概述

(一)教学方法的概念

国内外关于教学方法的相关研究不在少数，而对教学方法的概念界定，也是众说纷纭。概括起来，大致有以下几种观点。

把教学方法看成一种方式，"教学方法是指教师的工作方式和由教师领导的学生的工作方式，借助于这些工作方式，可以使学生掌握知识、技能和技巧，还可以形成他们的共产主义世界观和发展他们的认识能力"①。"教学是采用多样的方式展开的：教师提问，儿童回答；或者儿童在小组里互相讨论，然后向全班报告；等等。在教学情境中，教师和学生的这种为了教与学而开展的活动方式谓之教学方式(教学方法)。"②

把教学方法看成一系列动作，"任何教学方法都是教师的一整套有目的的动作，教师通过这些动作组织学生进行认识活动和实践活动，使学生掌握教学内容，从而达到教学目的"③。

把教学方法看成一种活动，"教学方法是指为达到教学目的，实现教学内容，运用教学手段而进行的，由教学原则指导的一整套方式组成的、师生相互作用的活

---

① [苏联]达尼洛夫，叶希沥夫．教学论[M]．北京师范大学外语系，译．北京：人民教育出版社，1962：280.

② [日]筑波大学教育学研究会．现代教育学基础[M]．钟启泉，译．上海：上海教育出版社，1986：280.

③ [苏联]斯卡特金．中学教学论[M]．赵维贤，译．北京：人民教育出版社，1985：221.

动”[①]。“教学方法，是在教学过程中，教师和学生为实现教学目的，完成教学任务而采取的教与学相互作用的活动方式的总称。”[②]

把教学方法看成一种办法，“教学方法是为完成教学任务而采用的办法，它包括教师教的方法和学生学的方法，是教师引导学生掌握知识技能、获得身心发展而共同活动的方法”[③]。

把教学方法看成一种方法，“教学方法是完成教学任务所使用的方法。它包括教师教的方法和学生学的方法。在确定了教学任务、具备了相应的教学内容之后，教学方法的解决就成为一个很重要的问题”[④]。

根据以上分析，我们认为：教学方法是指教师和学生为了完成一定的教学任务而在教学过程中采用的方式的总称。

（二）两种对立的教学方法思想

自古以来，教育教学过程中就存在两种对立的教学方法思想，即注入式教学思想和启发式教学思想。无论哪种教学方法，其本质都受这两种教学方法思想之一的影响。值得注意的是，注入式和启发式并非具体的教学方法，是不同的社会基础、不同的哲学基础和教学理念影响下形成的两种截然相反的教学思想。

1. 启发式教学思想

（1）启发式教学思想的概念

启发式教学思想指教师根据教学目标和教材的实际，从学生已有的知识经验基础、心理特点等实际情况出发，通过语言、行为等艺术，在教学过程中启发学生的思维，调动学生的学习积极性和主动性，引导他们积极、主动、自觉地学习，获取知识、发展智能、陶冶情操，促进学生全面发展。

（2）启发式教学思想的特点

第一，启发式教学的目的在于建构和塑造学生的主体性，发展学生的知、情、意、真、善、美的完美人格，并以此达到使学生“爱学”“学会”和“会学”。

第二，启发式教学过程的基本规律体现了教学过程的认知与情意的统一、教师主导与学生主体相互作用的统一。

第三，启发式的课程观体现了学科的科学性与学生心理逻辑性的统一。学科的科学性原则强调教学内容的组织应是从抽象上升到具体的逻辑建构准则。心理逻辑性原则强调教学内容的逻辑结构与学生认知结构发展的统一。

第四，启发式教学过程的模式表现为“启情诱思—发问尝解—释疑激创”的结构序列，在这一过程中伴随不同阶段、不同方法的优化组合。启发式教学的方法不仅

---

① 王策三．教学论稿[M]．北京：人民教育出版社，1985：244～245.

② 李秉德．教学论[M]．北京：人民教育出版社，1991：197.

③ 王道俊，王汉澜．教育学[M]．北京：人民教育出版社，1989：244～245.

④ 南京师范大学教育系．教育学[M]．北京：人民教育出版社，1984：438.

仅局限于语言，还有非语言的东西(如直观的、活动的)，强调教学方法的综合性、多感官性。

第五，启发式教学环境强调教学民主，师生之间相互尊重、相互信赖，营造一种和谐融洽的积极氛围。

启发式教学思想指导下的教学理论体系日趋完善，其科学性也不断地得到教学实践的印证，具有自身的特性。

2. 注入式教学思想

(1)注入式教学思想的概念

注入式教学思想指教师从自身意志出发，以已有的知识经验为主要教学内容，通过单纯的灌输，原封不动地将知识传授给学生，学生消极被动，死记硬背所学知识，整个教学过程中，教师把学生看成单纯接受知识的容器，形成一种所谓“填鸭式”“满堂灌”的教学现象。这种教学思想指导下的教学，容易抑制学生的想象思维、创造性思维，阻碍学生智力的发展。①

(2)注入式教学思想的特点

从注入式教学思想的含义，我们可以总结出注入式教学思想指导下的教学主要的特点。

第一，从教与学的关系上看，片面夸大教师的主体作用，把学生看作教育的客体，否认学生在教学中的主体地位和作用，忽视学生主观能动性的发挥和学习动机的培养。

第二，从教学目的上看，教学只是单纯的知识授受，忽视对学生智力、能力的发展，以及对学习动机、情感、态度和品德的培养。

第三，从教学方法上看，片面强调教师外在的注入、灌输，强调学生的机械记忆，不注重教师的启发、点拨和诱导。

第四，从师生的关系上看，过分强调教师的权威和领导决定作用，师生之间处于一种传授与接受、决定与被决定、领导与被领导的关系，师生间缺乏一种民主平等的氛围。

第五，从教学内容的选择上看，提供给学生的材料知识缺乏潜在的意义和迁移生成能力，有时学生不能有效地消化和理解，达到融会贯通的效果。

从注入式教学的实质可见，注入式教学作为一种教学观，它绝对维护教师的权威，摧残学生的个性，压抑学生的主体性和创造性，反对师生民主平等。这种教学思想严重违背了教育教学的客观规律，因而成为束缚人的全面发展的精神桎梏。

二、中小学常用的教学方法

我国中小学常用的教学方法丰富多彩，总体说来可以分为五大类、十一种方法：

---

① 郑显波．浅谈启发式教学与注入式教学[J]．新课程(上)，2012(9)：69.

第一，以语言信息传递为主的方法，包括讲授法、谈话法、讨论法和读书指导法；第二，以直接感知为主的方法，包括演示法和参观法；第三，以实际训练为主的方法，包括练习法、实验法和实习作业法；第四，以引导探究为主的方法，主要包括发现法。

(一)语言传递类的教学方法

1. 讲授法

(1)讲授法的含义

讲授法指教师通过口头语言向学生系统地传授知识、发展智力的方法，是中小学中最主要的教学方法。讲授法包括讲述、讲解、讲读、讲演等方式，这些方式虽都是讲授法，但各有侧重点。

(2)讲授法的要求

讲授法要以启发式教学思想为指导，避免陷入注入式的教学形式。如果教师将讲授法单纯地理解为口述，就容易造成“满堂灌”的现象，课堂气氛沉闷无趣，学生学习的积极性、主动性被削弱，教学效果也会受到影响。实际上，我们所说的讲授法是奥苏伯尔讲的有意义学习，这种学习要求教师将讲授内容建立在学生已有的知识经验基础上，用合乎学生心理规律的内容和方式传授知识，用有艺术性的提问、描述，启发诱导学生积极思考，发展智力和能力。

讲授内容要有系统性、逻辑性和科学性。既要有清晰、完整的结构体系，又能够重难点突出，详略得当。

讲授过程要注重学生的主体地位，避免教师控制整个课堂，忽视学生的主观能动性，忽视学生的知识水平和心理发展规律，不给学生表达自我的机会，从而导致机械接受。

讲授方式要灵活多变，根据教学目标和内容，多样综合地穿插不同讲授方式，如既有讲读，又有讲解，既有讨论，又有联系，以达到综合效应，多管齐下。

讲授的语言要规范、准确、生动、简练，还要有严密的科学性和逻辑性。讲授时教师要注意语音、语调和语速是否适中，注意变换语音、语调，以引起学生注意，调节课堂氛围。①

2. 谈话法

(1)谈话法的含义

谈话法又称问答法，是教师按照一定的教学要求，有计划、有步骤地向学生提出问题，引导学生根据问题独立思考，获取知识的方法。谈话法主要有引导性的谈话、传授新知识的谈话、复习巩固知识的谈话和总结性谈话。

---

① 徐学福．教学论[M]．北京：人民教育出版社，2012：176～177．

(2)谈话法的要求

谈话法必须有目的、有计划地进行。教师要根据教学目标和教学内容，结合学生的实际情况，有目的、有计划地向学生提出符合学生认知规律和心理特点的问题。

教师所提的问题要科学合理，利于启发诱导学生思考。并不是所有的问题都有利于学生的学，教师要能够提出高质量的问题，既不是太难，导致学生无法思考，失去学习兴趣；又不是太容易，导致学生随意敷衍，提问成为走形式。好的问题要能够启发诱导学生思考，通过分析判断得出结论，收获知识。

教师在提问时要面向全体学生。学生发展具有差异性，每个学生都有自己的特点和兴趣点，教师要照顾到不同层次的学生，特别是要鼓励学习有困难的学生积极参与到谈话中来，以激发他们的学习动机和学习兴趣。

教师提问时要给学生适当思考的时间。教师在提出问题后要有所停顿，给学生仔细思考的时间，尤其是有的学生反应较慢，他们需要教师的肯定和鼓励。时间不宜过长，也不宜过短，根据问题的难易程度和复杂程度而定。

在谈话结束后，教师要给予必要的总结。有条理的总结能够帮助学生理清思路，验证所思是否合理，同时也有利于学生形成完整的知识体系。

3. 讨论法

(1)讨论法的含义

讨论法指学生在教师的指导下，以全班或小组为单位，围绕问题各抒己见，通过讨论和辩论等活动获得知识，深化理解的一种教学方法。讨论法需要学生自律性强，具备一定的基础知识和理解力，因此教师多在高年级中运用此方法。

(2)讨论法的要求

设计合理的讨论主题。教师要根据教学目标和内容，根据学生的知识经验恰当地设计要讨论的问题和主题，讨论的问题要有价值，并非所有的问题都需要讨论，问题要能够激发学生学习兴趣，启发学生思考。

教师在讨论中要发挥主导作用。在讨论过程中，难免会出现无效活动，如讨论变成聊天，或是学生不知道如何进行讨论，因此，教师需要来回巡视指导，把握讨论的方向，引导学生进行有效的讨论。

教师要尽量保证所有学生都参与问题讨论。讨论以全班形式或者以小组形式展开，有时会出现少数人被排斥的现象，教师要及时发现，指导小组分工合作，每个人都有机会发言。

教师要及时总结。讨论结束后，教师要就讨论的问题进行总结，不一定是给出准确的答案，也可以进一步发问，引发学生的深入思考，也可以是学生对讨论过程的反思，让学生反省自己的优点和不足，是否在讨论中有所收获。①

---

① 李秉德．教学论[M]．北京：人民教育出版社，2001：198.

4. 读书指导法

(1)读书指导法的含义

读书指导法是学生在教师的指导下，通过有计划、有目的地阅读教材和课外读物获得知识，培养良好阅读习惯，培养自我阅读能力的方法。

(2)读书指导法的要求

教师要发挥主导作用，指导学生正确阅读。读书指导法以学生的阅读为主，教师要鼓励学生独立阅读、思考。但是，由于受心智发展水平的限制，学生有时会进行漫无目的的无效阅读活动，不知道如何有效阅读，或者只选择自己喜欢的内容阅读，而忽视了对阅读内容的思考和筛选。因此，教师在阅读中要发挥主导作用，帮助他们制订计划，教会他们正确的阅读顺序，并做好阅读笔记，只有这样才能提高阅读效率。

阅读指导要兼顾课内阅读与课外阅读。教师不仅要指导学生阅读教材内容，还要指导学生的课外阅读。学生要能够以教材和参考书提供的知识为线索，拓宽自己的阅读领域，了解书本知识以外的精彩世界，丰富自己的知识结构。

教师在指导中教会学生阅读方式。“授人以鱼，不如授人以渔”，读书指导法的关键在于学生能通过教师指导下的阅读，学会科学的阅读方法，专心致志、持之以恒，养成良好的阅读习惯和独立阅读的能力，这比从阅读中获得知识更有益处。

(二)直接感知类的教学方法

1. 演示法

(1)演示法的含义

演示法指教师通过展示各种实物、教具或示范性实验和动作，让学生获得对事物的直观认识和感受，达到教学目标的方法。演示法用于辅助讲授法、谈话法等其他教学方法，让教学过程更加生动、形象化。结合不同的学科特点，演示法可以分为三类。第一类是实物或模型、标本、图片、图画的演示，使学生获得某一事物或现象的外在感性认识，如教师展示三角形的教具，使学生触摸教具，感受三角形的特征；第二类是教师用连续成套的模型、标本、图片或幻灯片、电影等，进行序列性演示，让学生了解事物发生发展的过程，如教师通过放映蚕的生长过程的动画，让学生了解蚕的一生；第三类是教师身体力行，示范动作和操作，如在体育课上，教师展示广播体操的动作要领。演示法不只有这几种，随着教育信息化的发展，师生能够利用更多演示方式获得知识和体验。

(2)演示法的要求

演示要有目的性。演示法的根本目的是通过直观认识达到理论认识，从而获得相关知识经验，进而培养学生的观察能力和探索发现的能力。因此，演示的目的要和教学目标吻合，不可为了直观而演示，如果任何知识点都辅以演示法，容易使学生在新鲜劲儿过后无所收获。

演示准备要充分，教师要说明演示过程和目的，让学生有目的、有重点地观察。教师在演示前要做好充分准备，事先做一遍，尽量考虑到演示中可能出现的突发事件。在演示开始前，教师应向学生做简单说明，并围绕教学目标和教学内容提出问题，让学生边观察边思考，将注意力集中到观察的事物上。

注意与其他方法相配合。在运用演示法时，演示法作为一种辅助性教学方法，要注意与讲授法、谈话法相结合，在演示中配合教师的讲解，引导学生在教学过程中进行分析与综合、归纳与演绎，发展学生的思维能力和创新能力。

注意及时总结。在演示结束后，教师要引导学生及时发言，总结自己观察到的感受，将收获的实际体验与理论结合，以验证和理解抽象的理论，完成从抽象到具体再到抽象的认识过程。

2. 参观法

(1)参观法的含义

参观法指教师根据教学任务的需要，组织学生到工厂、农村、展览馆、大自然或其他社会场所，通过对实际事物和现象的观察和研究而获得知识的方法。

(2)参观法的要求

参观法和演示法一样，作为以直观感知为主的教学方法，都需要注意事先做好充分的准备工作。在参观过程中，教师要引导学生有目的、有重点地参观。教师还要教会学生参观的顺序，尽量多感官参与，从多方面认识所学对象。在参观结束后，教师引导学生做好总结的工作，组织学生通过参观报告、参观日记、记录表等形式总结所见所想，将感性知识和理论知识结合，深刻理解新知识。

(三)实际训练类的教学方法

1. 练习法

(1)练习法的含义

练习法指学生在教师的指导下，运用所学知识和技能，通过反复的练习，以巩固知识、提高技能技巧的方法。一般来讲，练习法可以分为以下几类。

第一，按照练习的目的不同，练习法分为语言的练习、解答问题的练习和实际操作的练习。

第二，按照练习的形式不同，练习法分为口头练习、书面练习。

第三，按照掌握技能、技巧的特点不同，练习法分为模仿性练习、创造性练习。

第四，按照学科种类的不同，练习法分为说话练习、作文练习、制图练习。

(2)练习法的要求

教师和学生都要明确练习的目的和要求。教师要围绕教学目标选择合适的练习，难易适中，多少适量；学生在明确了练习的目的后，能找准练习的知识点，提高练习的效果。

合理组织练习。练习的内容必须是针对学生已有知识经验，是学生切实应该掌握的知识；练习的设计要由易到难、层次分明、循序渐进、逐步提高，防止陷入题海战术；练习的形式要灵活多样，做到举一反三、触类旁通，注重对学生能力、技巧的培养，同时还要注重练习的趣味性，努力使学生集中注意力，提高学习的积极性和创造性。

教师对学生的练习情况及时给予反馈和总结。教师在学生练习完成后，及时给予反馈和指导，不仅能让学生了解自身的学习情况，还能明确自己的优势和不足，激发学生的学习动机。教师通过学生的练习和反馈情况，能够及时调整教学计划，有针对性地展开教学。①

2. 实验法

(1)实验法的含义

实验法指学生在教师的指导下，利用一定的仪器、设备，按照规定的操作程序独立进行，通过动手操作，观察事物在一定条件下发生的现象和反应，从而获得知识的方法。根据实验发生在理论知识学习前后的不同，实验法可分为感性实验和验证性实验。感性实验旨在使学生通过实验获得感性认识，为之后的理论学习做铺垫；理性实验旨在验证所学的理论知识，加深对理论知识的理解。

(2)实验法的要求

实验前，教师要做好充分的准备，保证实验的顺利进行。

实验中，教师要加强指导，向学生明确实验步骤、实验目的和要求以及注意事项，提醒学生做好观察记录。

实验后，教师要对实验作出总结，分析实验中的现象、问题，引导学生得出结论，形成实验报告，反思实验中出现的问题。如果结果与所学理论不符，要进一步探究其原因，增加知识深度。

3. 实习作业法

(1)实习作业法的含义

实习作业法指教师根据教学目标和教学任务的要求，组织学生到校内外的场所，运用所学知识进行实际操作或实践活动，以获得知识和技能的方法。

(2)实习作业法的要求

教师做好实习作业的准备，制订实习作业计划，确定实习地点，置办仪器设备，将全班分好组，做到分工明确。

教师要提前向学生介绍实习的目的、程序、任务、规章制度及注意事项等。

教师在实习过程中要随时指导巡视，帮助学生解决操作中出现的问题。

教师要在实习结束后，及时总结学生实习作业情况，引导学生交流实习感受和收获。

---

① 吴也显．我国中小学常用教学模式[M]．昆明：云南教育出版社，1993：2.

（四）引导探究类的教学方法

以引导探究为主的教学方法指教师利用问题或事例，组织和引导学生通过独立探究获得知识和技能的方法，主要是发现法。

1. 发现法的含义和步骤

发现法（又称探索法、研究法）指在教师的引导下，学生利用教师提供的问题、例子，加上自己搜集的资料，通过讨论、观察、思考、推理等方法独立探究，从而发现并掌握新的原理、概念、规律、公式等的方法。

发现教学法的基本程序如下：第一，创设问题情境。教师选定一个或几个一般性的原理，创设一定的情境，提出要解决的问题。第二，教师帮助学生明确问题的目标，将问题分解成若干子问题，以激发学生的探究欲望。第三，提出假设。学生利用教材、已有知识经验、搜集到的资料、讨论等方式提出解决问题的假设方案。第四，验证假设。如果存在疑问和不同观点，可通过讨论解决。第五，对结论做总结，给予修改和补充。①

2. 发现法的要求

根据教学内容和学生实际发展水平，确定探究发现的情境和问题。

加强教师指导，严密组织教学，积极引导学生的发现活动，减少探究过程中的困难，以提高学生的效能感。

努力创设民主、和谐的环境氛围，鼓励学生勇于自主探究发现。

以上就是我国中小学常用的几种教学方法。各个教学方法都有自己的特点，也有自己的优势和局限。教师在教学实践中，要秉持“多样综合”的思想，善于将多个教学方法相互配合使用，灵活掌握各教学方法的精髓，有计划地设计教学程序，方能在教学中取得最优的效果。

（五）跨学科主题学习类的教学方法

1. 项目化教学法

（1）项目化教学法的含义和步骤

项目教学法是“行为导向”教学法的一种。一个项目是计划好的有固定的开始时间和结束时间的工作。原则上项目结束后应有一件较完整的作品。

其实施的流程如下：

1）明确项目任务：教师提出任务，同学讨论。

2）制订计划：学生制订，教师审查并给予指导。

3）实施计划：学生分组及明确分工，合作完成。

4）检查评估：学生自我评估，教师评价。

5）归档或应用：记录归档，应用实践。

---

① 徐学福．教学论[M]．北京：人民教育出版社，2012：188.

(2)项目化教学法要求

实践性：项目的主题与真实世界密切联系，学生的学习更加具有针对性和实用性。

自主性：提供学生根据自己的兴趣选择内容和展示形式的决策机会，学生能够自主、自由地进行学习，从而有效地促进学生创造能力的发展。

发展性：长期项目与阶段项目相结合，构成实现教育目标的完整认知过程。

综合性：具有学科交叉性和综合能力的运用的特点。

开放性：体现在学生围绕主题探索的方式、方法和展示、评价具有多样性和选择性。

评价特点：项目化教学的评价注重学生在项目活动中能力发展的过程，测评内容包括学生参与活动各环节的表现以及作业质量。

2. 主题式教学法

(1)主题式教学的含义

主题式教学(thematic teaching)指提供一个良好的学习情境，学生在这样具有高度动机的环境中，可以接触和主题相关的各种领域的学习内容，教师的教材有时可以用联络教学的方式，横向编选和该主题相关的教学材料，有时可直接打破学科之间的限制，在教学中整合不同领域的内容和策略。

(2)主题式教学法要求

第一，主题式教学构建的学习情境，要立足于学生的知识水平和生活实际，打通学生书本世界和生活世界的界限。

第二，主题式教学要使学生在学习情境中进行自主的探讨和学习，充分重视学生主体作用的发挥。

第三，主题式教学要求师生既是学习情境的组织者，又是学习情境中的共同探讨者，构建民主、平等、合作的师生关系。

第四，主题式教学要为学生创设有挑战性的问题情境，激发学生的学习兴趣和斗志。

第五，主题式教学要让学生以自有的文化去解读情境，实现学生的个性化发展。

第六，主题式教学要打破单一的集体教学的组织形式，允许学生分组讨论学习，培养学生的团队精神和沟通能力。

三、教学方法的选择与运用

教学方法的种类很多，每种教学方法各有其优势和局限，不存在解决所有教学问题的万能方法。对于如何选择和运用教学方法，具体来说，主要涉及两个问题：一是教学方法的选择依据，二是教学方法运用的原则。

(一)教学方法的选择依据

从系统论的角度出发，我们认为教学目标和任务、教学内容的特点、学生的身心发展水平和差异性、教师自身具备的特点、教学方法本身的特征以及教学时间和效率等因素影响制约着教学方法的选择与运用。

1. 教学目标和任务

不同的教学目标和任务，需要借助不同的教学方法来完成。因此，选择教学方法时必须考虑具体的教学目标和教学任务。如果一节课的教学目标和任务重点设立在传授新知识上，那么可采用讲授法、读书指导法等。

2. 教学内容的特点

学科不同教学内容就不同，运用的教学方法自然也就不同。即使是同一学科，不同的教学内容同样需要不同的教学方法。因此，在选择教学方法时要考虑具体的教学内容，所选的教学方法需要与具体学科教学内容的特点和要求，以及其教学内容的呈现方式相符合。如从不同的学科来看，语文、英语等语言类的学科多采用讲授法、谈话法等；物理、化学、生物等科学类学科多采用演示法和实验法；音乐、美术等艺术类学科多采用示范法等。①

3. 学生的学情

学生的学情一般包括三个方面，即学生的年龄特征、起点能力以及学习风格。不同年龄阶段的学生，学情是不相同的。即使是同一年龄阶段的学生，学生与学生之间也存在着差异性。因此，在选择和运用教学方法时必须考虑学生的具体学情。如在小学低年级阶段，学生的认知水平较低，处于形象思维发展阶段，宜采用一些具有直观性的教学方法。随着年龄的增长，学生具备了一定的知识与经验，可采用一些具有实践性和研究性的教学方法等。

4. 教师自身具备的特点

教师作为选择和运用教学方法的主体，其自身特点会影响教学方法的选择与运用。因此，教师在选择和运用教学方法时，必须考虑结合自身特点。如有的教师语言表达能力和感染力较强，可选取讲授法、谈话法；有的教师语言表达能力较弱，但善于运用直观教具或实验配合进行教学，宜选用演示法、实验法等。总之，教师在选择教学方法时要注意扬长避短，但这并不意味着教师要安于现状，教师要不断提高其自身素质水平，提高其选择和使用教学方法的能力。

5. 教学方法本身的特征

每种教学方法都是具体的，存在着其自身的适用范围与条件、优势与缺陷。因此，教师在选择和运用教学方法时必须全面考虑教学方法本身具有的特性。如讲授法能在较短的时间里向学生传授大量的系统科学文化知识，能充分发挥教师的指导作用；但其在一定程度上限制了学生主体性的发挥，不利于学生技能性、实践性、创新性等方面能力的培养。

---

① 李秉德．教学论[M]．北京：人民教育出版社，1991：202.

6. 教学时间和效率

教学是在一定的时间内进行的，如何在有限的教学时间内，取得较高的教学效率，这是我们在选择和运用教学方法时不得不考虑的一个实际问题。因此，在选择和运用教学方法时，要考虑实际的教学时间和教学效率，做到节省时间和效率最优化。教师至少要做到能在规定时间内完成教学任务，达成教学目标，并轻松愉快地使师生受益。

除上述因素外，在选择和运用教学方法时还应考虑教学媒体、教学环境、教学条件等因素对教学方法的影响与作用。因此，在选取和运用教学方法时，要综合考虑，力求协调好各因素之间的关系。①

(二)教学方法运用的原则

1. 整体性原则

整体性原则要求，在运用教学方法时一定要考虑构成教学各部分要素之间的有机整体组合，协调教学方法与教学其他方面的关系，包括教学目标、教学内容、学生的学情、教师的特点、教学环境、教学媒体和设备等，要充分发挥其整体性的功能，即实现整体大于部分之和；同时注意发挥构成教学方法体系的具体教学方法的整合，使各个教学方法配合恰当、衔接自然，最大限度地发挥其整体功效，从而促进教学效果的提高。

2. 发展性原则

发展性原则指在运用教学方法时，把促进学生的全面发展作为其指导思想。教学的最终目的是促进学生的全面发展，想要实现这一目标必须借助一定的教学方法。因此，在选择和运用教学方法时，要始终以发展性原则作为导向，选取和运用那些有利于促进学生的全面发展和终身发展的教学方法。

3. 综合性原则

综合性原则是指在运用教学方法时，多样综合地选取和运用教学方法，尽量避免单一。首先，教学内容、情境的复杂性以及教师能力的差异性决定了达到教学目标、完成教学任务，并非只借助一种教学方法。其次，由于每种教学方法都各有其长处、短处以及适用范围，不存在解决一切教学问题的教学方法。最后，心理学研究证明，采用单一的教学方法会降低学生的积极性，容易产生疲劳，从而降低学习的效率；如果采用多样的教学方法，就能充分调动学生的积极性，提高学习效率。②

4. 灵活性原则

教学过程本身是一个动态生成的过程，而教学方法作为影响教学过程的一个变量，教学过程变化，教学方法也要随之发生改变。有时教学过程的发展变化可能会超出教师备课时的预先设想，出现各种不同的状况，而教师对这些生成过程的处理

---

① 吴也显．我国中小学常用教学模式[M]. 昆明：云南教育出版社，1993：2.

② 李秉德．教学论[M]. 北京：人民教育出版社，1991：205.

往往会决定教学的最终结果。因此，灵活性原则要求教师要运用教育机智，准确地把握生成，灵活地依据教学过程的变化，适时地调整教学方法，使教学方法具有弹性。

第二节　教学组织形式

教学组织形式是关于如何组织教学活动的问题，不同的教学组织形式给教学带来不同的效果。教师要能够领悟教学组织形式的基本内涵，根据实际教学，采取多样化的组织形式，以提高教学质量，优化教学效果。

一、教学组织形式的概念

教学活动是在一定的时间和空间环境中进行的。教学组织形式是教学活动的结构特征，规定了以什么样的外部形式使教学活动的各要素在特定的时空条件下开展运行。

关于教学组织形式的内涵，国内外的学者有着不同表述。英、美等西方国家较少明确提出教学组织形式这一概念，他们主要是将其理解为具体的策略或方法。然而苏联、日本和我国则对这一概念有较多的阐述，概括起来大致有以下几种观点。休金娜认为，教学组织形式是教学过程的重要组成部分，体现出对学生的学习活动按时间进行的严密的组织，与教师的活动是相互联系的，这种活动可以是全班教学、小组教学、个别教学，还可以是群众性的教学。① 斯卡特金认为，教学组织形式就是由既定的作息制度和规章制度规定的师生之间的相互作用。② 列尔涅尔认为，教学组织形式有三个特点：第一，教师和学生都要服从一定的教学程序，如先全体上课，小组或个人完成教师布置的作业等；第二，教学组织形式应该服从作息时间和规章制度，比如，每节课规定上 45 分钟或 30 分钟，学生人数可以固定，也可以经常变动；第三，教师和学生相互配合，是通过直接或间接的接触实现的。③ 日本学者朴圣雨则用“教授组织”一词来表示“教学组织”，认为所谓“教授组织”是把教学过程中学生和教师的“搭配”在一定程度上定型化了的持续的模式。④

在我国，不同的学者对教学组织形式的内涵也有不同的见解。鲁洁等人认为，所谓教学组织形式就是关于教学活动应怎样组织，教学的时间和空间怎样有效地加以控制和利用的问题。⑤ 王策三指出，教学组织形式理论所要研究和解决的问题，

---

① ［苏联］休金娜．中小学教育学［M］．北京：人民教育出版社，1984：395.
② ［苏联］斯卡特金．中学教学论［M］．赵维贤，译．北京：人民教育出版社，1985：265.
③ 罗正华．比较教学论［M］．长春：吉林教育出版社，1992：243.
④ ［日］筑波大学教育学研究会．现代教育学基础［M］．钟启泉，译．上海：上海教育出版社，1986：423.
⑤ 南京师范大学教育系．教育学［M］．北京：人民教育出版社，1984：465.

就是教师以什么形式把学生组织起来，并通过什么形式与之发生联系？是个别的、小组的，还是班级的？是固定的，还是灵活变动的？教学活动如何安排？教学时间如何规定和分配？如此等等。① 李秉德提出，教学组织形式是教学活动中师生相互作用的结构形式；或者说，是师生共同活动在人员、程序、时空关系上的组合形式。② 王道俊等人认为，教学组织形式就是指为完成特定的教学任务，教师和学生按一定要求组合起来进行活动的结构等。③

综上所述，我们不难发现上述概念包含了一些共性的东西，那就是教师和学生在一定的时空范围内服从某种组合形式，形成一定的“搭配”关系，并以此种关系共同活动，直接或间接地相互作用。因此，我们将教学组织形式的概念概括为：为完成特定的教学任务，教师和学生按照一定要求组合起来进行活动的结构，或者说，是师生的共同活动在人员、程序、时空关系上的组合形式。教学组织形式是教学活动的落脚点，对于教学质量和效率有着显著的影响。

二、常见的教学组织形式

(一)现代教学的基本组织形式——班级授课制

1. 班级授课制的含义及特征

班级授课制，通常称为课堂教学，是把学生按年龄和程度编成有固定人数的教学班，由教师根据课程计划中统一规定的课程内容和教学时数，按照学校的课程表进行分科教学的一种教学组织形式，它是我国学校教学的基本组织形式，也是国际上通用的教学组织形式。

班级授课制属于集体教学的范畴，与个别教学相比，具有如下基本特征。

第一，以班为单位集体授课，学生人数固定。班级是进行教学的基本单位，同一个教学班的学生的年龄和知识程度大致相同，每班人数比较固定。

第二，课程设置和教学内容统一。将教学内容按照学科和学年进行划分，以确定各年级要掌握的内容，然后在此基础上，将具体的教学内容以及实现这种教学内容的教学手段、方法分成更小的部分。各部分内容量不大，彼此之间相互衔接，又具有一定的完整性。

第三，教学进度与学习年限相统一。每门学科的总课时数、学年课时数、周课时数一般根据固定的课程计划来确定。各班的课时表规定每日的课时安排，每节课的时间一般是统一固定的。

第四，分科教学。根据学校的任务、学生年龄特征和发展水平，选择必须掌握的某门学科的基础知识与技能组成的教学科目，分别对学生进行教学，确保学生获

---

① 王策三．教学论稿[M]．北京：人民教育出版社，2001：276.

② 李秉德．教学论[M]．北京：人民教育出版社，2003：214.

③ 王道俊，郭文安．教育学[M]．北京：人民教育出版社，2009：250.

得连贯的、系统的知识。

2. 班级授课制的优点

总体来说，班级授课制适应了现代社会大规模培养人才的需要，体现了教学活动的基本规律，是一种富有生命力的经济实用的教学组织形式。

第一，有利于经济有效地、大面积地培养人才。教师按固定的时间表同时对几十名学生进行教学，扩大了教育对象，加快了教学进度，是使学生在较短的时间内有系统、有重点地学习人类知识体系的一种经济有效的形式，大大提高了单位时间的教学效率。

第二，有利于发挥教师的主导作用。它保证了每个学生的活动都自始至终在教师的指导下进行，学生的学习活动得到了很好的组织。而且，班级授课制主要也是在对充分发挥教师的主导作用，最大限度地提高教师工作效率和使各科教师协调一致对学生进行教育教学等问题的探索中产生、发展和完善的。

第三，有利于发挥班集体的教育作用。把学生编成相对固定的教学班，构成一个有较严密组织领导的集体，各成员的学习内容相同、程度相近，既有利于教师利用集体的力量对学生进行教育，又有利于学生之间相互切磋、相互帮助、共同提高，有利于促进其集体主义思想的形成和发展。

第四，有利于进行教学管理和教学检查。班级授课制的形成和发展，使教学活动日益规范化、科学化。同一班级学生的心理水平、自觉程度和认识水平相近，便于教学管理。同一年级的学生使用相同教材，按照同一进度上课，有统一的教学要求，教学质量的评价标准基本相同，对教师的要求也大体一致，因此便于对教学活动的质量和效果进行检查和评价。

3. 班级授课制的弊端

任何事物都是有利有弊的，班级授课制也不例外。

第一，难以满足学生个性化的学习需要。班级授课制为学生准备了统一的教学进程表、统一的教学评价标准、统一的课程内容，过于集中化、同步化和标准化，很难顾及学生的个别差异，学生的独立性、自主性受到很大的限制，不利于培养学生的志趣、特长和满足他们个性化学习的需要。

第二，不利于学生创新精神和实践能力的培养。班级授课制多实行分科教学，偏重书本知识的学习，一方面容易肢解知识的整体性；另一方面容易忽视学生的实践活动，使理论脱离实际。学生的探索机会和实践机会较少，知识世界与生活世界常常隔离，创新意识和实践能力不易得到锻炼提高。

(二)现代教学的辅助形式——个别辅导和现场教学

除采用班级授课制外，现代教学还使用一些辅助的教学组织形式，如个别教学和现场教学，以巩固、加深和补充课堂教学知识，弥补其在照顾学生个别差异、进行因材施教和理论联系实际等方面之不足。这里主要介绍个别辅导和现场教学两种形式。

1. 个别辅导

个别辅导指教师针对不同学生的情况给予引导、启示、咨询和指点，以帮助他们完成学习任务的教学组织形式。

个别辅导依据其内容的不同大体可分为两类：一是针对在教材预习和复习中发现的问题进行辅导；二是针对在与学科内容相关的学习中发现的疑难问题进行辅导。前者的目的是让学生打下坚实的基础，后者的目的在于拓宽学生的视野，发展学生的思维。

个别辅导在教学中具有重要意义。首先，辅导是从学生的需要与问题出发，有的放矢，能具体解决他们的疑难，保证学习顺利进行；其次，便于因材施教、区别对待，给成绩优异者特殊指导，给待优者补课，促进其全面提高；最后，可以发现课堂教学存在的问题，及时进行补救和改进。

在进行个别辅导时，应注意以下几个问题。首先，要着重解决学生的疑难和知识的系统化、深化问题，不可在辅导时又把课堂教学内容重述一遍或越俎代庖，代替学生独立完成作业；其次，不仅要在学生的知识、技能方面予以帮助，而且要对他们在学习方法和思维方法上存在的问题给予指导，帮助他们学会正确的学习和思考方法；最后，要平等对待学生。个别辅导可以有针对性，如针对学习能力有待提高或者有特长的同学，但对学生提出的问题都应该一视同仁，尽量予以回答，不要有所偏向。

2. 现场教学

现场教学是根据一定的教学任务，组织学生到生产现场或社会生活现场进行教学的一种组织形式。学生可以以班为单位，也可以以小组为单位。可以由教师讲课，也可以得到现场工作人员的配合与指导。它不仅是课堂教学的必要补充，而且是课堂教学的继续和发展，是与课堂教学相联系的一种教学组织形式。

现场教学依据其目的和任务可分为两大类：一是根据学习某学科知识的需要，组织学生到有关现场进行教学。二是学生为了从事某种实践活动，需要到现场学习有关的知识和技能，如劳动技术教育、汽车修理等。

现场教学的意义在于：首先，它有利于学生获得直接经验，深刻理解理论知识；其次，它可以增强教学的趣味性，使教学更为生动、丰富；再次，它可以让学生在轻松、愉快的气氛中掌握知识、技能，丰富学生的情感世界；最后，它可以增强学生的动手操作能力，提高学生解决实际问题的能力。

组织现场教学应注意如下问题：第一，要明确教学目的。除了教师，学生和参与教学的现场有关人员事先必须明确，本次现场教学要解决什么问题，完成什么任务。第二，要做好充分准备。进行现场教学前，教师要认真考虑现场教学要解决的矛盾，引导学生做好必要的知识储备；同时，还要动员组织学生，使他们了解现场教学的目的、要求、注意事项，做好心理、物质上的准备。第三，要重视现场指导。教师要引导学生从不同角度充分感知感性材料，并有针对性地与理论知识相结合，深化学生的理性认识，还要鼓励学生动手操作，发现问题、解决问题。第四，要及时总结。这不仅可以为教师组织现场教学积累经验，而且可以使学生在现场感受到的知识进一步系统化，并且使学生在交流经验的过程中共享他们的体验和收获，使他们学会现场学习。

(三)现代教学的特殊形式——复式教学

1. 复式教学的含义及特征

复式教学就是把两个或两个以上年级的学生编在一个班里，由一位教师分别用不同程度的教材，在同一节课里对不同年级的学生采取直接教学和自动作业交替的办法进行教学的组织形式。[①] 复式教学便于儿童就近入学，可以最大限度地节约师资、教室和教学设备等，充分利用教育资源。复式教学适用于教育条件和经济条件都比较落后的山区或边远地区，它有利于教育的普及。

复式教学是班级教学的特殊形式，它保留了班级教学的一切本质特征，又与班级教学有所区别。其特殊之处在于：当教师给一个年级上课时，其他年级的学生根据教师的安排进行预习、练习、复习或做其他作业。一般把前者叫作直接教学，后者则称作自动作业。复式教学的特点可概括为“三多、两少”：即在同一课堂里的年级多，教学内容多，自动作业时间多；而直接教学时间少，同一年级的学生人数少。

2. 复式教学运用的基本要求

第一，要正确处理直接教学与自动作业的关系。要保证复式教学的效果，教师必须处理好一个年级的直接教学和自动作业的搭配；处理好复式班里各个年级之间的直接教学和自动作业的穿插。即“动”和“静”安排合理，使直接教学成为自动作业的基础，自动作业成为直接教学的准备和继续。

第二，要正确处理教学内容和教学时间的关系。在复式教学中，教学的班级增多了，教材的内容增多了，而直接教学的时间减少了。因此要妥善处理“多”和“少”的矛盾，必须注意突出重点，以新授课的年级或讲授难度较大的年级为重点，自动作业要更加少而精，要精心设计练习，在“巧”字上下功夫，使自动作业和直接教学密切配合。

第三，要正确处理教师和助手的关系。在复式教学中使用助手，既可在一定程度上克服教师不能分心的困难，增加了直接教学的时间，又可培养学生的独立工作能力和为集体服务的优良品质。当然必须明确教师是主导者，助手只能起辅助作用。教师应做好助手的选拔和培养工作。

此外，还要注意照顾全面，尽量避免相互间的干扰，机智处理各种偶发事件。

---

① 马云鹏．课程与教学论[M]．北京：中央广播电视大学出版社，2003：268.

第三节 教学模式

教学模式涉及理论基础、教学目标、教学过程、教学评价等一系列教学要素和环节，为教育实践工作者提供可供参考的教学模板。教师要了解并掌握国内外几种主要的教学模式，并在已有教学经验和教学实际情况的基础上，探索出属于自己的行之有效的教学模式。

一、教学模式的概念

教学模式一词最早是由美国学者乔伊斯(B. Joyce)和威尔(M. Weil)于1972年在其出版的专著《教学模式》(*Teaching Mode*)中提出的，他们认为：教学模式是“构成课程(长时间的学习课程)、选择教材、指导在教室和其他环境中教学活动的一种计划或范型”①，这是国外比较权威的关于教学模式的定义。

我国关于教学模式的研究兴起于20世纪80年代，其中对于教学模式的定义，有多种说法，一般来说，我们认为“教学模式是在一定教学思想指导下建立起来的各种类型教学活动的基本结构和框架”②。还有学者提出类似的观点，认为教学模式是人们为了特定的认识目的对教学活动的结构所做的类比的简化的假定的表达。教学模式从宏观上把握各个教学要素之间的关系和功能，具有有序性和可操作性。

通常，一个完整的教学模式由五部分构成，即理论依据(或称教学思想)、教学目标、操作程序、实现条件和教学评价。也有学者认为教学模式还包括师生角色和教学策略。这些要素相互联系，任何一种要素变化了就会生成一种不同的教学模式。下面就将结合这五大要素，谈一谈常用的几种教学模式。

二、国外流行的教学模式

国外教学模式的研究受到社会学和心理学发展的影响，比较注重教学的技术性研究，教学模式种类多样，这里我们着重介绍几种比较流行的教学模式：程序教学模式、掌握学习教学模式、发现学习教学模式以及非指导性教学模式。

(一)程序教学模式

程序教学模式是由美国行为主义心理学家、教育家斯金纳(Skinner)在行为主义心理学理论的基础上建立、发展起来的，是一种以教学机器或程序教材为基础进行的教学模式。

---

① Bruce Joyce，Marsha Weil. Models of Teaching[M]. 2nd ed. Prentice-Hall，1980：1.

② 吴也显 . 我国中小学常用教学模式[M]. 昆明：云南教育出版社，1993：2.

1. 理论基础

程序教学的理论基础是新行为主义关于学习的理论。新行为主义者在学习理论上以联结主义的原理来阐明学习过程。他们认为，学习是通过刺激—反应—强化而形成的一种操作性行为。斯金纳根据操作性条件反射的实验提出：任何复杂的行为都可以用一种逐步接近、累积的方法由简单行为联系而成，据此，他构建了程序教学模式。

2. 教学目标

教学目标在于教会学生学习某种具体的技能、观念或其他内部或外部的行为方式，学生通过程序教学获得的知识和技能大多是现成的，而非创造的。

3. 操作程序

程序教学模式的一般程序是：说明操作方式—设计问题步骤—解答基本问题—反馈解答结果。具体来说，程序教学模式将学习内容划分为一个个具有连续性的小项目。在学习中，教师(教学机器)每呈现一项学习内容，都要求学生采用填充或书写答案的方式作答，学生如果答错，教师(教学机器)会立即呈现正确答案以及时纠错，进而进入下一步的学习。

程序教学要遵循五条教学原则，第一，小步子原则，即每两个学习项目内容的差距越小越好；第二，积极反应原则，即学生学习要做“书写”或“按键”的外显反应；第三，及时确认原则，即学生作出的反应要得到及时的反馈以确认答案的正误；第四，自定步调原则，即学生学习的速度可以根据学生自己的情况来定；第五，低错误率原则。

4. 实现条件

进行程序教学需要具备如下几个条件：一是必要的设备。斯金纳主张用教学机器、教学软硬件编制程序性教材。二是编好程序。教学程序的编制要尽量精确，具有渐进性、及时性，降低反馈的错误率。三是积极地反应。教师要努力引导学生处于积极的学习状态中，对于出现错误的学生，教师要辅助学生改正，作出积极反应。四是安排相依关系。即作出有关环境安排的决定，选择强化物和强化安排的方式，确定最后的塑造行为的计划。

5. 教学评价

程序教学模式只能显示教学结果，而不能体现教学过程，因此程序教学的评价只能是终结性评价。在评价时，只能看到每一小步学习的最后结果，利于及时掌握学生的学习情况，但是对学习过程本身认识不充分，弱化了教师的主体作用，不利于师生间的交流。

(二)掌握学习教学模式

掌握学习教学模式是由美国心理学家、教育家布卢姆创立的，是一种以“所有学生都能学好”为指导理念，以集体教学为基础，辅之以经常、及时的反馈，为学生提供所需的个别化帮助以及额外学习时间，从而使大多数学生达到教学目标的教学模式。布卢姆认为，学生学习成绩的好坏与两个因素有关，一是学习时间，二是教师对教学方法和教学内容的编排。

1. 理论基础

一是新的学生观。布卢姆受卡罗尔(Carol)创立的“学校学习模式”理论的影响，通过实验观察、追踪发现，除了1%～2%的超常学生和2%～3%的低常学生，其余95%以上的学生在学习能力、学习效率、学习动机等方面并无大的差异。只要有适合学生特点的学习环境和条件，几乎所有的学生都能学好。

二是教育目标分类学理论。布卢姆将教育目标分为认知领域、情感领域、动作技能领域，并进而将认知领域的教育目标细化为知识、领会、运用、分析、综合、评价6大类、17个小类，将教学目标明确分类，为掌握学习内容的编排奠定基础。同时，他认为教育目标都具有外显性、可测量性等特性。

2. 教学目标

布卢姆提出“绝大多数学生都能学到学校所教的一切东西”，希望通过这样的教学，“不仅能使教师获得更多且长远的社会与个人的成功，特别是学生可获得的基本智力、体力和感情上的能力，保证他们能够并且希望从事终身的学习”①。

3. 操作程序

掌握学习教学模式的一般程序为：教学单元定向(诊断性评价)—集体教学—单元形成性测试—矫正学习(已掌握者进行巩固性、扩展性学习或帮助未掌握者接受矫正，再次测验，予以认可)—总结性测验—进入下一单元的循环。

4. 实现条件

掌握学习教学模式需要具备如下几个条件：一是师生要对掌握学习抱有信心。教师要相信绝大多数学生都能学好，学生不仅要信任教师，还要对自己有信心。教师可以在教学前对学生进行启发诱导，帮助学生做好掌握学习的准备。二是明确的学习内容和学习目标。教师在教学中要明确教学内容和学习范围，并概括地加以表述；教学目标也要根据教学内容制定，并将其划分为一系列具体的目标，将目标分类、结构化。三是可行性的学习计划。可行性的学习计划包括教学单元和具体的掌握目标，根据单元目标制定的形成性测试，为不同学生设计有效的“反馈学习”“矫正学习”或“巩固学习”的计划。四是教学活动前的诊断性评价。诊断性评价的目的是了解学生的学情，如学生的知识经验、学习风格、能力水平等，为良好学习计划的制订提供参考。②

5. 教学评价

掌握学习教学模式的教学评价的标准是目标参照性评价，并采用诊断性评价、

---

① [美]安德森，布卢姆．教育目标分类学：分类学视野下的学与教及其测评[M]．蒋小平，等，译．北京：外语教学与研究出版社，2009：35.

② 孟庆男．当代教学理论：概念、问题与原理[M]．长春：东北师范大学出版社，2006：110～123.

形成性评价和终结性评价三种形式综合运用的方法。

(三)发现学习教学模式

发现学习教学模式是由美国教育家布鲁纳创立的，是一种以培养学生探究性思维能力为目标，以基本教材为内容，使学生通过再发现的步骤来进行学习的教学模式。

1. 理论基础

一是结构主义。布鲁纳继承和发展了认知结构发展心理学和直觉主义认识论，形成了他的教学思想。结构主义强调认识事物内部的结构，反对单纯地研究外部现象，反对孤立的局部性研究；强调从系统功能中把握事物，反对单纯的经验描述。

二是学科基本结构。学科基本结构指的是学科的基本概念、基本原理、基本规律以及它们之间的关系，是知识的整体和事物的普遍联系，而不是孤立的事实本身和零碎的知识结论。

三是发现法。布鲁纳认为，学生的认识过程类似于人类的认识过程，教学过程是教师指导下的学生的发现过程，学生要主动地学习、探究和发现事物，而不是被动地接受知识。

2. 教学目标

发现学习的教学目标是让学生掌握学科的基本知识，并帮助每名学生获得最好的智力发展。学生的智力和能力的发展是教学的中心目标，同时还要注重学生直觉思维和内在学习动机的培养。

3. 操作程序

发现学习教学模式的一般程序为：提出问题—创设问题情境—提出假设—评价，验证假设并得出结论。

4. 实现条件

发现学习教学模式的实现条件包括以下几点：一是学生要采取积极的学习态度。发现学习以学生为主体，学生参与整个学习过程。从提出问题到分析问题，从提出假设到验证假设，再到最终得出结论，每一步都需要学生的积极主动的学习态度。二是学生的准备状态。学生在发现学习开始前要有参与探究的良好心理倾向，要准备好进行探究活动的前提材料，从事研究发现的基本技能等。三是学生要了解和把握学习情境结构。了解和把握了学习情境结构，有助于激发学生的学习动机和学习兴趣，并在日后的学习和生活中产生正向的学习迁移。

5. 教学评价

发现学习教学模式注重过程而非结果，它并不是一定要让学生得出正确的结论，而是通过发现的过程培养自身提出问题、分析问题和解决问题的思维方式，形成勇于探究的意识。

(四)非指导性教学模式

非指导性教学模式由美国心理学家罗杰斯倡导。他针对传统教学模式忽视学生主体性的弊端，将人本主义心理学理念植入教学，提出教学应该提供一种令人愉快的环境氛围，教师不提供直接教学，而是为学生提供各种条件，以学生为中心，帮助学生自由学习、发现自我，最终达到“自我实现”的目标。

1. 理论基础

一是人本主义心理学。罗杰斯作为人本主义心理学创始人之一，其教学思想无不打上了人本主义心理学的烙印。人本主义心理学主要包括三个论点：第一，人的情感和认知的发展是不可分割的；第二，个性的形成过程就是“自我”的形成过程；第三，人的直觉和创造性构成了现实的创造力。非指导性教学模式就是基于这种人本主义发展观，注重学生潜能的激发和释放。①

二是非指导性咨询理论。罗杰斯创立了非指导性咨询理论，他主张在心理咨询中以病人为中心，帮助病人自我解脱，医生在这一过程中只有“咨询”的作用，医生应鼓励病人自由地表达思想，并以同理心与病人共同讨论任何问题。罗杰斯将这种非指导性的咨询理论应用于教学，形成了非指导性教学模式。

2. 教学目标

罗杰斯认为，在知识激增的时代，知识传授不再是教学的主要目的，教学要培养“适应变化和学习的人”“充分发挥作用的人”，学生通过学习能够学会怎样学习，学会适应变化着的社会，激发自身的潜能，最终达到自我实现，形成完美的人格，做真正独立的、知行合一的完整的人。

3. 操作程序

非指导性教学模式的程序大致可以分为这样几步：一是教师提供先行组织者。在教学前，先行组织者能帮助学生对所学内容进行概念性预习，了解框架和结构，为集中解决问题打下基础。二是创设辅助情境(问题情境)。教师要围绕主题创设一种民主、宽松、愉快的学习氛围，促进学生间的自由交流。三是学生主动地探索发现。学生自由结组，提出自己感兴趣的问题，或由教师提出问题，学生通过自由、直接和自发的沟通交流，共同探索问题的解决方法。四是作出决定，报告行动。学生在讨论后逐步形成自己的见解和计划，并付诸行动，以便计划的完善和进一步实施。五是学生自我评价。自我评价包括对自己的学习态度、参与程度、问题的回答、得出结论等方面的评价。这五个步骤并非一成不变，可以随着学生的学习情况有所调整。

4. 实现条件

一是注重人际关系和情感因素的影响作用。教师要以真诚的态度对待学生，与学生建立起真实的感情，处理好与学生的关系，始终把学生的问题和感受放在教学的中心位置。

---

① 徐学福．教学论[M]．北京：人民教育出版社，2012：297～304．

二是发挥教师作为“促进者”的作用。教师在教学过程中并非指导者，而是“促进者”，教师要做的就是帮助学生厘清自己的需要，向学生提供材料，帮助学生安排适宜的学习活动，创造有利于学习的氛围。

5. 教学评价

非指导性教学中强调学生的自我评价，罗杰斯提出了几种自我评价的具体方法。

第一，在某些课题中，让学生自己提出问题，根据所提出的问题编制试卷，由学生参与评价。

第二，在小组中让学生自己决定讨论要达到的水平，让每位学生都畅谈自己已经达到的程度，并说出理由。

第三，师生共同讨论决定分数。

第四，在某些课题中，让每名学生进行书面的自评，若教师或学生对该分数产生异议，则可进行讨论，共同确定某个分数。

为了完善自我评价法，非指导性教学模式的支持者还设计了各种形式的自我评价表。①

三、我国中小学常用的教学模式

我国对教学模式的探究虽然起步较晚，但是从近代以来，我国中小学教学多采用传递—接受教学模式。从 20 世纪 80 年代起，随着国外教学模式理论引入我国教育领域，众多教育者纷纷研究教学模式，并结合教学实践创立了独具特色的教学模式，逐步形成完整的教学模式理论体系。在本节中，我们将重点介绍传递—接受教学模式、自学辅导教学模式、情境教学模式、尝试教学模式。

(一)传递—接受教学模式

传递—接受教学模式源于赫尔巴特及其弟子所创的“五阶段教学”理论，后经苏联教育家凯洛夫等人的改造后传入我国，对我国课堂教学模式影响深远，是我国近代以来最常见的教学模式。

1. 理论基础

该教学模式以唯物主义认识论为基础，并结合有关心理学、教育学方面的理论知识，将教学活动看作教师引导学生学习的特殊认识活动，学生在教师的指导下主要掌握间接知识和各种科学文化。

2. 教学目标

传递—接受教学模式以传授知识技能、技巧为核心目标，使学生在教师的指导下，掌握基本知识和基本技能，发展认知结构和认识能力，形成良好的学习习惯和思想道德品质。

---

① 余文森，刘家访，洪明．现代课程论基础教程[M]．长春：东北师范大学出版社，2007：177～185.

3. 操作程序

传递—接受模式的操作程序一般分为五个阶段，即激发动机—复习旧知—讲授新课—巩固运用—检查评价。具体来说，第一步，学生要做好上课的物质准备和心理准备，激发学生的学习动机和兴趣，集中注意力，自觉主动地投入学习中；第二步，教师通过练习、提问等方式检查、复习已学内容，加强学生新旧知识的联系；第三步，教师讲授新知识，学生听讲、学习；第四步，教师通过课堂练习巩固所学新知识，内化知识技能；第五步，教师通过布置作业，让学生运用所学知识解决问题，并对学生的作业情况及时评价并反馈。

4. 实现条件

该教学模式强调教师的主导作用，教学活动的顺利开展离不开教师丰富的知识和扎实的教学功底。教师要具备较高的思想道德品质、良好的身体和心理素质。因此，教师在上课前要结合教学目标和教学内容设计合理的教学计划，多样综合运用教学方法传授知识。

5. 教学评价

该教学模式以教师评价为主，通过纸笔测验的方式，考查学生掌握知识的程度，形成技能的水平，以便了解学生的发展情况，及时纠正学生的知识错误。

(二)自学辅导教学模式

自学辅导教学模式由中国科学院心理研究所卢仲衡提出，他广泛吸收国内外优秀教学成果，根据美国教育家斯金纳的强化原理和小步子原理，结合心理学中的相关理论，创立了这种在教师的辅导下以学生自学为主的教学模式。卢仲衡不仅在理论上有所贡献，还在实践中运用自学辅导教学模式，提高了学生的学习成绩。

1. 理论基础

一是"教为主导，学为主体"的教学观。在课堂教学中，教师要把学生学习的主动权还给学生，以学生为中心，促进学生主体性、能动性的发挥。教师要做的是在多方面辅导学生，起到启发、检查、督促的作用。

二是独立性与依赖性相统一的学生发展观。随着学生年龄的增长，他们的主体意识逐步加强。但是，由于他们身心发展尚不成熟，认识能力、评价能力、自控能力的发展水平较低，他们并不能脱离成人的监督、指导完全独立地学习。因此，教师既要尊重学生的独立性，给予学生自主学习的机会，又不能完全放手，适时地给予正确的指导，将个别化教学与集体教学相结合。

三是学会学习的学习观。当今社会要求人们不仅掌握知识，更重要的是学会学习，更好地适应社会，发展终身学习的能力。因此，教师不再局限于让学生学会知识，还要"会学"，培养学生的自学能力和学习方法。

2. 教学目标

自学辅导教学模式的教学目标主要有两个：第一，使学生有效掌握所学知识，提高学习成绩，提高教学质量和效益。第二，培养学生的自学能力，激发学生自学的信心，养成自学的习惯。

3. 操作程序

自学辅导教学模式的操作程序可用五个字概括："启""读""练""知""结"。"启"指教师对学生预习中遇到的疑难问题提供提纲，启发学生联系新旧知识。这一过程大约需要5分钟。"读"指学生精读课文，理解课文内容。"练"指学生在自我阅读的理解基础上做相关练习。"知"指学生当即知道答案，对照答案自查。"读""练""知"是学生自学的过程，整个过程大概需要30分钟。在这一过程中，学生要注意在做完一道大题包含的所有小题后才可对答案，出现错误不可擦掉，做好错误标记，在一旁改正。做题速度快的学生可以在完成任务后阅读课外参考书，速度慢的学生可以课后再完成。"结"指的是即将下课时教师的总结点评。

4. 实现条件

首先，自学辅导教学模式需要教师明确自学目标，设计具体的、可操作的自学计划。其次，适切的自学辅导材料是学习的关键。

5. 教学评价

自学辅导教学评价采用自评、他评、自评与他评相结合三种评价方式，注重学生自评能力的发展。在教学初期，以教师评价为主，在过渡期，以自评与他评相结合，随着学习的深入，自检能力的提高，教学后期逐步过渡到自评阶段。关于评价指标，卢仲衡提出了自学辅导教学实验四项验收指标：学生的学业成绩、自学能力成长、自学能力迁移和全科全面发展。

(三)情境教学模式

情境教学模式由全国特级教师李吉林首创，主要运用于语文教学中。它指的是在教学过程中，教师通过创设优化的德育环境、教学环境、评价环境，促进儿童主动发展、整体发展、和谐发展，构建一种以"美"为突破口，以"情"为纽带，以"思"为核心，以"学生活动"为途径，以"周围世界"为源泉的教学模式。

1. 理论基础

第一，马克思主义关于人的活动、环境相一致的理论。马克思主义认为，人的发展与活动与环境密切相关，良好的环境有利于人的发展。同样，在教学中，良好的教学环境将有利于学生知识的掌握，情感的陶冶。

第二，情知教学理论。情知教学理论认为，教学过程是情意过程与认知过程的统一。情意激发学生的学习动机，调节学生的学习行为；认知承担着对知识的吸收、储存和转化。二者相互协调，才能取得最佳的学习效果。

2. 教学目标

情境教学模式的目标就是通过情感与认知的相互作用，使学生的情感不断得到陶冶和升华，人格健康发展，达到真正的知情交融。在这一过程中，发展学生的想象力、思维能力。

3. 操作程序

情境教学模式分为三个阶段，创设情境—情境体验—总结转化。

一是创设情境。教师根据教学任务和教学目标，通过语言描绘、实物演示、声光电交汇渲染等手段，为学生创设一个富有情感、美感，生动、形象，蕴含哲理的学习氛围，以激发学生的情感。

二是情境体验。学生积极参与其中，通过表演、游戏、谈话、动手操作等方式，在创设的氛围中从事各种智力活动，以情启思，以思促情，知情交错。

三是总结转化。教师在学习即将结束时进行启发和总结，使学生从情境中感悟学习内容的情感基调，获得科学知识，并使这些知识转化为指导学生思想行为的准则。

4. 实现条件

首先，情境教学模式需要教师具备多种能力，以创设形式多变的情境。例如，教师要有良好的语言表达能力、表演能力、想象力、组织能力。其次，教师要能够将自己的情感与学生的情感相结合，使创设的情境更加真实，从而诱导学生情感，促进学生认知。

5. 教学评价

情境教学中，教师要注重对学生知识掌握和思维能力、想象力和创造力的双重评价。多种评价方式结合，对学生全面、客观地作出评判。

(四)尝试教学模式

尝试教学模式是邱学华老师在尝试教学法的基础上构建的教学模式。他提出“学生能尝试、尝试能成功、成功能创新”的观点，提倡要一改以往“先教后学，先讲后练”的教学方法，变为“先试后导，先练后讲”，建立了尝试教学的操作模式。

1. 理论基础

尝试教学模式的理论基础包括三个，一是辩证唯物主义认识论的哲学基础。据此，尝试教学要做到学生主体和教师主导相结合、传授知识和发展智力相结合、智力因素和非智力因素相结合，学生知、情、意、行的发展要统一在教学过程中。二是以学生为本的教学论基础。以学生为本的教学思想强调教学既要符合学生的认知规律，又要符合教材编排规律，最大限度地发挥教师、学生、教材三个主客体的作用。三是“最近发展区”的心理学理论。维果茨基提出儿童的现有发展水平与潜在发展水平之间的差距，即儿童的“最近发展区”，儿童通过帮助和尝试能够达到潜在发展水平。

2. 教学目标

首先，尝试教学模式的教学目标要让学生通过尝试教学，利用已有知识经验，有效掌握所学知识。其次，尝试教学让学生先学、先练，试图培养学生的自学能力，促进学生思维能力的发展。最后，尝试教学鼓励学生大胆尝试，积极主动地寻找资料去学习、去练习，以培养学生主动尝试的精神和积极探索的精神。

3. 操作程序

尝试教学模式以学生的主体尝试为主，主要分为三个阶段、七个步骤。三个阶段分为准备阶段、主体尝试阶段和延伸阶段。其中，主体尝试阶段包括五个步骤：出示尝试题、自学课本、尝试练习、学生讨论、教师讲解。不过，这三个阶段共七个步骤并不是固定不变的，教师在教学实践中要结合具体的学情、教材、教学内容灵活应用。

4. 实现条件

尝试教学模式和情境教学模式一样，对教师的要求较高。教师要努力创设尝试氛围，使学生产生尝试的动机和信心，尝试问题的设计成为关键，太简单或者太难，都不利于学生学习热情的激发。除此之外，尝试教学也对学生提出了更高的要求。学生要具备一定的自学能力，有比较丰富的知识储备和自控能力，因而这一模式比较适合高年级学生。

5. 教学评价

尝试教学模式不仅有教师的评价，还加入了学生的互评和自我评价。学生在自学课本后通过练习检验学习效果，如果出现错误，学生之间共同讨论，合作解决问题，在尝试中互评和自评，在快乐中学习成长。

以上就是我国中小学常用的几种教学模式。其实，除了这些模式，我国还有许多与之类似的变式和新型的教学模式，如目标导向教学模式，问题探究教学模式，主体教育教学模式，青浦实验中学教师们提出的“尝试指导，效果回授”的教学模式，洋思中学的“先学后教，当堂训练”的教学模式等。此外，随着科技的发展，网络信息技术逐渐渗透到教学实践领域，形成了许多新兴的教学模式，如以微课和慕课为依托的翻转课堂教学模式，以电子书包为教材载体的教学模式等。

四、信息时代的典型教学模式

传统的教学模式是工业时代的产物，已经很难满足在信息化时代成长起来的学生的习惯和需求。信息时代的教学模式，要基于网络信息技术构建教学新结构和师生新关系，尽可能充分地调动信息资源和教学媒体，实现教学模式的开放性、交互性和个性化，来适应学生的需求和人才培养目标的要求。在本节中，我们将重点介绍抛锚式教学模式和支架式教学模式。

(一)抛锚式教学模式

抛锚式教学要以真实事例或问题为基础(作为“锚”)，有时也称“实例式教学”或“基于问题的教学”或“情境性教学”。抛锚式学习要求建立在具有感染力的真实事件或真实问题的基础上。① 这种教学要求学生在真实事件或真实问题中去感受和体验，而不是

① 何克抗．新型建构主义理论——中国学者对西方建构主义的批判吸收与创新发展[J]．中国教育科学，2021(1)：17.

听这种经验的间接介绍和讲解。确定这类真实事件或问题被形象地比喻为“抛锚”，在实际情境中一旦这类事件或问题被确立了，整个的教学内容和教学进程就被确定了。

1. 理论基础

抛锚式教学模式是深受建构主义学习理论影响、以技术学为基础的一种重要的教学范型。建构主义认为人对知识的获取不是被动地接受，而是由认知主体主动建构的。强调以学生为中心，要求教学的设计必须从学生的角度出发，以学生的感受和经验为基础，以学生的思考和理解为前提来加以实施，以达到学生知识建构的目的。而学生要想深刻理解知识所反映事物的性质、规律以及该事物与其他事物之间的联系，完成对所学知识的意义建构，就要通过获取直接经验来学习，最好的办法是到现实世界的真实环境中去感受、去体验。

2. 教学目标

抛锚式教学的主要目标是使学生在一个完整、真实的问题背景中，产生学习的需要，并通过镶嵌式教学以及学习共同体中成员间的互动、交流，即合作学习，凭借自己的主动学习、生成学习，亲身体验从识别目标到提出和达到目标的全过程。抛锚式教学的目标具体表现为激发学习动机，促进学生迁移能力发展，使学生适应日常生活，提高学生识别问题、提出问题、解决真实问题的能力。

3. 操作程序

抛锚式教学的操作程序一般分为五个环节：创设情境—确定问题—自主学习—协作学习—效果评价。每一个环节都要充分体现主动学习的要求。第一环节创设情境，在教师创设的教学情境或问题情境中，学生原有的知识和经验与所学的新知识之间会发生激烈的冲突，进而激发学生对课堂探究的欲望和主动学习的兴趣。第二环节确定问题，抛锚式教学是一个以问题为中心的循环往复的过程，这就需要教师在确定问题的时候综合考虑多方面的因素，在教学活动开始之前确定“锚”。在“锚”(教学任务)抛出时一定要落在关键点，这样才可以激发学生内部的学习动机，也能够使教学方向不偏离正轨，教学效率得到有效的保障。第三环节自主学习，自主探究学习是抛锚式教学模式的灵魂。教师在经过创设情境、确定问题之后，关键的“锚”已经抛给了学生，学生可以根据教师给出的问题来阅读教材或是查找其他资料，并根据自己现有的生活、学习经验来思考问题的答案到底是什么。第四环节协作学习，基于“锚”的大小来进行小组协作学习，学生将自己得出的答案与小组成员共享，通过一系列知识的思考、交流、碰撞，更好地实现学生自己的知识建构。学生得出自己的理解和观点之后，教师不需要马上对学生的答案作出评判，而应组织学生通过交流、协商的方式，共同参与问题的解决。第五环节评价反思，教师通过评价可以全面把握学生的学习情况，以方便后续教学工作的开展。学生通过自我评价或是同学互相评价的方式也可以更好地了解自己知识、技能发展的情况，以便查缺补漏。

4. 实现条件

抛锚式课程对教师提出的最大挑战之一就是角色的转换，即教师应从信息提供者转变为“教练”和学生的“学习伙伴”。教师要成为学生学习的辅导者、促进者、组织管理者、伙伴。

5. 教学评价

该教学模式在教学评价上，强调终结性评价与过程性评价相结合，侧重对学生学习情况的综合评价，对不同学生有不同的评价方法。这样，才能更真实地反映学生的学习效果。

(二)支架式教学模式

根据欧共体“远距离教育与训练项目”的有关文件，支架式教学被定义为：“支架式教学应当为学习者建构一种对知识的理解的概念框架(Conceptual Framework)。这种框架中的概念是为发展学习者对问题的进一步理解所需要的，为此，事先要把复杂的学习任务加以分解，以便于把学习者的理解逐步引向深入。”支架式教学的确切概念是教师在教学时应该为学生提供一种有利于有效理解知识的“支架”，并借助“支架”进一步使学生深层次理解教学内容的教学模式。支架式教学英文名称为 Scaffolding Instruction，它既是一种教学思想同时也是一种教学模式。

1. 理论基础

这种教学思想来源于苏联心理学家维果茨基的“最近发展区”理论。维果茨基认为，在儿童智力活动中，对于所要解决的问题和原有能力之间可能存在差异，通过教学，儿童在教师帮助下可以消除这种差异，这个差异就是“最近发展区”。换句话说，最近发展区定义为，儿童独立解决问题时的实际发展水平(第一个发展水平)和教师指导下解决问题时的潜在发展水平(第二个发展水平)之间的距离。可见儿童的第一个发展水平与第二个发展水平之间的状态是由教学决定的，即教学可以创造最近发展区。因此教学绝不应消极地适应儿童智力发展的已有水平，而应当走在发展的前面，不停顿地把儿童的智力从一个水平引导到另一个新的更高的水平。①

2. 教学目标

支架式教学是以学生为主体，以学生自身的知识水平为基础，以培养学生的知识技能和创新能力为目标，使学生的潜能得到进一步释放和发挥的一种教学模式。在这种教学模式下，教师要特别注意建设一种合作、沟通、讨论、竞争的教学课堂文化，使学生受到这种文化潜移默化的影响，能够最大程度地发挥他们的主动性、积极性和创造性，最终使自身的综合素质得到极大的提高。

3. 操作程序

(1)搭脚手架

围绕当前学习主题，按“最近发展区”的要求建立概念框架。

---

① [美]伍尔福克．教育心理学[M]．何先友，等，译．北京：中国轻工业出版社，2014：27.

(2)进入情境

将学生引入一定的问题情境(概念框架中的某个节点)。

(3)独立探索

让学生独立探索。探索内容包括：确定与给定概念有关的各种属性，并将各种属性按其重要性顺序排列。探索开始时要先由教师启发引导(例如演示或介绍理解类似概念的过程)，然后让学生自己去分析；探索过程中教师要适时提示，帮助学生沿概念框架逐步攀升。起初的引导、帮助可以多一些，以后逐渐减少——放手让学生自己探索；最后要争取做到无须教师引导，学生自己能在概念框架中继续攀升。

(4)协作学习

进行小组协商、讨论。讨论的结果有可能使原来确定的、与当前所学概念有关的属性增加或减少，各种属性的排列次序也可能有所调整，并使原来多种意见相互矛盾、且态度纷呈的复杂局面逐渐变得明朗、一致起来。在共享集体思维成果的基础上达到对当前所学概念比较全面、正确的理解，即最终完成对所学知识的意义建构。

(5)效果评价

对学习效果的评价包括学生个人的自我评价和学习小组对个人的学习评价。

4. 实现条件

在具体实施支架式教学模式时，要注意以下几个问题。

(1)师生要准确地理解支架的含义

不同的学生因为知识基础不同，所以支架的选取自然也不一样。学生选取的支架必须与学生的实际能力相匹配，并且能够很好地帮助学生为他们提供较好的学习思路和解题思维。

(2)教师要根据学生真实能力合理设置教学支架

支架的作用就是较好地帮助学生克服困难、加深对知识的理解。教师对学生的学习能力和性格特点的充分了解是教师设置好的教学支架的前提条件。教师可以学生的特点、学习的及时反馈等信息作为出发点为学生合理设置良好的学习支架。

(3)教师设置的支架必须是渐撤的也必须是动态的

教师设置教学支架的范围不能超出学生的能力水平，由于学生的学习水平每天都在螺旋式地上升，再加上外界环境在不断地变化，所以教师所设置的教学能力发展的支架也不能是一成不变的，而必须是依据学生知识和实践能力的发展渐学渐撤、渐学渐支，使设置的支架处于一个动态撤支的过程。

5. 教学评价

教学评价内容包括：自主学习能力；对小组协作学习所作出的贡献；是否完成对所学知识的意义建构。对支架教学的效果评价要把学生的创新能力、实践能力、心理素质都作为考察因素，做到客观、全面、综合、有效地评价。

本章小结

本章介绍了教学实践中几个重要的因素：教学方法、教学组织形式和教学模式。在教学方法一节中，我们要重点了解几种常用的教学方法，并能根据影响教学方法的因素合理选择和运用教学方法。在教学组织形式一节中，我们介绍了几种常见的教学组织形式。在教学模式一节中，我们重点介绍了国内外几种常见的教学模式，每一种教学模式都有自己的优点和缺陷，教师要能够结合已有教学经验，灵活运用这些教学模式，尝试建立属于自己的独具特色的教学操作模式。

关键术语

1. 教学方法
2. 教学组织形式
3. 教学模式

思考题

1. 教学方法的选择依据有哪些？

2. 结合所学知识，试评述我国课堂教学组织形式存在哪些问题，并提出改进意见。

3. 请你评价一下传递—接受教学模式、自学辅导教学模式、情境教学模式和尝试教学模式。

4. 在新一轮的基础教育改革中，传统教学方法尤其是讲授法受到强烈批判，请你结合所学知识谈一谈，讲授法在如今的学生学习方式中还有没有存在的必要性了？为什么？

案例研究

有位教师演示导管功能，他事先把带叶的枝条插入红色溶液里，放在温暖且有阳光的地方晒几小时。上课时，将枝条一段一段剪下来，分到学生手里。他一边讲、一边提问；学生一边剥、一边观察、一边思考、一边回答。他们观察到枝条的皮没有变红，中间的髓也没有变红，而是木质部变红了。学生看了书很快就明白了其中的原因：木质部里有导管，能输送红色溶液。有的同学还看到叶子变红了。这样，学生就搞清了导管有输导水和无机盐的功能。①

思考：1. 这位教师在教学中运用了哪种教学方法？

2. 运用这一教学方法时应该注意些什么呢？

---

① 王道俊．教育学[M]．北京：人民教育出版社，1989：251.

3. 如果让你来教授这一知识点，你还会选择哪些教学方法？为什么？

拓展阅读

1. 钟启泉．现代教学论发展[M]. 北京：教育科学出版社，1988.

2. 孟庆男．当代教学理论：概念、问题与原理[M]. 长春：东北师范大学出版社，2006.

第十章　教学工作的基本环节与教学反思

学习目标

1. 了解教学工作的基本环节及各环节之间的关系。

2. 了解教学反思的概念、特征及意义。

3. 了解教学反思的内容和类型。

4. 掌握教学反思的原则、方法和过程。

5. 认识教学反思的重要意义，树立“教学反思促进教师专业发展”的理念。

教学工作是由多种因素和多个环节组成的一个复杂系统。从教师教的角度来看，学校教学工作的基本环节主要包括备课，上课，作业的布置与批改，课外辅导，学业成绩的检查、评定与分析几个方面。这几个环节是相互联系、彼此衔接的。处理好这几个基本环节，对教学质量的提高将起到非常重要的作用。教学反思是促进教师专业发展的重要途径，越来越受到教育工作者的重视。本章主要围绕教学反思的定义、内容、类型、原则、方法和过程，对教学反思进行介绍，学习者要对教学反思有深入的了解。

第一节　教学工作的基本环节

教学工作的基本环节由备课，上课，作业的布置与批改，课外辅导，学业成绩的检查、评定与分析组成，这些相互衔接的环节构成统一的整体。

一、备课

备好课是上好课的先决条件，只有备好课，才能上好课。教师备课一般要做好下列工作。

（一）备教材

这里所说的教材包括课程标准、教科书以及与教学内容有关的参考资料。

课程标准是教材编写、教学、考试评价以及课程实施管理的直接依据，也是教师备课的指导文件。我国《义务教育课程方案》和《课程标准（2022 年版）》提出的课程理念和目标对义务教育阶段的课程与教学具有指导作用，而规定的课程目标和内容标准是每一个学生在该阶段应当达到的基本要求。教师需要熟悉拟任教学科的课程标准和教材，理解教材的编写逻辑和体系结构，合理掌握不同学段目标与内容的递进关系，具有依据课程标准进行教学的意识和习惯。

教科书是教师备课和上课的主要依据。教师备课要深入钻研教科书，熟练地掌握教科书的全部内容，分清重点章节和各章节基本知识的重点、难点、关键点，做到心中有教科书。在准备上每一节课时，教师要确定每段教材内容在整个学科知识体系中的地位、在能力培养和思想教育方面的要求，对每一节课要讲的内容、实验和习题要按教学要求做具体安排。

教学参考资料是教科书的重要补充，教师查阅教学参考资料可以获得大量有价值的信息来满足教学的需求。目前已出版的教学参考资料相当丰富，教师要精心选择与自己教学相关的、重要的、有质量的教学参考资料，进而对教学参考资料组织与整合，使其适合自己的具体教学。

(二)备学生

如果说备教材指向教师所要传授的知识的话，那么，备学生则指向教学对象，备学生就是了解学生。教师的备课不仅要面向知识本身，而且还要面向学生，这是由教学任务的性质和教学过程的特定关系决定的。教师只有认真地了解学生，才能有效地将教学内容和学生的实际联系起来，才能真正做到因材施教，从而达到良好的教学效果。了解学生包括了解学生已有的知识水平、学习经验和兴趣特点，分析教学内容与学生已有知识经验的联系，预判学生学习的疑难点。

(三)备教法

备教法就要选择适合学生和教学内容的教学方法，充分利用现代教育技术，创设实际问题情境，开启学生思维，培养学生能力。这就要求教师在钻研了解课程标准、教科书、教学参考资料及学生的基础上，选择有效的教学方法。常用的教学方法有讲授法、问答法、讨论法、图示法、演示法、实验法、案例法、参观法等。随着现代科学技术的发展，现代化教育技术在教育中的应用已很普遍，教师根据教学实际，应充分利用现代化教学技术来提升教学效果。

(四)制订教学进度计划

制订教学进度计划是在钻研教材和了解学生的基础上进行的，是备课活动的最终环节。备课质量的高低最终是通过教学进度计划安排的合理与否表现出来的。

制订教学进度计划具体又可分为制订学期教学进度计划、单元计划和课时计划三类。

学期教学进度计划，是把全年教学工作计划中规定的每个学期各项教材的内容和时间，按一定的要求合理地分配到每次课中去，并提出考核项目与考核时间，它是教师编写课时计划的主要依据。教师要把教学目标、学生特点、教材难易度等都考虑到教学进度的安排中，注意主要教材同其他教材相搭配，还要注意教材的系统性、连贯性，按由易到难、由简到繁的顺序进行安排。

单元计划是某一单元教学要达到的目的要求和学生通过本单元学习后达到的程度。单元计划的确定应依据学期教学进度计划，是学期教学进度计划的进一步细化和具体。它具有纽带作用，是教师备课的依据。根据教学进度，确定各项教材的总目标。再根据该项教材的难易程度和教学时数，制定出每次课的具体目标，确定教材的重难点，选择相应的教法与措施，还要根据课程标准和学校具体情况，确定考核标准，举例如表 10-1 所示。

表 10-1　八年级男生蹲踞式跳远单元教学计划表

单元教学目标	1. 了解蹲踞式跳远的技术结构及动作方法和提高蹲踞式跳远的练习方法，理解它的锻炼价值并了解相关裁判知识。 2. 基本掌握蹲踞式跳远的完整技术动作，达到 3.27 m(60 分)以上的标准；发展柔韧、协调、力量等身体素质，提高弹跳能力。 3. 培养勇敢、果断、顽强坚定的意志品质和合作学习的意识		
课次	教学内容与重点	教学目标	主要教法措施
1	内容：单跳双落的跳远方法。 重点： 1. 用脚有力踏跳； 2. 双脚落地	1. 了解蹲踞式跳远的动作要领、练习方法和重要性； 2. 掌握单跳双落动作技术，能够在 6～8 步的快速跑动中完成单起双落及屈膝缓冲动作； 3. 发展弹跳能力，提高协调性和稳定性，增强腿部和踝关节力量	1. 跑的专门性练习； 2. 单脚交换跳远； 3. 跑几步单脚起跳越过皮筋练习； 4. 4～6 步助跑起跳落沙坑或软垫子练习； 5. 助跑 6～8 步单起双落技评(检测)
2	内容：起跳技术。 重点： 1. 起跳腿的蹬伸； 2. 摆动腿的前摆	1. 建立蹲踞式跳远的技术概念，学习起跳技术； 2. 能够完成完整的助跑起跳技术，并至少跳过 3.04 m(30 分)以上； 3. 发展速度、灵敏、协调等身体素质，提高跳跃能力	1. 跑的专门性练习； 2. 原地起跳的模仿练习； 3. 上一步起跳练习； 4. 助跑 1～3 步的起跳练习； 5. 助跑 4～6 步起跳落沙坑练习； 6. 起跳技术技评检测，3.04 m (30 分)； 7. 在踏跳板附近悬挂一软排，学生助跑 4～6 步，起跳后用头触球练习
3	内容：助跑与起跳相结合技术。 重点：助跑轻松，逐渐加快，踏跳有力	1. 理解助跑与起跳相结合技术在整个跳远过程中的重要作用，并建立正确的技术概念； 2. 能完成助跑与起跳技术，且至少跳过 3.12 m (40 分)； 3. 发展快速反应的能力	1. 跑的专门性练习； 2. 三步助跑起跳练习； 3. 在 30 m 慢跑中做快速起跳练习(至少 3 次起跳)； 4. 助跑 4～6 步起跳后摆动腿落垫子练习； 5. 8～10 步助跑起跳后越过皮筋，摆动腿落沙坑后继续向前跑进练习； 6. 助跑与起跳相结合技术技评检测 3.12 m(40 分)

续表

课次	教学内容与重点	教学目标	主要教法措施
4	内容：助跑与起跳技术，体会腾空步技术。 重点：最后一步助跑与起跳的衔接	1. 知道腾空步的动作要领和练习方法； 2. 掌握助跑的最后一步与起跳的衔接技术，能作出腾空步，并达到3.19 m(50分)； 3. 发展速度、灵敏、协调等身体素质	1. 跑的专门性练习； 2. 复习上一步"踏跳"技术； 3. 3步助跑起跳体会"腾空步"技术练习； 4. 6～8步助跑起跳跳过一定高度的皮筋(2组皮筋，高度不同)； 5. 8～10步助跑起跳后腾空步的完整练习检测(跳过不同远度的两条线3.19 m(50分)、3.27 m(60分)
5	内容：腾空步技术。 重点：提膝、屈腿腾空步动作	1. 明确腾空步的动作要领、练习方法； 2. 能够利用快速助跑起跳技术完成腾空步并达到3.27 m(60分)； 3. 发展速度、弹跳、灵敏、协调等身体素质	1. 跑的专门性练习； 2. 6～8步助跑起跳跳过一定高度的皮筋(2组皮筋，高度不同)； 3. 8～10步助跑起跳后腾空步动作的完整练习(不同远度的三条线)； 4. 介绍走步法和反向助跑法丈量步点，学生任选其一； 5. 15～20 m快速助跑起跳完成腾空步动作练习3.27 m(60分)检测

注：此表节选自胡凌燕，李鹏航．如何制订体育单元教学计划(二)[J]．中国学校体育，2015(6):48.

课时计划又称教案。编写教案是在理解课程目标和钻研教材教法的基础上进行的，是课前准备的一项重要工作。教案编写要求教师能够科学准确地呈现和表达教学内容，选择恰当的教学方法，控制教学时间和教学节奏，合理设置提问与讨论，引导学生的主动学习和探究学习，达成学习目标。教案的格式有很多，大体有表格式、文字叙述两种。不论哪种形式，在编写教案时都应做到结构完整、目标明确、要求具体、内容适当、重点突出、组织严密、教法灵活多样、练习时间安排合理。

二、上课

上课是教学工作的中心环节，它对教学工作的质量具有决定性的作用。一堂好课需要符合以下的要求。

(一)教学目标明确

一节课的教学目标一般包括三个方面：一是知识与能力目标，主要包括人类生存不可或缺的核心知识和学科基本知识、基本能力——获取、收集、处理、运用信息的能力、创新精神和实践能力、终身学习的愿望和能力。二是过程与方法目标，主要包括人类生存不可或缺的过程与方法。过程指应答性学习环境和交往、体验。方法包括基本的学习方式(自主学习、合作学习、探究学习等)和具体的学习方式(发现式学习、小组式学习、交往式学习等）。三是情感、态度与价值观目标，情感不仅指学习兴趣、学习责任，更重要的是乐观的生活态度、求实的科学态度、宽容的人生态度。价值观不仅强调个人的价值，更强调个人价值和社会价值的统一；不仅强调科学的价值，更强调科学的价值和人文价值的统一；不仅强调人类价值，更强调人类价值和自然价值的统一，从而使学生内心确立起对真、善、美的价值追求以及人与自然和谐和可持续发展的理念。教师必须明确一节课的教学目标，利用好教学目标的导向作用，使课堂上的一切活动围绕着教学目标来开展。

（二）教学内容正确

教师在课堂上讲述的内容，必须具有严密的科学性和高度的思想性。讲授内容的组织和呈现既要条理清晰、层次分明，又要做到重点、难点和关键突出；既要注意新旧知识的联系，又要适当补充新的内容。同时，还要深入挖掘教材内在的思想性，激起学生思想上的共鸣，促进学生的全面发展。此外，教师还需了解任教学科与其他学科的联系，并结合社会生活实践，做到知识整合，理论联系实际，有效开展教学活动。

（三）教学方法得当

方法是实现目的的手段，教师要根据教学任务、教学内容和学生的特点等，选用恰当的教学方法。同时，在课堂教学过程中，要使各种方法有机结合，并善于根据教学进展的情况机智灵活地加以调整和变化。此外，教师还应当恰当地选择和使用各种教具及现代化教学手段，掌握信息化教学设备、软件、平台及其他新技术的常用操作，了解其对教育教学的支持作用，以增强教学效果，最大限度地调动学生学习参与的积极性、主动性，使学生顺利掌握教学的内容。

（四）教学过程紧凑

教学过程是一个有机的统一整体，课堂教学要有严密的计划性和组织性。教师应巧妙地安排课的结构，既有良好的开端，又有和谐、流畅的过程和完善的结尾；讲述、练习、演示、板书等环节要井然有序、环环相扣、过渡自然，并随着教学内容的需要有高潮起伏，富有节奏感；要科学地分配时间，按时进行教学计划的各个步骤，完成各项任务指标，不出现空堂和拖堂现象。此外，教师还应注意组织好教学，机智地处理偶发事件，使课堂教学始终有良好的纪律和秩序。

（五）教学基本功扎实

教师的教学基本功扎实是上好课的重要条件，教学基本功主要包括讲、写、作、画、演五个方面。“讲”是讲话，就是要熟练地运用教学语言、有效地表达教学内容、控制整个教学过程和课堂气氛。“写”是指钢笔字、毛笔字、粉笔字等书写能力，即熟练地掌握书写技巧，遵循教学的基本要求，有效地配合讲授等活动。“作”是指教态，要求朴实大方、自然优美，能促进教学内容的表达。“画”是指能够准确、恰当地画出教学所需的图表、图形等。“演”是指能够正确运用各种教学手段，如语言文字、教具等进行演示，要求准确、规范、清晰。因此，教学基本功扎实即要求教师语言、书写、举止、仪表符合教育教学场景和教师礼仪要求。

（六）师生双方积极性高

教学是师生双方共同进行的双边活动，其效果取决于教师与学生双方的积极性。因此，教师一方面要充分发挥自己的主导作用，按照计划积极实施、调控教学过程；另一方面要创设民主合作、轻松和谐的课堂气氛，引导学生主动参与教学进程中的各项活动，动口、动手、动脑，做到师生关系融洽、配合默契、思维共振、感情共鸣。

（七）教学效果好

教学效果是评价一节课的关键。教学的目标是使每个学生都能得到发展，学生是否在原有的知识水平上得到提高，是否掌握了新的知识，是否增长了分析问题的能力，情感、态度是否受到积极的影响。这些具体可以从学生的课堂反应、作业质量、考试的成绩中了解到。

三、作业的布置与批改

作业的布置与批改是教学工作的有机组成部分，是课堂教学的延续。学生作业分为课内作业和课外作业。课外作业是学生根据教师布置的任务，在课外独立完成的学生活动。组织学生作业的目的在于巩固消化课堂上所学的知识，培养学生的技能、技巧，训练学生独立学习的能力和习惯。

学生的作业大致有以下几类：阅读作业，如复习、预习教科书，阅读文艺与科技读物等；口头作业，如口头问答、朗读、复述、背诵等；书面作业，如验算习题、作文、绘画图标等；实践作业，如观察、实验、测量、调查等。

教师布置作业应当注意以下几点。

作业的内容要符合课程标准和教科书的要求，并要有代表性，要有助于学生巩固与加深理解所学的基础知识，形成相应的技能、技巧，促进学生能力的发展。

作业量要适当，难易要适度。教师要精心选择典型、有代表性的作业，作业布置要适当。作业的难度应以大多数学生经过努力能够独立完成为标准，避免负担过重。

教师对布置的作业要提出明确的要求，并规定完成的时间。对作业中的难点、疑点可做必要的指导，对比较复杂的作业可适当给予方法上的提示，但这些指导和提示应是启发性的，不能代替学生的独立思考。

作业也要体现因材施教和学生学习的自主性。布置作业时，教师也要遵循因材施教的原则，既要照顾大多数学生的实际水平，又要照顾到优秀学生和待优学生的不同程度，使每个学生都得到锻炼和相应的提高。最好的作业是允许学生从一定数量的作业中进行选择。

教师对学生作业批阅要认真、及时。作业是教学活动的有机组成部分而不是附属。通过批阅作业，教师可以全面了解学生的学习情况，从而有效地调整自己的教学；教师将批阅的结果及时反馈给学生，能够使学生清楚地知道自己的进步与失误，从而及时纠正错误，改进学习方法，增强自信。

四、课外辅导

课外辅导是指在课堂教学以外的时间对学生进行的学习指导。它是课堂教学的一种补充形式，可以弥补课堂教学的不足。但课外辅导不是上课的继续和简单重复，而是因材施教、提高教学质量的重要措施。

课外辅导的主要任务和内容有：给学生解答疑难问题；指导学生的课外作业；给缺课或基础差的学生补课；做好对学习困难学生的帮助工作；做好学生的思想教育工作，帮助学生明确学习目的，端正学习态度，掌握正确的学习方法，使他们能够独自计划学习和自我监督学习，并养成良好的习惯；给优秀生和有专长的学生进行个别辅导；指导学生掌握本学科的学习方法；指导学生的课前预习、课外阅读及课外活动等。

课外辅导的形式：一是教师对一个或几个学生进行辅导；二是组织学习优秀的学生帮助学习基础差的学生。在实际教学工作中，较常见的是针对少数学生或个别学生的特殊情况进行专门的个别辅导。

课外辅导要坚持正确的目的，坚持“教师工作是份良心活”的理念，任何以课外辅导的名义进行的变相的加课、补课，均会增加学生的学业负担，应当坚决制止。

五、学业成绩的检查、评定与分析

对学生学业成绩进行检查、评定与分析，是了解教学效果、调节控制教学过程、掌握教学平衡的重要手段，是教学工作的必要环节。对学生来说，可以激发学习动机、促进复习巩固所学的知识、技能，可以及时获得自己学习的反馈信息，明确努力的方向，进一步调整自己的学习；对于学校领导来说，可以了解教师的教学情况，针对存在的问题采取有效措施改善和加强对教学工作的领导；对学生家长来说，可以及时了解子女的学习情况，以便更好地配合学校和教师共同提高学生的学习成绩。总之，学习成绩的检查、评定与分析具有诊断、强化、调节、教育等多方面的功能，对促进学生学习、改进教学工作、提高教学质量有重要意义。

(一)学业成绩的检查

学业成绩的检查，主要是通过考查和考试两种方法来进行。

1. 考查

考查是对学生掌握知识技能水平的非正式的、经常性的检查和测定，主要是为了了解学生学习的基础和近期学习的质量，便于教师决定教学的起点、进度或改进教学。考查一般有口头提问、检查书面作业、书面测验和日常观察等方式。

2. 考试

考试是对学生掌握知识技能水平的正式的、总结性的检查和测定，具有全面性、综合性和总结性的特点。在中小学教学中，考试主要有期末考试和毕业考试。考试的方式主要有笔试(开卷或闭卷)、口试和实践性考试三种。笔试是中小学最常用的考试方式，一般采用闭卷的形式进行。

(二)学业成绩的评定

评定学生的成绩，一般采用记分和写评语两种方法。

常用的记分方法有百分制记分法和等级制记分法两种。百分制记分法以百分为满分、六十分为及格，它便于区别学生成绩的细小差别及其发展变化的程度，便于计算平均成绩和排出先后顺序，但评分、统计较为复杂。等级记分法是用规定的等级来衡量学生的成绩水平，主要有五级记分法(优、良、中、及格、不及格，或5、4、3、2、1)，四级记分法(如甲、乙、丙、丁)以及最简单的“及格”“不及格”二级记分法。等级记分法便于显示学生成绩的等级差别，但不利于显示成绩的细微差别，不能进行成绩的统计计算。一般来说，题目较多、便于打小分的或较为正式的考试都要采用百分制；而题目不多、重在理解和灵活运用的试题及平时的考查以及开卷考试则多采用等级制。

分数只能抽象地以数字表明学生学习成绩的水平、程度，而评语则能反映和表达学生学业的具体特点、分析出现问题的原因、指出努力的方向，因此，有时教师在评分后还应写出评语，使两者有机结合起来。对学生学习情况的小结和总结、实践性的考试以及检查学生的书面作业和课堂提问等，往往采用写评语的方法。

不论采用哪种方法，都必须客观公正，防止主观臆断和感情用事，要做到宽严适度、标准统一，既能真实地反映学生的学习成绩，又有利于调动学生的学习积极性；同时，应结合各学科的特点和学生的实际情况，全面、灵活地加以评定，既注意到学生对知识理解、巩固的情况，又注意到学生运用知识于实际的能力，鼓励他们的独创性。

(三)学业成绩的分析、讲评

检查、评定学生成绩的根本目的在于促进学生的学习、提高其知识水平，所以，教师对检查和评定的结集要及时进行分析，找出薄弱环节，采取提高教学质量的措施。教师对考试结果的分析应采取定性分析和定量分析相结合的方式进行，既要统计出班级平均分、各分数段的人数比例、各小题的学生失分率，绘制出全班学生成绩的分布曲线图，又要弄清在不同类型的试题中存在哪些问题、不同类型的学生出现了哪些问题、产生错误的原因，并有针对性地提出改进教学、解决问题的方案。

在全面分析的基础上，教师应及时对学生的测评结果进行讲评。要抓住共性的、典型的问题做深入细致的剖析，进行全面的评价，使学生获得反馈信息，以进一步调整、改进自己的学习。同时，应注意指导学生学会自我剖析、自我评价，提高其学习能力。

第二节　教学反思

2021年教育部发布的五类《教育专业师范生教师职业能力标准(试行)》均提出要加强师范生的教学反思能力，要求教师(准教师)具有反思意识和批判性思维素养，掌握教育教学反思的基本方法和策略，能够对教育教学实践活动进行有效的自我诊断，提出改进思路。“教学反思”作为提高教学质量、促进教师专业化发展的有效途径，越来越受到研究者的重视和广大中小学教师的关注。本节主要介绍教学反思的概念、教学反思的特征、教学反思的意义、教学反思的内容和类型、教学反思的原则和方法及教学反思的过程。

一、教学反思概述

(一)教学反思的概念

教学反思指教师为了实现有效的教育教学，在教师教学反思倾向的支持下，对已经发生或正在发生的教育教学活动以及这些活动背后的文化、理论、假设进行积极、持续、周密、深入、自我调节性的思考，并且在思考过程中，能够发现、清晰表征遇到的教育教学问题，积极寻求多种方法来解决问题的过程。教学反思改进教师的教学实践，使教学实践更具有合理性，发展学生的同时也实现教师自身专业素质的提升。①

(二)教学反思的特征

教学反思是思考与行动、探究与评价紧密结合并贯串教学活动始终的一种教学行为，其特征主要表现在以下几方面。

第一，教学反思以解决教学问题为立足点。教学反思不是简单地回顾教学情况，而是要求教师不断地发现教学中存在的问题，通过问题的解决进一步提高教学质量。

第二，教学反思以促进师生共同进步为目标。教学反思在本质上追求“学生学会学习”和“教师学会教学”。

第三，教学反思以追求教学实践的合理性为动力。

第四，教学反思是一个不断发展的、连续的系统工程。②

总之，教学反思是一个能动的、审慎的认知加工过程，也是一个与情感和认知

---

① 申继亮，刘加霞．论教师的教学反思[J]．华东师范大学学报(教育科学版)，2004(3)：44～47.

② 安富海．教学反思：内涵、影响因素与问题[J]．河北师范大学学报(教育科学版)，2010(10)：80～83.

密切相关并相互作用的过程，是一种教学经验的再造(reconstruction)和重组(reorganization)，是一个不断发展的、连续的过程。此过程不仅要有智力加工，而且需要情感、态度等动力系统的支持。

(三)教学反思的意义

教学反思作为教师的一种有益的思维活动和再学习活动，不仅能提高教师专业水平，包括提高教学水平和科研水平，而且可以成为教育理论与教学实践的桥梁。

1. 教学反思有利于促进教师专业成长

美国教育专家波斯纳(Posner)提出的教师专业成长公式“成长＝ 经验＋反思”之所以得到普遍的认同，就是因为大家都认识、体会到了教学反思在促进教师专业成长方面的重要作用。教学反思不是一般意义上的“回顾”，而是反省、思考、探索和解决教学过程中各个方面存在的问题，具有研究性质。教学反思有利于教师对教学从感性认识上升到理性认识，有利于教师深入开展教学研究，有利于教师形成自己的教学风格和特色，有利于教师提升理论水平和拓展知识面。教师在反思中更新教学观念，改善教学行为，提升教学水平，同时形成自己对教学现象及教学问题的独立思考和创造性见解，而且通过反思使自己成为教学和教学研究的主人，提升教学工作的自主性和目的性。一个优秀教师的成长过程离不开教学反思这一重要环节。教学反思可以进一步地激发教师终身学习的自觉冲动，不断地反思，不断地发现困惑，“教然后知困”，不断发现新的问题，从而促使自己拜师求教、书海寻宝。学习反思的过程也是教师不断进步的过程，教学反思可以激活教师的教学智慧，探索教材内容的崭新表达方式，构建师生互动机制及学生学习新方式。另外，教师通过教学反思和反思后的实践，不仅可以积累教学经验，而且可以提高教学研究能力，促使教师由经验型向反思型转变。在教学反思过程中，教师体验了更高的职业价值。“教学反思”赋予了教师自我发展的权利和机会，倡导教师要成为自己的创造者和自己生存意义的守护者，自觉地形成自我发展意识，对自己的生存价值和意义予以认真的思索和筹划，努力克服外部各种有碍于实践的教育教学方式的障碍，获得主动、积极的自我发展，在教学中研究，在研究中教学，使自己的生活富有意义。反思之所以能够使教师远离平庸，体验职业价值，是因为反思可以促使教师成为实践型、专家型和学者型的教师。

2. 教学反思有助于教师个体内在理论的重建与实践行为的更新

教学反思有助于教师理解教育并发现新的教育意义。教师通过对自己真实的教育经历的分析和思考，可以清晰地意识到日复一日、习以为常的教育生活，蕴含着鲜活、具体的教育价值和意义。

教学反思有助于教师个体内在理论的重建与实践行为的更新。教师的教学活动是教师自我“理论”和实践“知识”的具体体现，教师的教学方式决定于教师对课堂教学的自我认知和理解。教学反思使教师将“我”置于具体的教育教学情境中，通过对

“我”的行为以及行为的目的和意义进行质疑、设问，使教师摆脱原有的“理论”和实践“知识”的束缚，进而产生新的思想认识。①

二、教学反思的内容

(一)反思教学理念

教师的教学理念先进与否，将直接影响其教育教学的效果。教学理念决定教学的行为。如果一个教师的教学理念陈旧落后，而工作热情又很高，那么对学生造成的伤害往往就更大，正所谓“好心办成了坏事”。因此，当学生不喜欢上自己的课时，教师首先要反思自己的教学理念是否落后于时代的需要。现代教学理念要求教师能够尊重学生的人格和学习发展的权利，保护学生的学习自主性、独立性和选择性，关注个体差异，相信每名学生都有发展的潜力，乐于为学生创造发展的条件和机会。

(二)反思教学目标

教学目标指教学活动实施的方向和预期达成的结果，是一切教学活动的出发点和最终归宿，它具有导学、导教、导测的功能。在反思教学目标时，我们必须做到以下三点：一是要反思教学目标展示的时机和方式，要考虑在何时采用何种方式展示能最大限度地激发学生的好奇心，强化学生的学习动机；二是要反思教学目标的达成度，要考虑引导学生在掌握知识的过程中形成能力，掌握规律和方法，并充分挖掘、感悟教学内容中蕴含的以及教学过程中生成的情感、态度与价值观；三是要反思教学目标的弹性，要反思在课堂教学中是否做到了面向全体学生施教，是否根据学生的实际水平及个性差异制订了基础性目标和选择性目标，切实做到了分层教学、分类推进。

(三)反思教学过程

陶行知先生说：“发明千千万，起点是一问。”这就需要教师有恰当的教学方法和高超的技巧来启发学生的智慧，激发学生的求知欲望。好的教学方法与技巧能对学生产生一种吸引力，激发学生的思维，使学生在不知不觉中接受教育。因此，教师要对自己的教学方法和技巧进行反思。教学方法和技巧的运用，关键是看教师运用得是否恰当，即是否符合教学目标、学生的思维和年龄特征以及教师自身的实际情况等，尤其要看是否贯彻了以教师为主导、以学生为主体的教学思想，是否调动了学生学习的主动性和积极性，能否激发学生的积极思维和内在的动力。教师应该从以下几点进行反思：第一，讲解是否太详细(面面俱到)。有些教师在教学中曾经有这样的经历：有时候把知识点讲得很清楚、很详细，但教学效果却又不尽如人意。后来，教师经过反思明白了一个道理，即从心理学的角度看，教师说得详尽了，学生就没有了思考的余地，这样学生只是识记知识，而没有提高能力，在这个过程中

---

① 常虎温．教学反思刍议[J]．教育理论与实践(中小学教育教学版)，2016(11)：58～59。

没有调动学生的热情。相反，如果我们在教学中，设置鲜活的热点材料，多问学生“为什么”，会激起他们求知的欲望。第二，课堂时间利用是否科学。教育心理学研究表明：中学生最佳思维状态约为20分钟，课堂上随着时间的推移，学生的精神状态会发生变化。所以，课堂要注意时间的控制，教师在讲述一段后，要给学生一段回味、消化、吸收的时间，这样做有助于激活学生的思维，使课堂的教学充满生气。第三，现代教学手段运用是否合理。现代教育技术手段在教育教学中是不可缺少的，它在信息量、视觉效果等方面确实比传统的粉笔加黑板更具有优势，但是，黑板在教师的教学中依然是不可或缺的。在现代教学手段日益丰富多样的今天，我们看到这样的现象，教师在课堂上用鼠标“一点到底”，利用现代教育技术源源不断地向学生输出各种各样的画面或大量信息，学生眼睛盯着屏幕，嘴里忙着应答，课堂气氛紧张热烈。这种看似热闹的表面的背后却是肤浅。这样的教师实际上舍不得给学生回味、体验、感悟的余地和空间。①

(四)反思教学得失

教师把教学过程中的精彩片段详细地记录下来，在此基础上通过反思将教学片段不断加以改进、完善，供自己或他人在教学中使用。对教学瑕疵之处，认真进行回顾、剖析，找出形成原因，分析关键因素，探究解决策略，形成新的教学环节。

(五)教学再设计

这是教学反思的最终目的。教师通过反思得出新的教学规律。教法上有启发和探究性，知识上进行拓展，教学设计趋向合理，对教学过程进行再梳理、再发现、再研究、再创新。教师写出新的教学设计或案例，把自己的教学水平提高到一个新的高度。

三、教学反思的类型

(一)教学前反思、教学中反思、教学后反思

根据不同的教学时间阶段，教学反思可以划分为教学前反思、教学中反思及教学后反思。教学前反思常在课前教学设计时进行，是教师结合以往的教学经验，对教学准备情况、学生基础水平、课程计划要求等进行反思，如需要教给学生哪些关键概念、结论和事实；教学重点、难点的确定是否准确；教学内容的深度和范围对学生是否适度；设计的活动哪些有助于达到教学目标；教学内容的呈现方式是否符合学生的年龄和心理特征；哪些学生需要特别关注；哪些条件会影响课程的效果；等等，其目的在于设计蓝图，使教学成为一种自觉的实践的过程。

教学中反思是教师在教学过程中，对课堂教学活动的各个要素和事件及时敏锐

---

① 姜广运．浅谈教学反思的内容、策略及作用[J]．教育探索，2010(10)：50～51.

剖析，尤其是对不可预料的情况进行的反思以及教师在和学生互动中，根据学生的学习效果反馈，对教学计划进行的调整。不可预料的情况发生时，教师要善于抓住有利于教学计划实施的因素，因势利导，不可让学生牵着鼻子走。根据学生反馈对教学计划的修改和调整要适当，不可大修大改。目的是调控教学过程，达成教学目标，确保教学高质量、高效率地进行。

教学后反思是教师对整个教学阶段的总体回顾，分析教学得失，以便"长善救失"。可以从以下几个方面进行教学后反思。教学内容方面：确定教学目标的适用性；对现目标采取的教学策略作出判断。教学过程方面：回想整个教学是怎样进行的；确定教学目标是否实现；教学理论是否符合教与学的基本规律；各类学生是否达到了预定目标；对改进措施的反思，教学计划怎样修改会更有效。教学策略方面：感知环节中，教师要意识到教学中存在的问题与自己密切相关；理解环节中，教师要对自己的教学活动与倡导的理论、行为结果与期望进行比较，明确问题根源；重组环节中，教师要重审教学思想，寻求新策略；验证环节中，教师要检验新思想、新策略、新方案是否更有效，形成新感知，发现新问题，开始新循环。

(二)自我反思和集体反思

根据反思主体的不同，教学反思可分为自我反思和集体反思。自我反思要求教师个人要有强烈的反思动机、活跃的反省思维、卓越的批判能力，在反思性教学中，教师的主动探索是前提，为教学反思提供了素材、积累了经验，这使得教学反思有了起点和对象。只有教师的自我反思还是不够的，因为教学反思本质上要求教师反观自身、反躬自问，这仅仅依靠教师封闭的个人实践是难以实现的。打破教师教学自我封闭的藩篱需要同事间的对话，尤其是批判性对话。如果教师"生活在一种合作的文化氛围中，开放性的对话和讨论会使每位教师的思想得到启迪，教学行为得以改善，同事的思想和良好的建议成为自己专业发展的重要资源"①。教师集体教学反思能够促进教师之间的教学资源共享、教学经验互补、教学过程互动、教学行为互助。教学协作中，教师的各种硬件、知识、思想资源可以共享，为教学反思提供了坚实的反思基础和广阔的操作平台；不同教师之间的教学经历、经验和智力水平的差异，能够使教师协作体更好地扬长避短、优势互补，提高教学反思的质量；在协作体中，教学反思实质就是教师之间关心、观察、讨论、建议、提高的过程，在这个过程中的教师完成了行为的互动、知识的共享、思想的碰撞，推进了教学反思。②

(三)纵向反思和横向反思

根据参照的不同，教学反思又可以分为纵向反思与横向反思。纵向反思把教师自己的教学实践作为一个认识对象放在历史过程中进行思考和梳理，同时不断地获取学生的反馈意见，并把它作为另一个认识对象进行分析，最后对两个具体的认识

---

① 赵昌木．教师在批判性教学反思中成长[J]．教育理论与实践，2004(9)：44.

② 于海波，马云鹏．论教学反思的内涵、向度和策略[J]．教育研究与实验，2006(6)：12～16.

对象进行整合思考。

横向反思把自己的教学与同行的教学比较，研究别人的教学长处，找出教学设计与实施上的差距，解析行为背后理念上的差异，从中获得改进教学的启示。“他山之石，可以攻玉”，教师经常性听课、评课，研究别人的教学长处，通过学习比较，找出理念上的差距，解析手段、方法上的差异，从而提升自己。

(四)理论反思和经验反思

根据教学理论的深浅程度，教学反思可以分为理论反思和经验反思。理论反思指通过理论学习或通过理论与实践的对照进行的反思，它是对教学的宏观反思。经验反思指总结个人教学经验的反思，它是对教学的微观反思。

四、教学反思的原则和方法

(一)教学反思的原则

1. 自主性原则

反思是一种冷静的、主动的自我反省过程，以自悟、自学为主要获取途径。教师要有自觉反思的意识和能力，主动地进行教学反思。只有教师自己对教学进行反思，才能把亲身的体验、实际的案例总结出来，反思的内容才有说服力，也才能发挥经验的借鉴作用。

2. 真实性原则

教学反思的方法要科学，反思的依据和结果要客观。教学反思大多反馈课堂教学的主观感受，教师要使教学反思有实用价值，必须如实地反映每堂课的教学优劣，包括教学目的的要求落实与否、教学原则贯彻与否、教学方法运用的利与弊、教学内容的完整与疏漏、教学效果的好与坏等。

3. 及时性原则

对教学的反思要及时，在课堂教学结束之后马上进行。每个教师在每一堂课后都有许多的感受，如教材处理是否恰当，比喻、举例是否恰到好处，学生的积极性是否调动起来了，学生对传授的知识是否吃透了，是否启而得法，教师本身灵感的突发等；如果时间拖得越久，教师对教学的反思越不具体，反思就失去了真实性。

4. 个性化原则

教师要充分发挥自己的实践智慧，针对具体的条件与问题，创造更为适合的方式方法。没有哪一种方式方法是适合每个人、每件事的，创造本身就是教学反思追求的境界。教师根据自己的教学实践，针对教学过程中的教学事件，提出自己独到的见解，切忌人云亦云。

(二)教学反思的方法

1. 行动研究法

行动研究指教师为弄明白课堂上遇到的问题的实质，探索用以改进教学的行动方案，教师以及研究者合作对自己在课堂上遇到的问题进行调查和研究。行动研究是一种螺旋式循环的研究过程，其目的是改善实践，它是一种行动与研究相结合的方法，要求边实践、边研究，从实践中提炼观点，然后用这些观点指导实践。

2. 自我提问法

自我提问法即教师对自己的教学进行自我观察、自我监控、自我调节、自我评价后提出一系列的问题，以促进自身反思能力提高的方法。这种方法适用于教学的全过程。例如，在设计教学方案时，可自我提问："学生的原有基础水平怎么样""如何根据学生的身心特点组织教学方案""学生在学习新知识时会出现哪些情况"等。备课时，尽管教师会预备好各种不同的学习方案，但在实际教学中，还是会遇到一些意想不到的问题，如学生不能按计划时间回答问题，师生之间、同学之间出现争议等。这时，教师要根据学生的反馈信息，反思"为什么会出现这样的问题，我该如何调整教学计划"，从而顺着学生的思路组织教学，确保教学过程沿着最佳的轨道运行。教学后，教师可以这样自我提问："我的教学有效果吗""教学中存在的优点是什么""哪些方面还需要进一步改进"等。

3. 教学诊断法

教学诊断法即教师从教学问题的研究入手，挖掘隐藏在其背后的教学理念方面的种种问题。教师可以通过自我反省法或小组讨论法，收集各种教学问题，然后归类分析，对问题进行分析，重点讨论影响教学有效性的各种教学观念，最后提出解决问题的对策。

4. 比较法

教师在用比较法进行教学反思时，要努力做到依照典型案例，突出比较的五项内容，即教学设计、教学效果、学生反映、同事评价及课改理念，并发现不足、及时矫正；明确比较的三个定位，即纵向与过去的自己比，横向与现在的同事比，走向与真正的名师比，从而发现别人的长处，弥补自己的不足。

5. 阅读新知法

阅读新知法指教师采取各种手段搜集要解决的问题的信息，通过阅读相关的信息获取与自己过去不同的想法和价值观，帮助教师接受新的信息和观点，为自己要解决的问题提供新的解释、见解和可能的新方案。事实上，在教学实践中轻视理论，甚至拒绝理论指导下的实践，只能是在低层次上的摸索或重复。教师接触到的新知识与原来掌握的知识差别越大，越能启发教师的思维、更新教学理念、改进教学行为。

五、教学反思的过程

教学反思的过程经历"具体经验—观察与分析—抽象的重新概括—积极的验证"四个阶段。

(一)具体经验阶段

该阶段的任务是使教师意识到问题的存在，并明确问题情境。在此过程中，教师接触到新的信息是很重要的，他人的教学经验、自己的经验和教学体验、各种理论原理以及教学中的各种灵感和突发的做法等都会起作用。一旦教师意识到问题，就会产生认识冲突，并试图改变这种情况，于是进入反思环节。这里的关键是使问题与教师个人密切相关，使其意识到自己在活动中的不足，这往往是对个人能力、自信心的一种威胁，所以，让教师明确意识到自己教学中的问题不容易，教师反思活动的促进者，在此时要创设轻松、信任、合作的气氛，帮助教师看到自己的问题。

(二)观察与分析阶段

在该阶段，教师将广泛收集并分析有关的经验，特别是关于自己活动的信息，以批判的眼光反观自身，包括自己的思想、行为，也包括自己的信念、价值观、目的、态度和情感。在获得一定的信息之后，教师要对它们进行分析，看驱动自己的教学活动的各种思想观点到底是什么，它与自己倡导的理论是否一致、自己的行为与预期结果是否一致等，从而明确问题的根源。经过分析，教师会对问题情境形成更明确的认识。

(三)抽象的重新概括阶段

此阶段，教师将在观察分析的基础上反思旧思想，并积极寻找新思想与新策略来解决面临的问题。教师通过接收大量新的信息，不断挖掘新信息的内涵和外延，产生更有效的概念和策略方法。由于这时教师寻找知识的活动是有方向、有针对性的，是聚焦式的，是自我定向的，这对教师教学理论学习和实际教学能力的提高有很大的促进作用。

(四)积极的验证阶段

“实践是检验真理的唯一标准”，通过实践才能检验出以上阶段形成的概念和策略方法，是否更能适应教学活动的要求，能更充分地体现教学中的主体和主导的关系，更有利于调动学生的积极性和培养学生的能力。在检验的过程中，教师会遇到新的具体经验，产生新的问题，从而又进入具体经验第一阶段，开始新的循环。

在以上四个环节中，反思最集中地体现在观察与分析阶段，但它只有和其他环节结合起来才会更好地发挥作用。在实际的反思活动中，以上四个环节往往前后交错，界限不甚分明。

本章小结

学校教学工作的基本环节主要包括备课，上课，作业的布置与批改，课外辅导，学业成绩的检查、评定与分析。这几个环节是相互联系、彼此衔接的。处理好这几个基本环节，对教学质量的全面提高将起非常重要的作用。

教学反思指教师为了实现有效的教育教学，在教师教学反思倾向的支持下，对已经发生或正在发生的教育教学活动以及这些活动背后的文化、理论、假设进行积极、持续、周密、深入、自我调节性的思考，而且在思考过程中，能够发现、清晰表征遇到的教育教学问题，并积极寻求多种方法来解决问题的过程，从而改进自己的教学实践，使教学实践更具有合理性，发展学生的同时也实现自身专业素质的提升。

教学反思是一个以解决教学问题为立足点，以促进师生共同进步为目标，以追求教学实践合理性为动力的不断发展的、连续的系统工程。

教学反思有利于促进教师专业成长，有助于教师个体内在理论的重建与实践行为的更新。教师要认识到教学反思的重要意义。

教学反思的内容包括反思教学理念、反思教学目标、反思教学过程、反思教学得失、教学再设计。教学反思的类型包括教学前反思、教学中反思、教学后反思，自我反思和集体反思，纵向反思和横向反思，理论反思和经验反思。

教学反思的原则包括自主性原则、真实性原则、及时性原则、个性化原则。教学反思的方法包括行动研究法、自我提问法、教学诊断法、比较法、阅读新知法等。

教学反思的过程有具体经验阶段、观察与分析阶段、抽象的重新概括阶段、积极的验证阶段。

关键术语

1. 教学基本环节
2. 教学反思
3. 教学反思的特征
4. 教学反思的意义
5. 教学反思的内容
6. 教学反思的类型
7. 教学反思的原则

8. 教学反思的方法
9. 教学反思的过程

思考题

1. 简述教学的基本环节及各环节需要注意的事项。
2. 简述教学反思的概念及基本特征。
3. 教学反思的内容有哪些？
4. 教学反思的类型有哪些？
5. 教学反思的原则有哪些？
6. 教学反思的方法有哪些？
7. 教学反思的过程包括哪些阶段？
8. 你怎么理解“教学反思是促进教师专业发展的有效途径”？

案例研究

材料：

王老师教六年级语文，兼任班主任，他每天都给学生布置大量作业，其实要批改堆积如山的作业也是一种折磨。他想，学生完成这些作业肯定不轻松。

一天下午放学前，王老师突然想，让学生自己给自己设计一次作业会怎么样呢？就叫“自设作业”吧。当他把这一想法告诉学生时，学生很惊讶，作业还有自己设计的吗？同学们感到既新鲜又激动。

第二天，王老师带着期盼和不安的心情打开了那一份份作业，着实吃了一惊！有“老师，我考考您”，有“小发明介绍”，有“诉说我的烦恼”，有“我喜欢的名人名言”，有主题班会设计方案，有显示个性的硬笔书法，有的干脆是一幅自画像……看着这些丰富多彩的作业，王老师激动不已！这些作业是同学们怀着极大的热情设计的，那里有学生的坦诚和率真，有学生的希望、喜悦、烦恼和困惑，还有他们对美的理解和对是非的判断，其中闪烁着创造和智慧的火花，是师生之间心与心的交流。

当王老师把作业本发下去时，同学们一改以往看也不看便塞进书包的习惯，而是迫不及待地翻开作业本，品味着教师批改的一字一句。借此时机，王老师指导学生把“自设作业”和语文学习结合起来。

以后的日子，“自设作业”竟在许多学生的作业中生了根。王老师发现，学生学习语文的兴趣更浓了。

问题：

请从教学基本环节的作业的布置和批改角度，谈谈你从材料中获得的启示。

拓展阅读

1. 李秉德，李定仁．教学论[M]．北京：人民教育出版社，1991.
2. [美]布鲁纳．教育过程[M]．邵瑞珍，译．北京：文化教育出版社，1982.

第十一章　课程与教学评价

学习目标

1. 了解课程与教学评价的概念及其类型。
2. 了解课程与教学评价的功能。
3. 掌握课程与教学评价的主要模式和方法。

评价是客观存在的，评价是人类的一种特殊的认识活动，广泛渗透到人类所有有意识的活动之中，目的是通过人类行为的自觉性和反思性，促使人类活动日趋完善。

课程与教学评价既是课程与教学的重要环节，也是重要内容。那么，究竟什么是课程与教学评价呢？课程与教学评价有什么功能？课程与教学评价有哪些类型？课程与教学评价有哪些主要模式？课程与教学评价有哪些主要方法？这正是本章要回答的主要问题。

第一节　课程与教学评价概述

针对课程与教学评价的含义，不同时期的人、不同的理论有着不同的理解与诠释，了解课程与教学评价的历史有助于对其内涵的理解。课程与教学评价的意义主要体现在课程与教学评价的功能上，学习与掌握课程与教学评价的功能具有极为重要的意义和价值。

一、课程与教学评价的概念

针对课程与教学评价的概念，不同时期的人们对其有不同的理解，这是一个颇有争议的问题。

有“课程评价之父”之称的泰勒把课程与教学评价看作对课程与教学目标实际达到程度的描述，强调评价以目标为中心，注重结果与目标的对比。而其后的评价大多认为评价还应该是作出价值判断的过程。对这些不同的定义，在讨论课程与教学评价的历史发展时还将做详细的阐述。

课程与教学评价就是依据课程与教学目标，以一定的方法、途径对课程与教学的计划、活动以及结果等有关问题的价值或特点作出判断的过程。

二、课程与教学评价的历史

古代的评价产生于我国的西周时期。比较正规的课程与教学评价可以追溯到我国隋朝已出现的科举考试，距今已有 1 400 多年的历史。古代的评价方法主要通过口试、笔试或观察来判定效果，一般采取主观判断和文字记分，缺乏信度与效度。

学界通常以 1897—1898 年，美国学者莱斯（T. M. Rice）对三万多名小学生进行的、检验拼字教学时间对学习效果影响的拼字测验，作为现代评价研究的开端。对评价发展的历史，不同的学者依据各自的标准进行了不同的划分。这里仅介绍美国评价专家古巴（Cuba）和林肯（Lincoln）对课程与教学评价历史发展的划分。

(一)测验和测量时期

19 世纪末到 20 世纪 30 年代被称为第一代评价时期，强调以量化的方法对学生学习状况进行测量，在考试定量化、客观化、标准化方面取得了重要的进展。

这一阶段的基本特点是：认为评价就是测量，评价者的工作就是选择测量工具、组织测量、提供测量数据。因此，这一时期也被称为测验和测量时期。

(二)描述时期

20 世纪 30 年代到 50 年代是第二代评价时期。这一代评价认为，从本质上说，评价是“描述”，即描述教育结果与教育目标相一致的程度。

这一时期以泰勒提出的以教育目标为核心的教育评价原理，即教育评价的泰勒原理为代表，据此西方人一般都把泰勒称为“教育评价之父”。泰勒明确提出了“教育评价” 的概念，从而把教育评价与教育测量区分开来。

泰勒认为评价过程实质上是一个确定课程与教学方案达到教育目标的程度的过程。基本特点：评价过程是将教育结果与预定教育目标相对照的过程，是根据预定目标对教育结果进行客观描述的过程；评价的关键是确定清晰的、可操作的行为目标；评价不等于考试和测验，尽管考试和测验可以成为评价的一部分。与第一代评价相比，第二代评价明显具有了科学性。

(三)判断时期

从 20 世纪 60 年代开始，一直持续到 70 年代，是第三代评价时期。这一代评价认为，评价在本质上是判断。以斯塔弗尔比姆(D. L. Stufflebeam)、斯克里文(M. Scriven)、斯塔克(R. E. Stake)为代表，批评了泰勒的评价模式，提出新的评价模式。

基本特点：把评价视为价值判断的过程，评价不只是根据预定目标对结果的描述，预定目标本身也需要进行价值判断；既然目标并非评价固定不变的标准，那么评价就应当走出预定目标的限制，过程本身的价值也应当是评价的有机构成。第三代评价是对第二代评价的超越，确认了价值判断是评价的本质，确认了评价的过程性。许多新的评价理念，如形成性评价、目标游离评价、内在评价等在这一阶段产生了。

(四)建构时期

20 世纪 70 年代以后，教育评价进入了所谓第四代评价时期。这一代评价认为，评价的意义在于服务，评价者首先要关心服务对象关注的问题、兴趣和焦点，以“回应”服务对象为起点，关注评价过程，强调评价过程中评价给予个体更多被认可的可能。这一时期的代表人物即第四代评价的积极倡导者是古巴和林肯。

基本特点：把评价视为评价者和被评价者“协商”进行的共同心理构建过程；评价受“多元主义”价值观的支配；评价是一种民主协商、主动参与的过程，而非评价者对被评价者的控制过程，学生也是评价的参与者、评价的主体；评价的基本方法是质性研究方法。

三、课程与教学评价的功能①

课程与教学评价既有教育性功能，也有管理性功能，往往具有多重性。

（一）需求评估

需求评估指在设计课程方案前，调查社会及学生的需求，以此作为课程开发的直接依据，并作为拟定教育目标的参考。也就是说，课程评价可以用来评估教育需求，帮助制定课程目标，保障课程改革的适用性。

（二）课程诊断与修订

诊断课程、教学和学生的学习情况，寻求课程问题和困难所在，为课程修订提供建议。通过课程评价寻找缺失，改进课程方案，即课程评价可用来修正课程，使课程达到尽可能完善的程度。

（三）课程比较与选择

对不同的课程方案，可以比较其在目标设置、内容组织、教学实施以及实际效果等方面的优劣，从整体上判断其价值，再结合需求评估，就可以对课程作出选择。

（四）确定目标达成的程度

对一项实施过的课程计划，评价可以判定其结果，并通过与预定目标的比较对照，判断其达成目标的程度。

（五）成效的判断

一项课程或教学计划在实施后究竟收到哪些成效，可以通过评价全面衡量，作出判断。这种判断不同于上述对目标达成程度的了解，而是对结果的全面把握，包括对那些预定目标之外的效果的把握。

第二节　课程与教学评价的类型

依据不同的标准可以对课程与教学评价进行不同的分类。

一、以主体为依据的分类

依据评价主体的不同，课程与教学评价可以分为内部评价与外部评价。

（一）内部评价

内部评价（internal evaluation）指由课程设计者或使用者自己实施的评价。内部评价的优点在于评价者了解课程设计方案的内在精神和技术处理技巧，评价的结果

---

① 张华．课程与教学论[M]．上海：上海教育出版社，2000：394～395.

亦可进一步用于课程方案的修订和完善；其缺点是评价者有可能受限于自己的设计思想，不了解其他人对课程设计的需要，致使评价缺乏应有的客观性。

(二)外部评价

外部评价(external evaluation)指由课程设计者或使用者以外的其他人实施的评价。外部评价正好可以克服内部评价的缺点，评价者虽然对计划的内部思想不太了解，但却有更为开阔的评价思路，可能得到具有客观性和令人信服的结论。

二、以评价标准为依据的分类

依据评价标准的不同，课程与教学评价可以分为相对评价、绝对评价与个体内差异评价。

(一)相对评价

相对评价(relative evaluation)是在评价对象的集合体中选取一个或若干对象为基准，然后将其余对象与基准进行比较并作出区分的评价。

(二)绝对评价

绝对评价(absolute evaluation)是在评价对象的集合之外确定一个客观的或理想的标准，然后把每个对象与评价标准进行比较并作出判断的评价。

(三)个体内差异评价

个体内差异评价(intra-individual difference evaluation)是把评价集合体中的各个对象的过去与现在进行比较，或者把某个对象的各个侧面相互进行比较，从而得出评价结果的评价。

三、以评价作用为依据的分类

依据评价所起的主要作用的不同，课程与教学评价可以分为诊断性评价、形成性评价与总结性评价。

(一)诊断性评价

诊断性评价(diagnostic evaluation)指教师在课程与教学活动开始时，为查明学生的学习准备状况及影响学习的因素而实施的测定。教师根据测定的结果，确定课程教学的起点、安排，调整教学计划，对学生进行恰当的安置，为因材施教做好准备。

(二)形成性评价

形成性评价(formative evaluation)指在课程研制与教学进行过程中，为改进和完善课程编制与教学活动而进行的对学生学习过程及结果的测定。教师根据测定的结果，帮助学生分析和评价学习情况，拟定改进方案。形成性评价是一种贯串教学全过程的评价，边教学、边评价、边调整，使教学过程成为一个不断提升的过程。

(三)总结性评价

总结性评价(summative evaluation)也称终结性评价、结果评价，是在课程与教学实施了一个相对完整的阶段后，关于其效果的评价。

第三节 课程与教学评价的模式和方法

前面对课程与教学评价的功能、类型进行了概述，在此基础上我们需要进一步思考以下问题：课程与教学评价的主要模式有哪些，课程与教学评价有哪些主要方法，本节主要就这些问题和大家一起探讨。

一、课程与教学评价的主要模式

课程与教学评价模式是评价者依据一定的教育理念、课程思想建立的系统化、整体化的课程与教学评价体系。人们选取不同的研究视角，提出了具有不同理念和价值取向的课程与教学评价模式。

(一)目标达成模式

目标达成模式(goal-attainment model)指泰勒在“八年研究”基础上提出的，围绕目标达成而建构起的一种评价模式。

基本程序包括如下步骤：

确定教育教学计划的目的和具体目标；

将目标加以细化分类；

用行为动词界定并表述目标；

确定学生能表现目标达成程度的具体场景；

选择和编制相应的评价二具或技术；

收集有关学生行为变化或表现的信息；

将收集到的信息与行为目标进行比较。

从总体上来说，目标模式的操作性和针对性都比较强，容易被人们理解和接受，并在很长的时间内对世界范围的课程与教学评价产生过很大的影响。这一模式的缺陷在于它只关注预期的目标，忽视了目标之外的相关因素。

(二)背景—输入—过程—结果模式

背景—输入—过程—结果模式(Context-Input-Process-Product)，又称 CIPP 模式。它是美国教育评价学家斯塔弗尔比姆倡导的课程与教学评价模式。

斯塔弗尔比姆认为，评价不应局限在判定目标达成的程度上，而应当是一个为课程决策提供资料和信息的连续过程。

这一模式强调通过描述需要搜集的资料、获取资料以及将资料提供给相关的当事人三个步骤为课程决策提供有用的信息，进而实现课程改革的目的。与不同的决策类型相对应的则是背景、输入、过程、结果这四种类型的评价(表 11-1)。

表 11-1　CIPP 模式

与课程改革相关的四种决策	四种课程评价类型
确定目标的决定(计划)	背景评价
设计教学活动程序的决定(组织)	输入评价
利用、控制和精练程序的决定(实施)	过程评价
是否采用或继续实验的决定(循环)	结果评价

斯塔弗尔比姆对背景评价、输入评价、过程评价、结果评价的解释为:

背景评价指对方案提出的背景及方案目标的依据的评价。

输入评价是提供信息并决定如何利用资源实现目标的评价。

过程评价指通过描述课程实施情况，并以此判断课程计划与实际活动是否一致的评价。

结果评价指通过收集数据来评判课程最终获得的成效是否符合评价者的期望，并且判断目标在多大的程度上获得了实现。

CIPP 模式的基本观点是：评价最重要的目的在于改进。它主张评价是一项系统工具，为评价听取人提供有用信息，使得方案更具成效。

CIPP 评价模式的优势是回答了泰勒模式中的部分疑难问题，突出了评价的发展性功能，整合了诊断性评价、形成性评价和终结性评价，提高了人们对评价活动的认可程度。其局限性是缺乏价值判断、可能为决策者政治上的便利提供虚假伪证以及其适用范围仍受到挑战。

(三)应答模式

应答模式(responsive model)由美国学者斯太克(Stek)提出，古巴、林肯等人进一步发展而成。

应答模式在实施评价时，通常有以下步骤:

评价者与一切和评价对象(如课程方案)有关的人接触，获取他们对评价对象的看法;

根据获取的信息，确定评价的范围;

评价者亲自对方案的实施做实地观察;

通过观察，评价者对方案希望达到的目标与实际取得的成果进行比较;

评价者对评价应回应的问题进行理论上的修正;

在此基础上，评价者设计评价方案;

根据不同的要求，选择不同的搜集信息的方法;

对搜集来的信息资料进行加工处理;

将处理过的信息按需要回答的问题进行分类;

把分类评价结果写成正式报告，分发给有关人员;

在分类评价报告的基础上对方案作出全面判断。

斯太克认为，课程评价有不同的方法，没有哪一种方法是唯一正确的。但要使评价产生效果，必不可少的一点是，评价应该向听取评价结果的人提供他们关心的信息，要充分地了解他们关心的问题。

应答模式具有以下三个特点：更关心方案的活动而不是方案的内容，对听取人要求的信息作出反应，根据不同的价值观报告方案的成败。

应答模式强调评价应当从关注课程的所有人的需要出发，通过信息反馈，让方案结果满足大多数人的需要，并通过对方案的调整和修改，对大多数人的愿望作出反应。应答模式不仅受到了人们的欢迎和好评，而且代表了评价发展的方向。

二、课程与教学评价的基本方法

大致说来，课程与教学评价的方法可分为量化评价(quantitative evaluation)和质性评价(qualitative evaluation)两类。虽然量化评价方法与质性评价方法出现在不同时期，代表着不同的评价理念，但作为具体的评价方法，两者具有各自不同的特点，适用于不同的评价目标和对象。

(一)量化评价[①]

量化评价方法又叫定量评价方法，它是一种力图把复杂的教育现象简化为数量，进而从数量的分析与比较中推断评价对象的成效的方法。这种评价方法在20世纪60年代之前占有主导地位。

量化评价方法的认识论基础是科学实证主义、实验心理学。评价的目的是把握课程与教学的量的规定性。

量化评价过程实质上是一个确定课程与教学计划实际达到目标的程度的过程，主要包括提出问题、设定评价、定义变量、抽样、分析、结论等，也就是一个具有标准化程序，自上而下、从一般到特殊的演绎过程。

量化评价使用的具体方法主要有：观察、实验、调查、统计等，力求得到绝对客观的事实。

量化评价的优势在于：

第一，量化评价的设计是预先确定的，比较概括和具体，易于控制和操作；

第二，量化评价的结果便于数学处理，有助于评价的准确性；

第三，量化的指标往往是客观性的指标，因而有助于提高评价的客观性；

第四，量化评价还有助于对评价对象作出明确的等级区分，如对学生学业成就的评价。

量化评价的缺陷在于：

第一，量化评价忽略了教育计划中那些不可测量的重要方面，忽略了人类经验

---

① 关文信．初等教育课程与教学论[M]．北京：中国人民大学出版社，2011：123～124.

的不可测量性；

第二，量化评价往往以预定目标为评价标准，因此，它排斥对给定教育计划的持续性再开发，这就不可避免地造成课程评价者和课程开发者的利益冲突；

第三，量化评价倾向于重视行政管理人员和研究者的利益，而忽视教师在工作中遇到的实际问题；

第四，由于量化评价支持有意识、有组织的结果，就必然忽视非计划性结果，忽视生成性；

第五，量化评价信奉一元性评价标准，实际上对课程目标达成完全一致是不可能的，因为量化评价忽视了价值的多元性。

(二)质性评价

质性评价方法也称自然主义评价方法，它是一种力图通过自然的调查，全面充分地揭示和描述评价对象的各种特质，以彰显其中的意义，促进理解的方法。

质性评价源自解释主义哲学，并受到艺术、人文学科和生活理论的影响。质性评价认为对许多问题的了解和掌握只能通过描述性、解释性的语言来实现，目的在于把握课程与教学的质的规定性。

质性评价实质就是要对课程与教学相关的行为及其原因和意义作出判断，是一个自下而上的归纳过程。具体方法有参与观察、行动研究、人种学、档案袋评定等。

由于质性评价比量化评价更能够全面地反映教育现象和课程现象的真实情况，能够为课程与教学的实践提供更为真实可靠的依据，因此，20 世纪 70 年代以后，质性评价开始受到人们的欢迎，并逐步取代了量化评价的主导地位。

资料贴吧

人种学研究

人种学研究是对特定情况下的教育制度、过程和现象的科学描述的过程，大量依赖于对研究现象的观察、描述、定性判断或解释。在研究着手之前很少有具体的假设。

【示例】研究某所学校的科学课的基本情况。研究者要在上科学课的班级进行一年多的考察，做大量的实地笔记，与学生和教师面谈，在此基础上，对这所学校的科学教学情况作出精确的描述和解释。

第四节　课程与教学评价的程序

课程与教学评价的最终目的是不断完善中小学的课程与教学，最大限度地为促进每一个学生的全面发展服务，为发展学生的核心素养服务。为此，有必要建立保障课程与教学评价有效实施的程序。

一、课程与教学评价的准备阶段

（一）明确评价的问题

好的评价往往从正确的提问开始：课程与教学目标在多大程度上符合社会和学生的需要？课程与教学结果在多大程度上实现了既定的目标？学生应该掌握什么？学生已经掌握的东西在多大程度上是有价值的？哪些方面应该坚持，哪些方面应该改进？我们接下来应该做什么？

（二）明确评价的目的

在评价之前，评价者应该明确课程与教学的目的，以便设计有针对性、有效果的评价方案，采用相应的评价方法。如果评价的目的是检查学生对知识和技能的掌握情况，就可以采用绝对评价法；如果评价目的是选拔学生，那么，相对评价法就比较适用；如果评价的目的是让学生了解自己的进步情况，就可以采用个体内差异评价法。

（三）确立评价的指标和标准

根据课程与教学目标确定评价的范围，列出评价指标，制定评价的标准。评价指标体系应具有导向性、科学性、可行性。导向性指评价指标体系体现正确的课程与教学观、人才观和质量观。科学性指评价指标体系恰当，是可以被测量和评价的。可行性指评价指标体系符合实际，符合不同利益团体的需要，低成本、高效率。

二、课程与教学评价的实施阶段

（一）收集信息

根据课程与教学评价的任务，围绕确定的评价指标体系，确定收集那些能够回答评价问题的信息。有些不在评价指标范围之内，但是很有价值的信息也应该收集起来备用。根据要求的数据性质、类型等来确定收集信息的方法，既可以运用定量的方法，如通过问卷、测验来收集数据，又可以用定性的方法，如通过访谈、阅读学生的档案袋来收集数据，很多时候要综合运用这两种方法，使获得的信息全面、细致、深入。

（二）分析信息

评价者选择与运用恰当的分析技术，对收集到的信息进行分析，对被评价者取得的成就和存在的问题作出实事求是的描述。对实际完成的任务与预期的任务进行比较，看看哪些完成了，哪些没有完成，原因是什么。在这个阶段，根据实际情况可以邀请被评价者分享信息、分析信息，既向被评价者反馈了信息，又表明了对被评价者的充分信任，与被评价者建立良好关系。

三、课程与教学评价的处理阶段

(一)反馈信息

评价者将收集和处理的信息反馈给被评价者。反馈是一种非常复杂的、需要讲究策略的活动，应该坚持这样一些原则：有助于澄清什么是好的成就或表现；有利于学习中自我评价的发展；向学生陈述有关他们学习的高质量信息；鼓励教师和同伴围绕学习展开对话；激励积极的动机、信念和自尊；为解决现实成就与渴望成就的差距提供机会；为教师筹划教学提供信息。

(二)调整与改进

根据信息分析的结果，评价者和被评价者一起决定，什么是应该在今后的工作中继续坚持的，什么是必须改变的，制订科学、有意义、可行的改进方案。这个阶段的工作非常重要。做得好，课程与教学评价的作用得到最充分的发挥；做得不好，前面工作的意义就不大了。

第五节　课程与教学评价的新发展

随着课程与教学改革的发展，在课程评价、教学评价方面出现了新的理念，强调建立促进学生全面发展、教师不断发展、课程不断发展的评价体系。此处主要阐述在综合评价的基础上，如何突出关注个体的进步和多方面发展的评价改革的新动向。

一、表现性评价

(一)表现性评价的概念及特点

表现性评价（performance assessment）指通过观察学生在完成实际任务时的表现来评价学生已经取得的发展成就。其核心内容是通过描述学生的表现，揭示学生知道什么，并能够做什么。

表现性评价的特点主要体现在重视对学生学习情况的诊断，更加关注知识和技能的应用以及非智力因素的发展，倡导学生解决来自现实中的问题，鼓励学生的发散性思维、寻求多种答案，需要学生通过综合运用多学科的知识和技能才能完成相应的任务等。实施表现性评价的情境或模拟情境越真实，越能反映学生的真实发展状况。

案例链接

漫游梯形的世界

一、引言

你们已经学习了四边形这一章的内容，梯形的问题已经做了许多题，对于做过的题要不断总结，积累出数学模型，存储在头脑之中，才能提高我们解决问题的能力。

二、任务

给梯形引辅助线，并说出所引辅助线的作用。

三、要求

分组讨论，每小组四人。

从领到任务开始计时，创作时间不超过 15 分钟，其中 3 分钟用来独立思考，12 分钟用来合作交流。创意多多益善。

各小组以书面提纲形式呈现创新成果。

四、计分

创意分：每提出一种创意，想法合理为 3 分，想法较合理为 1 分。

表述分：针对每一种创意，表达清楚为 3 分，表达不很清楚为 1 分。

案例链接

四边形的变幻

一、任务

用给你的一米长的细绳，自己作出种类尽可能多的四边形，然后用胶带把它们固定在大张白纸上。

请你对自己作出的所有四边形进行研究，发现每一个四边形尽可能多的特征，并把发现的四边形的特征写在这个四边形的旁边。

二、要求

制作时间是 5 分钟。

探究特征时间为 10 分钟，共计 15 分钟。

三、计分

四边形创新制作计分：

每个四边形计 1 分；一个有创意的图形加创新分为 6～10 分。

四边形特征创新发现计分：

发现一个常规特征(学过的特征)计 2 分。

发现一个超常规特征(自己发现的新特征)计 8 分。

表现性评价的优缺点：

表现性评价克服了相对孤立的传统学业成就测验的弊端，强调在实际完成任务的过程中评价学生的发展，不仅要评价知识技能的掌握情况，更要通过对学生表现的观察分析，评价其在创新能力、实践能力、与人合作、健康的情感、积极的态度以及科学的价值观等立德树人方面的发展情况。

表现性评价也有其局限性，如评价时易受主体主观因素的影响，导致评价结论主观性较强、信度降低，评价时费时费力等。

（二）表现性评价的主要步骤

确定评价内容和标准；

设计表现性任务；

选定或设计表现性评价工具；

观察与评估。

二、学生成长记录袋评价

（一）成长记录袋的含义及特点

学生成长记录袋或档案袋指用以显示有关学生学习成绩或持续进步信息的一连串表现、作品、评价结果以及其他相关记录和资料的汇集。

成长记录袋的特点：

第一，学生成长记录袋中材料的收集和选择不是随意的；

第二，成长记录袋的基本成分是学生作品；

第三，学生本人应是选定自己的成长记录袋内容的主要决策者；

第四，评价的主要目的是要通过大量材料的收集和学生本人对材料的反省，客观而形象地反映学生某方面的进步、成就和问题。

而学生成长记录袋评价（portfolio assessment）则是指通过对成长记录袋的制作过程和最终结果的分析而进行的对学生发展状况的评价。

（二）学生成长记录袋评价的分类

学生成长记录袋评价，从不同的角度可以有不同的分类方法。这里主要介绍两种分类。

1. 格莱德勒的分类

美国的格莱德勒（Gredler）以成长记录袋的不同功能为标准，把成长记录袋评价分为：理想型、展示型、文件型、评价型及课堂型（表 11-2）。

表 11-2 格莱德勒对成长记录袋的分类

类型	构成	目的
理想型	作品产生和入选说明，系列作品以及代表学生分析和评价自己作品能力的反思	提高学习质量。通过一段时间的成长，帮助学习者成为自己学习历史的思索者和非正式的评价者

续表

类型	构成	目的
展示型	主要是学生选择出来的学生最好和最喜欢的作品集。自我反思与自我选择比标准化更重要	给由家长和其他人参加的展览会提供学生作品的范本
文件型	根据一些学生的反映以及教师的评价、观察、考察、逸事、成绩测验等得出的学生进步的系统性、持续性记录	以学生的作品、量化和质性评价的方式，提供一种系统的记录
评价型	主要是教师、管理者、学区所建立的学生作品集。评价的标准是预定的	向家长和管理者提供学生在作品方面所取得成绩的标准化报告
课堂型	由三个部分组成：依据课程目标描述所有学生取得的成绩的总结，教师的详细说明和对每一个学生的观察，教师的年度课程和授课计划及修订说明	在一定情境中与家长、管理者及他人交流教师对学生成绩的判断

2. 比尔·约翰逊的分类

比尔·约翰逊(Bill Johnson)则根据入选材料的性质的不同，把学生成长记录袋评价分为最佳成果型、精选型和过程型三种。最佳成果型学生成长记录袋(best-works portfolio)是通过收集学生在某一学科或某一领域的最佳成果，来对学生在这一学科或这一领域内达到的水平作出评定。选入的材料不拘形式，只要能反映出学生在这一学科或这一领域内的最高水平即可，如最佳作文、最佳活动方案、最佳作业等。

精选型学生成长记录袋(selection portfolio)要求学生收集的不只是最高水平的成果，还包括他们感到最困难的典型成果例证，这样的学生档案袋能深刻反映学生成长的概要，高度揭示学生取得的一般成绩。

过程型学生成长记录袋(process portfolio)致力于寻求为学生的不断发展积累信息与证据，为师生双方及时地提供学生学习进展的实际情况，以便调整下一步的学习与指导。

案例链接

过程型学生成长记录袋样例

年级：小学二年级

学科：语文

学习领域：阅读

目标：运用学生档案袋促进阅读水平的提高，培养课外阅读习惯；积累词汇量；促进词汇的运用；扩大知识面。

内容/特点：

第一，教师规定全班学生每周要读3～4篇课外文章，并按照教师设计好的格式做读书笔记。

读书笔记

班级：________ 姓名：________ 学号：________

读书时间：　　年　　月　　日

书名：　　　　文章题目：　　　　作者：

学会的生字：

学会的精彩短语：

你喜欢的好句：

第二，学生按照教师的要求将写好的读书笔记放入自己设计的学生档案袋中。

第三，每周一教师会利用一定的时间让学生交流他们新学的生字、好词好句。因此，教师要求学生在周末时，要对自己一周的读书笔记重新温习，找一找自己学会了哪些词汇及其表达方式、是否已经用于写作或口语交流中、想与同学交流的词汇与句子是什么等。这就是一个对自己学习的评估过程。

无论是哪种类型的成长记录袋，教师在教学中运用的学生成长记录袋，其基本的构成与特点是一致的，都包括学生放入成长记录袋的内容、教师对学生成长记录袋的评价与反馈。

(三)成长记录袋评价的基本程序

确定评价对象；

明确评价目的；

确定收集材料的类型、时间和次数；

确定调动和指导学生积极参与的有效方法；

确定给成长记录袋评分的方法；

制订评价结果交流与分享的计划。

(四)学生成长记录袋评价的优势与局限性

1. 学生成长记录袋评价的优势

学生成长记录袋评价记录了学生在一定时期内的一系列成长历程，相对于笔试测验和其他评价而言，它的优势主要体现在：

第一，能够提供学生学习过程中的形成性信息，促进形成性评价与终结性评价的有机结合，使评价与教学指导有机地结合起来。

第二，能够促进学生对学习过程的自我监控和自我反思，促进学生元认知能力的发展。

第三，能够全面反映学生学习与发展过程中的重要信息，促进评价的开放性与全面性。

第四，学生成为评价的主体，注重学习过程中的每次评价，使学生体验到成功的快乐。

第五，能够充分体现学生的个性化发展，有助于教师有针对性地教学与指导学生。

第六，能够促进教师与学生间的沟通与交流，有助于形成和谐、友好的师生关系。

2. 学生成长记录袋评价的局限性

任何事情都有不足之处，成长记录袋评价也不例外，它的局限性主要表现在以下几方面。

第一，成长记录袋的效度很难保证。这样就会影响教师、家长或其他有关人员对学生能力与成就的正确认识，从而影响他们对待学生的态度和行为。因此，成长记录袋评价的使用者必须关注效度问题，在将成长记录袋用于大范围的评价时，要慎重确定成长记录袋要收集的内容。当然，也有的学者认为，在量化评价中应用的效度概念，不适用于尊重学生个别差异、并力图对这种差异进行解释的质性评价方式。

第二，成长记录袋评价工作量太大，它需要教师付出更多的时间和精力。尤其在大班额的情形下，容易产生“走形式、走过场”的问题，而且如果各科都建立学生成长记录袋，学生也会觉得烦。一般来说，教师要鼓励学生对自身的成长记录袋进行自我评价，并在必要时帮助自我反思能力比较弱的学生，这样，即使是在班额较小的情况下，教师也需要花费大量的时间。但有些研究者认为，如果在成长记录袋评价中，教师能根据教学阶段的各个目标，选择合适的成长记录袋评价类型，把教学与评价有机地结合起来，做好内容与时间上的管理，使成长记录袋评价成为教学过程中的一个部分，也可由此提高工作效率。

本章小结

课程与教学评价是依据课程与教学目标，以一定的方法、途径对课程与教学的计划、活动以及结果等有关问题的价值或特点作出判断的过程。

现代课程与教学评价创始于 19 世纪的美国，主要经历了测验和测量时期、描述时期、判断时期、建构时期。在各个时期出现了一些代表性的人物及思想。

课程与教学评价的功能主要有以下几个方面：需求评估、课程诊断与修订、课程比较与选择、确定目标达成的程度、成效的判断。

依据不同的标准可以对课程与教学评价进行不同的分类。依据评价主体的不同，课程与教学评价可以分为内部评价与外部评价；依据评价标准的不同，课程与教学评价可以分为相对评价、绝对评价与个体内差异评价；依据评价所起的主要作用的不同，课程与教学评价可以分为诊断性评价、形成性评价与总结性评价。

课程与教学评价模式是评价者依据一定的教育理念、课程思想建立的系统化、整体化的课程与教学评价体系。人们选取不同的研究视角，提出了具有不同理念和价值取向的课程与教学评价模式：目标达成模式、背景—输入—过程—结果模式、应答模式。

课程与教学评价的方法可分为量化评价和质性评价两类。虽然量化评价方法与质性评价方法出现在不同时期，代表着不同的评价理念，但作为具体的评价方法，两者具有各自不同的特点，适用于不同的评价目标和对象。

课程与教学评价是一项比较复杂的活动，其程序可以按以下几个阶段进行：课程与教学评价的准备阶段、课程与教学评价的实施阶段、课程与教学评价的处理阶段。

随着课程与教学改革的发展，在课程评价与教学评价方面出现了新的理念，强调建立促进学生全面发展、教师不断发展、课程不断发展的评价体系，尤其是表现性评价、学生成长记录袋评价值得关注。

关键术语

1. 课程与教学评价
2. 课程与教学评价的模式
3. 课程与教学评价的功能
4. 学生成长记录袋

思考题

1. 理解下列概念：课程与教学评价，内部评价与外部评价，诊断性评价、形成性评价与总结性评价，表现性评价，学生成长记录袋。
2. 试分析、比较几种主要的课程与教学评价模式的特点。
3. 举例说明课程与教学评价的功能。
4. 结合教育见习、教育实习谈谈自己对学生成长记录袋评价的看法。

案例研究

“我们的节日——端午节”活动方案

扬州市一些小学的综合实践活动课程，依据不同年龄、不同学段学生的身心特点和认知水平进行了螺旋式的组织和设计，形成了有梯度、有层次的综合实践活动课程体系。下面是扬州市某学校“传统节日”主题中“我们的节日——端午节”的活动方案(见表 6-1，篇幅所限，只展示其中活动目标、内容、方式和评价等要素内容)

表 6-1　“我们的节日——端午节”活动方案①

方案要素	低年级	中年级	高年级
活动目标	学生直观地体验端午节文化，增进对端午节的初步了解	尝试提出自己好奇的问题，通过调查研究养成一定的考察探究能力	在充分了解端午节的基础上，制作粽子、咸鸭蛋，传承文化，创新产品，陶冶工匠精神
活动内容	认识粽叶，感知粽子形状、品种；向家长了解端午节的习俗；给自家门口插上艾条；朗读有关端午节的诗词、儿歌，制作一份剪贴小报	走进街巷，感受端午节的氛围，调查节日民俗；参与家庭包粽子、编织鸭蛋网等活动；制作一份手抄小报	查阅资料，探究端午节的文化意义；制作香囊，设计并与家长共同烹制端午“十二红”；动手制作低能量的粽子，送给社区的孤寡空巢老人；集体诵读屈原的诗作、课本剧表演；制作一份电子小报
活动方式	在父母的陪同下参观感知端午节日，开展品尝粽子、朗读诗歌等活动，获得端午节日体验	收集资料，参观寻访，动手操作，制作端午作品	独立运用电脑网络查找资料，小组设计调查问卷并实施，撰写调查报告，戏剧表演，志愿服务，制作小报，运用多种手段展示成果。
活动评价	形象化评价，如奖励一颗五角星、一朵小红花，或者给一个大拇指点赞等	活动照片，日记，产品展示，鼓励自我评价、相互评价	采用多种方式进行综合评价，如活动成果展示、量表评价、成长记录袋、个人反思等

拓展阅读

1. 黄甫全．现代课程与教学论[M]. 北京：人民教育出版社，2011.
2. 汪霞．小学课程与教学论[M]. 上海：华东师范大学出版社，2011.
3. 张华．课程与教学论[M]. 上海：上海教育出版社，2000.
4. 邓艳红．课程与教学论[M]. 北京：首都师范大学出版社，2007.
5. 钟启泉，崔允漷，张华．为了中华民族的复兴　为了每位学生的发展——《基础教育课程改革纲要(试行)解读》[M]. 上海：华东师范大学出版社，2001.

① 潘洪建，杨会珍，蒋武超．螺旋式综合实践活动课程开发研究[J]课程·教材·教法，2022(4)：4—10

第十二章　课程管理

学习目标▶

1. 阐述有关课程管理的基本理论。

2. 比较不同课程管理模式的优缺点。

3. 列举不同的课程管理模式，并能比较分析不同课程管理模式的优点和不足。

4. 根据我国课程管理的历史沿革，明确目前我国三级课程管理体制实施的必然性以及现阶段存在的问题。

美国是“地方分权”教育范式的典型，长期以来没有统一的全国性课程，20 世纪 80 年代以后，逐步开始设立全国性课程。英国中小学在历史上也没有统一课程，都是由地方自行设置，1988 年颁布的《教育改革议案》则授权教育科学部长制定国家课程，教育科学部长又委托国家课程委员会制定各科教育大纲，使得大部分学校的主要课程内容趋于统一，但各学校仍可以自行决定开设一部分课程。与此同时，以中央集权为课程传统的法国、俄罗斯等国家则更加强调课程设置和管理上的地方分权。中央政府(及其教育主管部门)的权限逐渐收缩，在保证“核心课程”的前提下，赋予地方政府和学校越来越多的课程决定权。①

为什么不同的国家在课程管理方面会存在如此大的差别？我国的课程管理模式属于哪一种？究竟是中央集权型的课程管理模式更好，还是地方分权型的课程管理模式更具有优势？是不是还存在比这两种模式更好的课程管理模式呢？

第一节　课程管理概述

课程管理(curriculum management)是课程领域中的一个重要组成部分。我国新一轮基础教育改革对课程管理提出了相应的要求，实行国家、地方和学校三级课程管理体制。究竟什么是课程管理？课程管理的意义是什么？我们要对课程管理的基础概念和内容有一个了解和认识。

一、课程管理的含义

从字面上看，课程管理就是对课程进行管理。具体来说，课程管理是以管理学为基础，对学校课程的目标与内容、开发与设计、组织与实施、评价与改进等进行规划、组织、实施、反馈的一种持续变化、互动调适、充满活力的过程。简单来说，课程管理就是教育行政部门和学校对课程的编制、实施、评价等工作的组织与控制。③

温馨提示

课程管理与课程开发是一对易混淆的概念。课程开发是课程领域的一个常用的重要概念，其英文是“curriculum development”，主要是指使课程的功能不断适应社会、文化、科学等方面的要求，进而持续不断地开发课程的活动与过程。②课程开发更多地强调一种动态性，是一个不断改进的过程。

二、课程管理的意义

课程管理是课程改革的重要组成部分。建立科学合理的课程管理体制是课程改

① 徐辉．当代世界基础教育课程改革的发展趋势[J]．西南大学学报(社会科学版)，2009(3)：76.

② 王本陆．课程与教学论[M]．2 版．北京：高等教育出版社，2009：87.

③ 马云鹏．课程与教学论[M]．2 版．北京：中央广播电视大学出版社，2005：186.

革中十分重要的内容；同时也是课程改革中其他部分改革的基础。因此，课程管理的改革在促进整体基础教育课程改革中发挥着重要的作用。具体来说，课程管理的意义包括以下几个方面。

（一）有利于实现课程目标

课程目标是一切课程活动的出发点和归宿，对课程进行有效的管理，是保证课程顺利实施，课程目标有效达成的重要手段。实现课程目标有赖于对课程进行管理，人们需要根据课程目标选择恰当的学科内容，根据学生的年龄和心理特点确定课程标准，根据课程标准将各个部分内容进行有效的组织和安排，之后进入具体的课程实施和评价阶段。只有对课程管理活动的各个方面进行有效的整合和管理，才能保证课程目标的实现，进而实现教育方针和教育目的。

（二）有利于保证整体的教育质量

教育质量是教育活动的生命线，任何与教育相关的活动的开展都要以提升教育质量为根本目的。对课程进行管理就是要提高课程设置的合理性和实施的有效性，最大程度上照顾到学生的身心发展特点，使课程内容能够满足学生的兴趣特点和未来的发展需求。同时提高课程的适应性，确保教学活动有序、高效地进行。

（三）有利于增强课程适应程度

课程管理改革的一个突出特点在于赋予地方和学校一定的课程自主权，其目的是增强课程的适应性。任何一套课程都经过设计、实施、评价一系列的过程，只有学生真正在课程学习过程中有所收获，才能达到课程的预期效果。课程管理应为提高课程的适应性创造有利条件，并提供必要的组织和制度保障，从而让教师充分理解课程意图和目标，在理解的基础上增进师生之间的交流，提倡个性化、创造性的教学。另外，学校的课程管理决定着校本课程开发的水平，它也是衡量课程适应性程度的重要指标。

（四）有利于提升教师专业化水平

教师有机会参与到课程管理活动中，对于提高教师的能力和提升其专业化水平具有重要的意义。长期以来，在我国的课程管理模式下，教师往往只充当了执行者的角色，并没有充分发挥自身的主观能动性。实行三级课程管理能够让教师从被动执行到主动参与，激发教师参与课程管理的热情，充分发挥教师的主体性和创造性。在参与过程中，教师通过不断学习取得进步，从而提高自身的研究和实践能力，从根本上提升专业化水平。

三、课程管理的内容

（一）课程计划管理

课程计划管理主要包括课程设置、课程结构、课时的规定等。课程设置主要规定课程类型和课程门类的设立及其在各年级的安排顺序和学时分配，并简要规定各类各科课程的学习目标、学习内容和学习要求。课程结构是课程各部分的配合和组织，它是课程体系的骨架，主要规定了组成课程体系的学科门类以及各学科内容的比例关系。课时是教学时间单位，对课时管理就是对每门课程的上课时数进行规定。

(二)课程标准管理

课程标准管理主要包括对国家课程标准、地方标准、学校评价标准、教科书拟定标准、教科书标准等的理解与探讨。国家课程标准是教科书编写、教学、评估和考试命题的依据，是国家管理和评价课程的基础。地方课程标准是以促进学生个性的发展为目标，充分体现地方特色。学校评价标准是以指导和改进学校工作，提高学校质量为目的，对学校的某项工作或全面工作的效果和科学价值进行考核、评定。① 教科书是教师设计和实施教学活动的主要依据，也是开发课程资源的参照，是使学生达到课程标准规定的质量要求的内容载体。②

(三)课程编制管理

课程编制管理主要包括学校教育目标的制定、年度教学计划的拟订、教学日数与课时的确定、课时表的制作等。学校教育目标对整个教育活动的开展起着引导作用，任何教育活动都需要以学校教育目标为本。为了实现学校的教育目标，需要对教学活动进行整体、科学的安排，这就包括拟定年度教学计划、确定教学日数和课时。课程表编制既要充分反映各个学习领域的课时，又要做到具有灵活性，即考虑到每个学校自身的特点，酌情对课时作出调整。课程编制管理是课程管理的核心部分。

(四)课程实施管理

课程实施管理主要包括教科书研究、教学目标的确定、教案的编写、班级管理的指导等。教科书研究是教学活动开展的前提条件，教师进行备课时，需要对教科书深入分析，分析的过程就叫作教科书研究。教学目标是对教学活动预期结果的标准和要求的规定或设想，课程实施要以实现教学目标为根本。教案的编写是在研究教科书和确定教学目标的基础上进行的，能否编写出合适的教案对教师的教学活动开展具有重要的意义。班级管理是一个动态的过程，它是教师根据一定的目的要求，采用一定的手段、措施，带领全班学生，对班级中的各种资源进行计划、组织、协调、控制，以实现教育目标的组织活动过程。

(五)课程实施条件的管理

课程实施条件的管理主要包括教科书、教具和设施设备的整顿，教科书和参考资料的选择等。课程实施是一个动态的过程，需要在观念上、实施策略上、具体方法上加以统筹和变革。新一轮课程改革需要有效的课程实施的配合，创造成功的课程实施条件，如对教科书、教具和设施设备进行整顿，以保证课程实施活动顺利进

---

① 曹茂泰．简论学校评价标准[J]．教育科研通讯，1987(1)：9.

② 廖鹰．教科书如何充分地体现课程标准[J]．当代教育论坛，2004(4)：61～62.

行。新课改对课程内容进行了调整，因此在教科书和参考资料的选择方面也需要进行管理，确保课程的有效实施。

(六)课程评价管理

课程评价管理主要包括学习指导、测验管理等。课程评价管理包括对学生的学习指导，在教学活动中真正发挥学生的主体地位。长期以来，我们常使用考试这一单一的评价方法，这种评价方法忽视了学生的学习过程，也否定了学生之间的差异性，不利于促进学生的个性发展，因而我们要改变传统的评价方式，采取多元评价的方法，因此需要加强对评价方式的管理。

第二节　课程管理模式

课程管理模式与国家的政治管理体制和经济管理体制相对应，受本国的教育管理体制的直接影响。实行中央集权式教育管理体制的国家在课程管理上以中央集权型的课程管理模式为主；实行地方分权式教育管理体制的国家在课程管理上大多采取地方分权型的课程管理模式；还有一些国家采取中央集权和地方分权相结合的教育管理体制，在课程管理上采取混合型的课程管理模式。每种课程管理模式的优点和不足有哪些？哪种课程管理模式更好？不同国家的课程管理采取哪种模式？我们要对这三种不同的课程管理模式进行研究和探讨。

一、课程管理的主要模式

(一)中央集权型的课程管理模式

1. 含义

中央集权型的课程管理模式指由中央统一制订课程计划(教学计划)，拟定统一的课程标准(教学大纲)，确定统一的课程评价标准的课程管理模式。该模式强调课程的同一性和统一性，强调所有地区、所有学校都设置相同的学科、运用相同的评价标准，甚至有的国家要求使用相同的教科书和课程表。

2. 优点

第一，保证教育质量，达到国家对课程实施的预期效果。中央统一制订课程计划(教学计划)、课程标准(教学大纲)，在这种统一的管理下，各地区在课程实施、评价等方面都采用相同的标准，保证课程实施的结果在一定水平上的有效性，从而保证教育质量。

第二，促进学生基础学力的形成。学力是学习能力和知识水平的简称，指一个人的知识水平以及在接受知识、理解知识和运用知识方面的能力。中央集权型的课程管理模式强调用统一的课程计划(教学计划)对全国进行要求，教师按照统一的课程标准(教学大纲)开展教学活动，从而保证学生对基础知识和基本技能的学习，为学生进一步的学习奠定基础，在一定程度上促进学生基础学力的形成。

第三，保持地区间教育发展的相对平衡。国家的不同地区间受种种原因的限制，发展存在差异。这种差异会直接影响教育发展水平，进而影响人才培养的质量。国家运用统一的标准对不同地区进行要求，能够为整体的教育发展指明方向、指定范围，尽可能减少地区间的差异对教育产生的负面影响，最大程度上缩小地区间教育发展的差异，保持教育发展的相对平衡。

第四，有利于国家对各地区教育进行管理。中央集权型的课程管理模式是自上而下的直线式管理，从上级到下级，地方和学校要按照上一级的要求开展课程管理工作，忠实地按照中央的意图具体操作、运行。这种管理模式既能够保证课程政策的有效传达和落实，也可以保证课程评价的开展和实施，进而便于国家对各地区的教育进行管理。

3. 不足

第一，不能适应各地区之间的差异，容易形成"一刀切"的局面。各地区之间的发展差异对课程有不同的需求，忽略这种差异会使人才培养趋同，不利于"因材施教"和培养适应社会各行业的人才。以我国为例，东南沿海城市和西北内陆城市、南方城市和北方城市，城市和乡村这些不同地区的发展存在较大差别。如果像过去一样，长时间以统一的课程计划、课程标准和教科书对课程进行管理就会忽略这种差异，不考虑各地区学生的个性及未来发展需要，造成"一刀切"的局面，不利于学生的个性和特色发展。

第二，不利于调动教师工作的积极性。在中央集权型的课程管理模式下，课程的决策和实施分开，教师的作用就是研读课程标准(教学大纲)，严格按照指定的教科书进行教学，自己无法对教学的进度以及教学的内容进行调整，教师的角色主要就是课程的执行者和实施者。而课程的决策权在国家，由相应的专家进行教科书的编写，教师无法参与其中，他们自身的很多教学经验和感受无法变成教学内容，不能融入课堂教学活动之中。长此以往，循环往复，教师重复性的被动工作使其无法调动自身的积极性，不能有效地发挥自己的主观能动性，进而产生职业倦怠。

第三，不利于教育民主化和科学化。近年来，教育的发展越来越强调权力的分享和以生为本，民主化和科学化成为教育发展的趋势。而在高度集中的课程管理模式下，中央教育行政部门有绝对的权力进行课程管理，地方和学校及其他相关人员(家长、社会团体、教育机构)根本没有机会参与其中，容易导致权力的过度集中，不利于教育民主化。缺少更多的行为主体参与到课程管理也会使课程管理处于专制状态，不利于课程体系的科学化。

4. 代表国家

法国、苏联和改革前的中国。

案 例

苏联没有课程这一专门的概念，教育学中一般用教育内容表示课程的含义，包括教学计划、教学大纲和教科书。苏联一贯强调全国统一管理，1988 年，新的教改则提出要逐步取消全国统一的教学计划(课程计划)，加大了教学计划(课程计划)的灵活性，考虑到不同地区和民族的经济文化差异。随着 21 世纪的到来，俄罗斯的教育改革进入了一个新阶段，政府颁布了《2010 年前俄罗斯教育现代化的构想》，改革将更加注重教育教学的理念、内容、手段的现代化。第二代《普通教育国家教育标准联邦成分》两个草案对权限范围做了更加细致的划分，详细规定了联邦、地区和地方的各级财政预算标准。具体划分了学段及每一学段的课程必修内容。《2010 年前俄罗斯教育现代化的构想》还明确了高中阶段的专业式教学，强调不以参加升学考试为目的，而是为高中生的毕业出路做全盘考虑。在课程结构方面，将全部教学内容分为三类课程：基础类教育课程、侧重专业类教育课程、选择类课程，三者之间的课程分配比例为 5：3：2。①

法国中小学的课程由国民教育部制定。具体程序是先由国民教育部的中小学教育行政当局——“学校教育总局”(具体地说是“教学法、学校教育及出路指导总局”)制订方案。由该局起草的学校课程方案，由“局教育审议会”(以局长为主席，由教育行政官员、大学校长、教员代表等组成)审议，经过审议的课程方案，再呈报国民教育最高审议会审议，公布课程计划。该计划由各学科每周授课时数和教学大纲组成，全国所有的学校原则上均应当遵照执行。② 可以看出，法国的课程编制的全过程都是由中央一级的教育行政机构完全操作的，而且规定得非常详细，每一学科的每周授课时数都有明确规定，地方与学校根本无法再根据具体情况进行调整。

想一想：

和苏联、法国相比，我国改革前的课程管理模式有哪些特点？

(二)地方分权型的课程管理模式

1. 含义

地方分权型的课程管理模式是与中央集权型的课程管理模式相对的一种管理模式。这种管理模式强调社会需求多样化，强调学校自身的独特性和学生的个体差异，强调发展人的个性，实质上强调以人的发展为本。在这种管理模式下，全国没有统一的课程计划(教学计划)，各地区没有统一的课程标准(教学大纲)，不同的地区和学校可以有多种备选教科书、多种选修课等。

---

① 肖甦，周耀慈．俄罗斯基础教育阶段课程管理政策变化评述[J]．全球教育展望，2004(1)：71～72.

② 钟启泉．现代课程论[M]．上海：上海教育出版社，1989：642.

2. 优点

第一，有利于课程的适用性和实效性。地方分权型的课程管理充分考虑到各地区之间的差异，使课程与当地的经济、文化紧密联系起来，各地选择适合本地学生未来发展需要的课程，根据学生的发展需要制定课程标准(教学大纲)、选定教科书，进而促进学生的个性发展，使教育真正与地方发展结合起来，发挥教育服务地方的功能。

第二，有利于提高教育资源的利用效率，办出地方和学校特色。地区间的差异会带来课程资源上的差异，教科书不再是唯一的教学根据，各地区有着独特且丰富的课程资源，如当地的风俗文化、历史传统和人文风情等。各地区能够在拥有课程管理权力的基础上充分开发和利用本地区的课程资源，既符合当地学生学习的需要，也能够突出地方和学校的特色。

第三，有利于教育的民主化和科学化。地方分权型的课程管理模式将课程管理的权力下放，不再是国家独享，地方和学校也拥有一定的权力，这样能够使地方、学校和社会多方参与到课程管理之中，有利于教育的民主化。通过民主，可以广泛吸纳建议，改进课程管理中的不足，这样有利于促进课程管理的科学化。

第四，有利于保证实际上的教育公平。地方分权型的课程管理模式改变了全国“一刀切”的状态，地区和学校能够充分挖掘自身的潜力，不再忽略学生的个性而刻意追求统一的标准。不同地区有各自的标准和要求，更能体现“因地制宜”和“因材施教”。不同地区用不同的标准要求学生，可以保证学生在自身现有基础上发展，克服了中央集权型的课程管理模式的缺点，实际上保证了教育的公平。

3. 不足

第一，缺少统一的课程计划(教学计划)和课程标准(教学大纲)，整体的教育质量难以保证。地方分权型的课程管理模式将课程管理的自主权更多地下放给地方，国家没有统一的课程计划(教学计划)和课程标准(教学大纲)，在教科书的选择上也有区别，这样会造成各地区教育教学活动的明显差异。受多种因素的制约，地区间的教育发展不平衡，从而导致全国范围内的整体教育质量难以保证。

第二，一定程度上加剧了教育发展的不平衡。由于各地区教育发展水平存在差异，将课程管理的权限下放给地方就会造成各地区课程之间的差异。不同地区、不同学校在课程管理的能力和经验上都有差别，如果缺少了国家的统一管理，就会使不同地区和学校在课程管理上出现参差不齐的现象，这种差距如果越来越大，就会形成“马太效应”①，这样在一定程度上会加剧教育发展的不平衡。

第三，难以对各地区的教育发展进行统一管理。分权管理带来管理主体的多元

① 马太效应(Matthew Effect)，指强者愈强、弱者愈弱的现象，广泛应用于社会心理学、教育、金融以及科学等众多领域。

化，对管理范围、内容和深度以及广度很难进行整体上的把握。缺少统一的课程标准(教学大纲)和课程评价，难以及时准确地把握课程系统的整体运行状态，不利于国家从宏观上对教育进行控制和管理。

4. 代表国家

美国、英国、德国、芬兰和澳大利亚。

案 例

美国是典型的分权制国家，在20世纪70年代末之前没有设置联邦政府的教育部，宪法规定教育属于州政府管辖范围，课程主要由州政府管理，各州都有自己独立的课程体系。但到20世纪80年代，随着全美中小学高质量教育改革的实施，课程改革出现了教育目标统一化的趋势，要求加强课程统一性的主张开始出现。美国出台了许多国家课程改革计划，如《国家处于危机中：教育改革势在必行》《2000年目标：美国教育法》等，针对分权制给学校课程带来的弊端，提出了各种各样的关于初等教育和中等教育改革的方向和原则，将全国教育标准法律化，同时鼓励和资助各州进行课程改革，编制符合自身特点的课程框架。基于美国长期以来的地方分权制的教育管理传统，不可能完全建立全国统一的课程，中小学课程仍主要由各州及各个学校管理。在美国，学区在课程管理方面的作用极为突出，对学校开设的课程有较大的发言权和决定权，而中小学都特别注重办学特色和新课程的开发，学校领导和教师都广泛地参与学区课程委员会的工作。

德国也实行地方分权型的课程管理，没有全国统一的教学计划(课程计划)和课程标准，16个州各自制定自己的课程标准。为了使各州之间的课程标准大体保持一致，各州的文化教育部部长有例行的专门会议，研究讨论与课程标准有关的带有共同性的问题，并且达成全国性的协议。各州的课程标准有详有略，一般只是对课程内容、教学时间、考试指导等提供广泛的建议。无论详略如何，在各州的课程标准之下，学校和教师的自由度相当大，具有很大的灵活性。①

想一想：

美国和德国虽然都是地方分权型的课程管理模式，但又有所不同，二者之间有哪些差别？

(三)混合型的课程管理模式

1. 含义

混合型的课程管理模式就是中央集权型和地方分权型的课程管理模式相结合的管理模式。

2. 特点

混合型的显著特点就是统一性与多样性相结合。采取混合型的课程管理模式的

① 黄济，劳凯声，檀传宝．小学教育学[M]．北京：人民教育出版社，1999：138.

国家力图在统一要求的前提下实现多样化、灵活化和弹性化。一方面，通过国家对课程的宏观指导来保证国家各地区基本的教育质量；另一方面，通过灵活性和弹性化的课程标准(教学大纲)满足地方和学校的实际需求。具体来说，混合型的课程管理模式包括板块模式和蛋糕模式两种类型。

3. 代表国家

日本和瑞典。

案例

日本的课程管理模式是板块模式。其基本特征是："第一，将课程设置标准、课程计划和教学计划三者分开制订。国家制订课程设置标准和课程计划，规定学科、课程、教学时间、学分和教学大纲(课程标准)。学校依据课程计划，结合地方的学校培养目标，制订自己的教学计划。第二，国家规定的课程计划是板块式的，分别设置许多不同的可以组合的课程群，有基本课程计划、不同职业课程、不同特色课程(如音乐、美术、体育、理科、文科等)。这些计划除对课程设置标准作出规定外，无其他硬性规定，供学校在编制教学计划时选择组合。第三，教科书采用审定制和选择制。国家允许各种组织和人员编写教科书，但这些教科书须呈送国家有关部门审定，只有审定通过的教科书才可以作为教科书出版发行。地方和学校从国家公布的教科书目录中自由选择确定教科书。"①

想一想：

日本的课程管理模式有哪些优点和不足?

相关链接

蛋糕模式指的是国家制订统一的教学计划和学年指导计划，在此基础上划分一定比例的课程由学校自由设置，对于自由设置的课程内容国家不加干预。因此，全国的课程标准、科目设置、教学内容基本上是一致的，但同时又有一部分课程体现了地方特点和学校特色。教科书的编撰采用自由制，即任何组织和个人都有权编写教科书，所编教科书无须经过审查便可出版发行。教科书的采用实行选定制，即由地方教育行政部门制定可选用的教科书目录，学校从中自行选用。②

---

① 张传燧．课程与教学论[M]．北京：人民教育出版社，2008：433．

② 郭继东．对我国课程管理体制改革的认识[J]．教育管理研究，1998(4)：2～3．

三种课程管理模式比较①

	中央集权型	地方分权型	混合型
课程管理机构	不健全	不健全	不健全
课程计划（教学计划）	国家统一制订	地方各自制订，学校或必须执行或仅作参考	国家统一制订，各地必须遵守或地方有一小部分课程规划权
课程标准（教学大纲）	国家统一大纲	国家核心大纲（框架式）	国家统一大纲
教科书制度	国家统一编写、发行，学校必用	自由编写、发行，学校自选	国家审定或地方审定，学校自选

三种课程管理模式各有其优点和不足，在今后的课程管理发展中，各国的课程管理制度会呈现逐渐融合的趋势。无论是中央集权型或是地方分权型，都试图把二者结合得更好，而混合型也在寻找新的平衡点。

第一，地方分权课程管理模式的国家在新时期尝试课程管理模式新的变革。随着课程管理重要性的日益凸显，英国、美国和澳大利亚等采取地方分权型课程管理模式的国家，积极探索合理有效的课程管理方式，通过加强政府对课程管理的干预，提升课程管理水平。这种积极的干预主要表现在设置国家共同课程、制定国家课程标准以及建立国家学业考试评价制度上。

首先，三国将设置国家课程作为政府加强对课程管理的有力手段，规定了学校须统一开设的课程科目，例如英国在 2000 年开始，提出了由 11 门核心课和必修课组成的国家课程，并严格规定了课时；美国自 1983 年将英语、数学、自然科学、社会科学和计算机作为核心课程，到 1991 年将英语、数学、自然科学、历史和地理作为核心课，再到 1993 年，增加公民、外语、艺术三门核心课，也都体现出强化国家课程的理念。澳大利亚将英语、数学、科学、人文与社会科学、艺术、科技、健康体育以及语言作为义务教育阶段的国家核心课程。

其次，三国加强国家对课程管理的第二个共性做法是制定国家课程标准，从而更好地监督课程执行情况，保证课程实施的质量，进而提升整体的教育质量。1993 年澳大利亚制定了《课程标准框架》，2009 年，美国提出“K-12”共同核心课程标准，2014 年英国发布《英国国家课程框架文件》。这种统一的标准为课程的实施和评价提供了清晰的指标，有利于课程的顺利实施。

最后，三国还通过建立国家评价体系实现对课程的管理。英国的《1993 年教育法》规定在小学阶段对英语、数学和科学课程进行统一测试，简化了之前对 7、11、14 和 16 岁四个阶段成绩进行评定的做法；2001 年，美国的《不让一个儿童落后》开始实施绩效制度与学业年度评估制度；2003 年，澳大利亚全面推广“国家结果指

① 刘彦文，袁桂林．当前世界课程管理的基本特征[J]．外国中小学教育，2000(1)：33.

标”。这些做法为国家监测学校教学质量提供了依据。

第二，中央集权课程管理国家也在积极推动课程管理模式的改革。芬兰是典型的中央集权型课程管理模式的代表，它在新时期也在积极推动课程管理权力向制衡化方向发展。

芬兰在20世纪末21世纪初进行的课程改革中改革了以往由中央集中统一管理全国课程的状况，将课程管理的权力分配给地方政府，使各方权力相互制衡，实现了中央和地方政府共同管理全国的课程体制。芬兰将课程管理的权利分配给各个地区的学校，给各学校设置一些符合学校自身实情的校本课程提供了可能，同时有利于给予教师更多的教学自主权，提高教师的教学以及参与校本课程开发与建设的积极性。另外，在芬兰的高中，还实行一种“不分年级制”，即按照学生的个别差异为学生设置了灵活的课程方案，学生可以自主选择课程，甚至是任课教师。一旦该门课程选课人数达到10人，学校就决定开设这门课程。如果本校没有开设该门课程的条件，那么学校允许学生到其他学校学习这门课程，而取得的成绩在本校同样被认可。这种“不分年级制”实际上是中央将课程管理的权力交给地方以及地方灵活协调运作的一种表现。

二、课程管理的发展趋势

纵观近些年世界各国课程管理的发展状况，在保持原有特点的基础上趋于融合和平衡成为一个共同性的发展趋势。具体来说，这种趋势包括从管理到领导、民主化、弹性化和规范化等。

(一)从管理到领导

课程领导(curriculum leadership)的概念最早出现在美国，开始时并未引起人们的重视，直到20世纪70年代，课程领导这一概念逐渐替代了课程管理。课程管理强调科层中心，以一般行政管理为主要特征，课程领导则强调专业中心，以注重人本、发挥教师的主动性为特点。课程管理与课程领导的区别就在于“行政权威”和“专业权威”的区别。课程领导更多地关注教师和学校权力的发挥，相信教师的创意和创造力以及一定的决策能力，从更多地用行政权力自上而下推行课程决策到课程相关人员民主决策，学校和教师充分发挥作用。从管理到领导会带来权力的分享，课程相关人员民主分享权力，有助于摆脱在官僚体制下形成的自上而下的“监控”和“管制”。①

(二)民主化

民主化主要指扩大课程管理的参与主体。教育现代化的重要特征是教育的民主化、科学化。课程管理在一定程度上也要充分体现民主化的精神。实行中央集权型

---

① 张新平，褚宏启．教育管理学通论[M]．北京：高等教育出版社，2012：409～410.

的国家不断改革，下放权力，实行地方分权型的国家也在逐步加强中央的集中控制和指导，它们都在寻求一种中央和地方平衡的结合点。在这一过程中，参与课程管理的主体也在不断扩大，不仅包括政府官员、教育行政人员和教育专家，而且越来越多的一线教师和校长也参与其中，同时也积极争取家长和一些社会人士的意见，真正做到课程管理民主化。

(三)弹性化

弹性化指各国课程管理不再追求高度统一，要根据实际情况灵活进行课程管理，不搞“一刀切”，真正做到因“地”制宜。针对不同层次的学生分层设置课程，满足不同层次学生的需求。某些学校在进行外语教学时，将学生分为 A、B、C 三个等级，A 级的教学主要针对外语基础好的学生，在完成正常教学任务后，大幅度提升听、说、读、写的综合能力，超越课程标准的要求；B 级教学以具有一定基础的学生为主，要求他们掌握一般知识和技能，完成课程标准的要求；C 级教学主要针对基础薄弱的学生，在教学中，教师以最基础的知识作为教学内容，完成课程标准中的最低要求。针对不同年龄学生的身体发展差异，大多数国家在课程设置中也有所区别。有些国家在小学和初中阶段强调实行统一的课程管理，而在高中阶段大力推行选修课的制度。在保证中小学基础知识学习的基础上照顾到学生的学习兴趣和爱好，使课程更能促进学生个体的发展。

(四)规范化

规范化指通过颁布法律法规、制定相关政策、建立规章制度、建立专门机构等方式对课程进行的管理。通过这些方式，能够对课程管理活动进行规范，做到有法可依，有制度可循，有机构负责。世界上的一些国家在这方面已经做得很好，如法国建立了《课程宪章》，建立“国家课程管理委员会”作为课程管理的机构。在未来的发展过程中，我国还需要进一步加强相关工作的开展和实施，以保证我国课程管理的规范性。①

第三节　我国基础教育课程管理的改革与发展

一、我国基础教育课程管理的历史沿革

从中华人民共和国成立至今，我国的基础教育课程管理制度经历了从一级管理到二级管理再到三级管理的发展过程。

1985 年以前，我国基础教育课程管理实行国家统一管理的模式，从东部到西

① 马云鹏．课程与教学论[M]．2 版．北京：中央广播电视大学出版社，2005：195.

部，从南方到北方，从城市到乡村、从沿海到内陆都使用统一的教学计划、教学大纲和教科书，全国整齐划一。

1985 年，《中共中央关于教育体制改革的决定》就学校教育提出的“分级管理”的原则，赋予了学校一定的权力，学校可以根据生源和办学条件，落实国家课程和地方课程，决定任选课程和活动课程的开发。

1992 年，《义务教育全日制小学、初级中学课程计划(试行)》将课程分为“国家安排课程”和“地方安排课程”两类，确立了中央、地方两级课程管理体制。

1996 年，国家教委颁布了《全日制普通高级中学课程计划(试验)》，明确提出“普通高中课程由中央、地方、学校三级管理”，建立课程的三级管理制度。尤其是给学校下放了一定程度的课程管理权，“学校应根据国家教委和本省(自治区、直辖市)课程计划的有关规定从实际出发，对必修学科作出具体安排，合理设置本学校的任选课和活动课”。

1999 年 6 月 15 日，中共中央、国务院发布的《关于深化教育改革，全面推进素质教育的决定》明确指出，要“调整和改革课程体系、结构、内容，建立新的基础教育课程体系，试行国家课程、地方课程和学校课程”，由此拉开了我国构建“三级课程体系”改革的序幕。

考试要点

新课程改革下的课程管理，建立以校为本的教学研究制度，建立民主科学的教学管理机制，建立旨在促进教师专业成长的考评制度。

2001 年 6 月颁发的《基础教育课程改革纲要(试行)》进一步提出了“改变课程管理过于集中的状况，实行国家、地方、学校三级课程管理，增强课程对地方、学校及学生的适应性”。

2010 年 4 月，教育部颁布了《关于深化基础教育课程改革进一步推进素质教育的意见》，明确提出基础教育课程改革正走向总结经验、完善制度、突破难点、深化推进的新阶段。7 月《国家中长期教育改革和发展规划纲要(2010—2020 年)》正式颁布，为我国不断深化基础教育课程改革指明了方向。2017 年，国务院成立了国家教材委员会，教育部成立教材局，形成了更为完善的管理体制。这些文件的出台和机构的成立，都在不断推动三级课程管理的有效落实，是保证三级课程管理体系稳定运转的有力支撑。

思考：《基础教育课程改革刚要(试行)》中提出的三级课程管理，指的是国家、地方和学校三级课程管理，那么相对应的就是国家课程、地方课程和学校课程。而人们经常用校本课程替代学校课程，你认为二者是内涵相同的概念吗？如果不是，二者的区别是什么？你更认同哪一种提法？

易混概念辨析

	学校课程	校本课程
内涵	是学校基于国家及地方课程标准，并结合本校的培养目标和发展特点所制订的课程执行标准，以及由此形成的课程结构和内容体系，包括学校设计的特色科目和增加的特色内容	更突出了“以校为本”的理念，是一种基于学校实际，符合学校的实情和需要的课程，是“以学校为开发基础的学校课程”
目的	为了更好地将国家课程和地方课程的理念贯彻实施，体现出国家课程和地方课程在不同学校的特色化。这表明学校课程的开发既是学校的合法权利，同时也是学校应当履行的义务	作为学校课程一种整体的开发形式，校本课程更多强调了更多的利益相关主体参与课程开发中，反映出这些利益方的实际需求

综上所述，学校课程是学校为更好地执行国家和地方课程标准而制订的符合学校实际的执行标准，其意义在于将国家和地方标准与学校紧密结合，从而更好地完成国家和地方课程标准的要求。校本课程则是在遵守国家课程标准原则的基础上，吸纳多方利益主体参与课程开发，形成具有学校特色的学校课程，并未体现对国家课程标准有效执行与落实。所以二者是有着显著区别的，不能混为一谈。正如李臣之教授指出，将校本课程与国家课程和地方课程相对应，不符合我国传统的语言习惯。为此他认为应该做这样的划分，即三级课程和三类课程。前者是指国家课程、地方课程和学校课程；后者则指国家课程、地方课程和校本课程。

二、三级课程管理体制

(一)三级课程管理体制的提出

20 世纪 80 年代末，部分专家学者在考察英国、美国、加拿大等国后，提出了对三级课程管理相关的看法。其中吕达作为最早提出“三级课程管理体制”的人，撰文指出：“我国普通中小学实行三级课程、三级管理的做法，将是可行的。”另一位考察团成员廖哲勋在《课程学》中指出：“我国中小学课程管理系统应实行三级负责的课程管理新体制。”除此之外，还有考察团成员江山野也曾提到“与课程的三个层次相联系，要建立国家教委、地方（主要是省、自治区和直辖市）和学校三级课程管理体制”。以上观点是专家学者考察西方主要发达国家课程管理后，结合我国的实情和课程管理的发展趋势，较早提出有关三级课程管理的观点。为后续正式提出三级课程管理奠定了基础。

(二)三级课程管理体制的含义

2001 年，《基础教育课程改革纲要(试行)》明确指出，为保障和促进课程对不同地区、学校、学生的要求，改变课程管理过于集中的状况，实行国家、地方、学校三级课程管理。

相关链接

新一轮基础教育课程改革在课程管理方面明确提出改变以前基本上是国家课程、教科书一统天下的局面，实行国家、地方、学校三级课程管理，充分调动地方和学校的积极性，增强教育的针对性。

国家一级的课程管理指制定国家基础教育各个阶段的培养目标、课程计划框架、课程标准以及课程实施与评价的要求等宏观课程政策，由国家教育行政部门(教育部)负责实施。

真题再现

1. 下列属于一级课程的是(　　)。

A. 国家课程　　B. 地方课程

C. 学校课程　　D. 基础型课程

答案：A

2. 当前，我国课程设置实行的是三级课程管理制度，即(　　)三级课程管理。

A. 中央、地方、学校

B. 省级、市级、县级

C. 国家、地方、学校

D. 中央、省级、市级

答案：C

3. 下列说法不正确的是(　　)。(多选)

A. 国家课程的主导价值在于通过课程体现国家的教育意志

B. 国家课程、地方课程、校本课程三者之间具有价值互补性

C. 校本课程是教育部门依据当地的政治、经济、文化、民族等发展的需要而开发的课程

D. 校本课程的主导价值在于通过课程展示学校的办学宗旨和特色

E. 地方课程将国家课程和校本课程有机地联系起来

答案：CE

地方一级的课程管理指省、地、县各级教育行政部门执行上级教育行政部门颁布的课程政策；监督下级对课程政策的执行；结合本地的实际情况，制定相应的指导性课程文件。

学校一级的课程管理指学校根据上级教育行政部门的规定，结合本校的实际情况，对学校实施的所有课程进行管理。

表 12-2 课程管理层级与功能①

课程管理层级	主要功能	权力主体
国家层级	总体规划基础教育课程，制定基础教育课程管理政策，确定国家课程门类和课时。制定国家课程标准，积极试行新的课程评价制度	国家教育行政部门（教育部）
地方层级	依据国家课程管理政策和本地实际情况，制订本省（自治区、直辖市）实施国家课程的计划，规划地方课程，报教育部备案并组织实施。经教育部批准，省级教育行政部门可单独制订本省（自治区、直辖市）范围内使用的课程计划和课程标准	地方各级教育行政部门
学校层级	在执行国家课程和地方课程的同时，应视当地社会、经济发展的具体情况，结合本校的传统和优势、学生的兴趣和需要，开发或选用适合本校的课程。各级教育行政部门要对课程的实施和开发进行指导和监督，学校有权利和责任反映在实施国家课程和地方课程中遇到的问题	以校长为主的学校教育行政部门和教师

（三）我国三级课程管理体制的现状

1. 国家、地方和学校各司其职

实行三级课程管理体制，国家、地方和学校各司其职。国家课程主要从整体上对课程进行规划、制定国家课程标准。地方课程的主要任务是贯彻国家课程改革精神，开发地方课程资源，更好地完成国家课程改革的任务。地方课程建构的核心是国家课程标准与地方课程资源的结合与融合。学校课程是学校根据国家课程标准、教学计划，结合本校的实际情况，为实现学校的培养目标而进行的课程设计、实施与评价。总而言之，在实现培养目标的育人体系中，国家、地方、学校各自承担着不同的责任。

2. 课程开发从一元主体到多元主体

我国过去一直是“一纲一本”的高度集中的国家课程开发模式和课程管理体制。统一的课程标准和教学计划、整齐划一的教科书制度难以适应社会的急剧变化和科技的飞速发展，严重阻碍我国基础教育课程的发展。随着三级课程管理体制的建立，课程开发的角色也由过去的国家一元主体扩展为国家、地方和学校多元主体。近年来，各地的校本课程开发如火如荼地进行着，教师成为校本课程开发的主力军，改变了过去一段时期内全国统一使用一套教科书的历史，目前不同版本的教科书、具有地方特色的校本教材层出不穷。党的二十大报告从战略全局上对全面建设社会主义现代化国家作出战略部署，对办好人民满意的教育、加强教材建设和管理提出明确要求。党的二十大报告首次提出“加强教材建设和管理”，表明了教材建设国家事权的重要属性，凸显了教材工作在党和国家事业发展全局中的重要地位，体现了以习近平同志为核心的党中央对教材工作的高度重视和对“尺寸课本、国之大者”的殷

① 张新平，褚宏启．教育管理学通论[M]．北京：高等教育出版社，2012：415.

切期望。

相关链接

一个国家的教科书制度受该国的政治体制、经济发展水平、教育观念和文化传统等因素的制约。各国在相互学习、借鉴中不断改革完善本国的教科书制度。

世界部分国家教科书制度比较

国家	教科书制度	教科书审查机构	教科书的供应制度	发行	教科书的使用	教科书的选用权
中国	国定制（1986年前）、审定制	全国中小学教材审定委员会和各省中小学教材审定委员会	无偿供应和有偿供应	新华书店发行	一次性消费	法律规定学校和教师对教科书拥有选用权，事实上教科书的选用权仍掌握在地方教育行政部门
美国	自由制、混合制	各州课程委员会	无偿出借	民间发行	循环使用	各学区教育董事会组织的教科书选用委员会，需报经学区主管部门批准
英国	选定制	无	无偿出借	民间发行	循环使用	小学教科书的选择多为校长决定或校长和教师共同决定；中学尊重教师特别是学科主任的意见
法国	认定制	无	无偿出借和有偿供应	民间发行	循环使用	选用权在教师
日本	审定制	教科用图书审查评议委员会	无常供应和有偿供应	民间发行	一次性消费	公立学校选用权在当地的教育委员会；国立和私立学校的选用权在校长

资料来源：

(1)姚雪姣，武建芬．从教科书制度看基础教育教师专业自主权——基于美、日、英三国教科书制度的比较．现代教育论丛，2010(7)：33－36.

(2)陈丽．世界主要国家教科书制度比较研究．四川教育学院学报，2009，25(8)：1－3＋18.

(3)课程教材研究所赴法考察组．法国中小学教科书的编写和出版制度．课程·教材·教法，1992(8)：61－6

思考：上表中显示，除了中国是由新华书店统一发行教科书外，其他几个国家都采取了民间发行的方式，这种民间发行存在哪些隐患或者问题？

3. 课程资源的开发向着更深层次发展

近年来，我国一些地方进行的义务教育课程教科书改革从当地经济文化特点出发，增强课程的地方性和灵活性的尝试已体现出明显的优势。以河北省为例，20世纪七八十年代，中小学使用的教科书统一由人民教育出版社出版，现在小学在选择教科书上有很大的自主性，既可以选择人教版的教科书，也可以选择冀教版或者北师大版的教科书。除此之外，一些学校在选修课程、活动课程的开发方面也取得了一些成绩，收到了显著效果。三级课程管理有利于调动各方面的积极性，提高课程资源开发与利用的效率，在一定程度上也激活了课程编制的竞争因素，总体上有助于课程科学水平的提高。除文字教科书外，三级课程管理还有助于音像教材、教学软件、教育网站等快速发展。

4. 存在一些需要解决的问题

实行三级课程管理体制，在一定程度上适应了国家和社会发展对多样性人才培养的需要，也在一定程度上解决了过去中央集权型的课程管理存在的弊端，但是在实施过程中还存在一些亟待解决的问题。如从国家层面讲，对教科书编写审查把关不严，各种版本的教科书编写水平参差不齐，有一些教科书中由于各种原因出现了编写错误，其中既包括常识性的错误和插图不严谨等问题，也包括字、词、语法以及注释等方面的错误。这种错误在一定程度上降低了教科书的质量，对学生造成了错误的引导，不利于学生的发展和成长。在地方层面上，学校争相进行教科书的编写和出版，一时间全国部分地区出现“教科书编写热”，很多学校没有考虑到学校自身和本校教师的实际情况，硬性地将教科书编写作为教师考核的一项重要指标，给教师带来了巨大的压力，导致教师精力分散，从根本上不利于教育和教学工作的开展，进而影响教育质量。至于学校层面，在实际工作中，课程管理并没有明显得到改观，很多学校依然没有能够参与到课程管理之中，很多政策仅停留在观念层面，在实际的工作中没有很好地推广和应用。面对着未来日益激烈的社会竞争，我们需要将新课改的精神在实际工作中贯彻执行，这样才能充分发挥课程的作用，进而提高人才的培养质量。而以上提到的这些问题或不足都需要我们在今后的工作实践中改进和完善，只有这样才能真正发挥三级课程管理体制的积极作用。①

（四）三级课程管理体制带来的思考

1. 正确认识三级课程管理体制，把握三级课程管理体制的精髓

过去我们国家长时间实行国家统一的课程管理模式，这种模式管得过死，地方和学校的权限太少，伸缩余地太小，不利于适应各地的发展差异，也不利于调动学校和教师的积极性。现在我们实行的三级课程管理体制要求中央、地方和学校三级各司其职，强调在课程管理权限上应当分级，下级要执行上级的要求，同时下级又要创造性地、自主性地开发课程。三级课程要求在保证国家统一要求的前提下适应不同地区、不同学校的办学条件和模式的需要。因此，要明确国家和地方以及学校三者之间的关系，做好分工与协作。

---

① 余进利．我国基础教育三级课程管理体制实施评述[J]．当代教育科学，2004(4)：22～23.

2. 关注学生，真正做到“以生为本”

让每个学生都受到良好的教育是党和政府发展教育事业的基本宗旨和目标。“以生为本”就是要求在课程管理中要真正考虑到学生的实际情况和差异，明确学生的实际需要，在更大程度上满足学生的个性化发展需要。学校在开设必修课满足学生学习基础知识和基本技能之外，更多地开设了丰富多彩的选修课，涉及学生学习和生活的方方面面。学生可以根据自身的爱好和兴趣选择适合自己的课程，在满足喜好的同时为未来的发展打下良好的基础，有利于促进学生全面发展和良好性格的养成。

3. 注重统一性和多样性的协调发展

教科书是反映课程内容的重要媒体，教科书制度是课程管理制度的核心内容。在人民教育出版社成立七十周年前夕，习近平总书记给人教社的老同志回信，希望“用心打造培根铸魂、启智增慧的精品教材”。为新时代教科书编研工作指明了方向。随着我国经济体制和课程管理政策的变化，中小学教科书管理制度也发生改变，逐步由“国定制”转变为“审定制”，由“一纲一本”转变为“一纲多本”“多纲多本”，由“编审合一”转变为“编审分开”。但是我们要正确理解中小学教科书的多样性。这种多样性是在统一要求下的多样化，没有统一性这个前提，无法正确有效地贯彻国家的教育政策，基础教育的质量便无从保证。习近平总书记在全国教育大会上指出：做老师就要执着于教书育人，有热爱教育的定力、淡泊名利的坚守。同样从事教科书编辑的工作人员，也应做到热爱教材编辑工作，守好教材编研阵地，既要脚踏实地，又要勇于创新。但是无论如何都不能偏离立德树人这一根本任务。各地可以在国家课程基础上根据本地区的经济和社会发展情况编制适应本地区的教科书，突出本地的特色和历史文化，在保证基础教育质量的前提下，发挥地方的积极性和自主性，突出地方学校的办学特色。

4. 充分调动教师的积极性，提高教师的课程执行力

教师是学校工作中重要的群体，如何更好地发挥教师在课程管理中的作用对三级课程管理的实效具有重要的现实意义。教师在集权型课程管理模式下，缺少参与课程管理的机会，不能调动自身的积极性和主动性，不能够有效发挥自身的作用。目前，我国实行三级课程管理，教师在学校一级的课程管理中直接连接课程与教学，是课程实施的中介环节。因此，在课程管理中，一方面，必须要重视教师的参与程度，充分发挥教师的主观能动性；另一方面，教师也应该努力发掘自身潜力，积极主动地参与到课程决策、编制和修订过程中，在提升自身能力的同时促进专业化成长。尤其对于广大的乡村地区来说，教师数量不足，能力不足严重限制了课程的有效执行。所以需要在补充乡村地区师资的同时，强化教师培训，提高教师校本课程开发及执行的能力，以保证三级课程有效实施。

5. 发扬教育民主化的精神，广泛吸纳各方人士的意见和建议

社会的迅猛发展、科技的日新月异、知识的快速更新推动着人类社会高速向前发展。在这样的背景下，我们要充分发挥各方的积极性和主动性，动员一切可以动员的力量参与到课程管理中，发挥集体的智慧和才干。三级课程管理体制不仅要求国家和地方教育行政部门参与其中，而且还要求学校、专家、教师、家长、学生以及社会、民间机构都能参与进来。这样可以尽可能广泛地征求社会各界的意见和建议，保证学校课程决策的民主性和科学性。作为课程的利益相关者，多元主体的参与不仅是教育民主化的重要表现，而且实现利益相关者的价值诉求。这一点可以从其他国家借鉴经验。如美国在课程管理过程中广泛吸纳家长的意见，给予家长和学生更多的选择。韩国政府在课程开发过程中，组织全民参与课程决策。“他山之石，可以攻玉”，国外课程管理改革的经验可有效指导我国新时期课程管理改革，在借鉴过程中学会取长补短，从而更好地促进我国课程管理改革取得更大的成效。

本章小结

课程管理指包括教育行政部门和学校在内的整体对课程的编制、实施、评价等工作的组织与控制。

受到本国教育管理体制的影响与制约，课程管理模式相应分为三种：以法国、苏联和改革前的中国为代表的中央集权型的课程管理模式，以美国、德国为代表的地方分权型的课程管理模式，以日本和瑞典为代表的混合型的课程管理模式。前两种模式各有优缺点，第三种模式力图融合二者之长，寻求最佳平衡点。

从中华人民共和国成立至今，课程管理模式经历了从一级管理到二级管理再到三级管理的发展过程。进入21世纪，新一轮基础教育课程改革强调要实行国家、地方、学校三级课程管理，充分调动地方和学校的积极性，也增强教育的针对性。

新课程中的课程管理为国家、地方、学校三级管理。国家层面的主要任务是进行宏观调控，制定各项课程政策与法律，制定各学科课程标准。地方层面的主要任务是保证国家课程的实施，开发地方课程。学校层面的主要任务是保证国家课程与地方课程的实施，进行校本课程开发。

我国目前实行的三级课程管理体制还存在一些问题，这些问题会在一定程度上影响新课改的推进，因此我们要在正确认识这些问题或不足的前提下提出具体的改进措施，进而推动我国课程管理体制的成熟和完善。

关键术语

1. 课程管理
2. 课程管理模式

3. 中央集权、地方分权、混合式

4. 三级课程管理体制

思考题

1. 查阅资料分析教育管理体制对课程管理模式的影响。

2. 总结新课程中的课程管理的特点及趋势。

3. 结合目前我国三级课程管理体制存在的问题，提出几点合理化建议。

实训练习

1. 选择一所小学，了解该小学课程管理的现状，写一篇调查报告或小论文。

2. 选择一个区域(某区、某乡镇)内的小学，了解目前该小学使用教科书的情况，撰写调查报告。

拓展阅读

1. 钟启泉．现代课程论[M]. 上海：上海教育出版社，2003.

2. 马云鹏．课程与教学论[M]. 北京：中央广播电视大学出版社，2002.

3. 张传燧．课程与教学论[M]. 北京：人民教育出版社，2008.

4. 张新平，褚宏启．教育管理学通论[M]. 北京：高等教育出版社，2012.

参 考 文 献

[美]安德森．布卢姆教育目标分类学：分类学视野下的学与教及其测评[M]．蒋小平，等，译．北京：外语教学与研究出版社，2009.
安富海．教学反思：内涵、影响因素与问题[J]．河北师范大学学报(教育科学版)，2010(10).
[美]布鲁纳．教育过程[M]．邵瑞珍，译．北京：人民出版社，1989.
曹孚．外国教育史[M]．北京：人民教育出版社，1979.
曹茂泰．简论学校评价标准[J]．教育科研通讯，1987(1).
陈芬萍．课程与教学论新编[M]．合肥：安徽大学出版社，2011.
陈旭远．课程与教学论[M]．长春：东北师范大学出版社，2002.
[苏联]达尼洛夫，叶希波夫．教学论[M]．北京师范大学外语系，译．北京：人民教育出版社，1962.
董纯才，等．中国大百科全书·教育[M]．北京：中国大百科全书出版社，1985.
方可．教学原理与方法论[M]．上海：上海文艺出版社，2002.
高水林．校本课程开发——理念与行动[D]．武汉：华中师范大学硕士论文，2006.
关文信．初等教育课程与教学论[M]．北京：中国人民大学出版社，2011.
郭继东．对我国课程管理体制改革的认识[J]．教育管理研究，1998(4).
郭元祥．新课程背景下课程知识观的转向[J]．课程·教材·教法，2001(6).
黄甫全．课程与教学论[M]．北京：高等教育出版社，2002.
黄甫全．现代课程与教学论[M]. 2版．北京：人民教育出版社，2011.
黄济，劳凯声，檀传宝．小学教育学[M]．北京：人民教育出版社，1999.
黄月红．拓展校本课程开发途径，完善校本课程开发机制[J]．中国民族教育，2014(2).
姜广运．浅谈教学反思的内容、策略及作用[J]．教育探索，2010(10).
靳玉乐．课程论[M]．北京：人民教育出版社，2012.
靳玉乐．现代教育学[M]．成都：四川教育出版社，2005.
巨瑛梅，刘旭东．当代国外教学理论[M]．北京：教育科学出版社，2004.
劳凯声．教育学[M]．天津：南开大学出版社，2001.
李秉德．教学论[M]．北京：人民教育出版社，2000.
李秉德．教学论[M]．北京：人民教育出版社，1991.
李朝辉．教学论[M]．北京：清华大学出版社，2010.
李定仁，徐继存．课程论研究二十年[M]．北京：人民教育出版社，2004.
李子建，等．课程：范式、取向和设计[M]．香港：香港中文大学出版社，1996.
廖鹰．教科书如何充分地体现课程标准[J]．当代教育论坛，2004(4).
刘高娃．校本课程开发的途径及意义[J]．赤峰学院学报(自然科学版)，2012(2).

刘学利，傅以赣，张继瑜．课程与教学论[M]. 北京：中国人民大学出版社，2013.
刘彦文，袁桂林．当前世界课程管理的基本特征[J]. 外国中小学教育，2000(1).
罗正华．比较教学论[M]. 长春：吉林教育出版社，1992.
马秋红．校本课程开发的途径[J]. 新课程学习(下)，2011(11).
马云鹏．课程与教学论[M]. 北京：中央广播电视大学出版社，2002.
孟庆男．当代教学理论：概念、问题与原理[M]. 长春：东北师范大学出版社，2006.
南京师范大学教育系．教育学[M]. 北京：人民教育出版社，1984.
裴娣娜．教学论[M]. 北京：教育科学出版社，2007.
皮连生．教学设计——心理学的理论与技术[M]. 北京：高等教育出版社，2000.
桑新民．呼唤新世纪的教育哲学——人类自身生产探秘[M]. 北京：教育科学出版社，1993.
申继亮，刘加霞．论教师的教学反思[J]. 华东师范大学学报(教育科学版)，2004(3).
施良方．课程理论——课程的基础、原理与问题[M]. 北京：教育科学出版社，1996.
[苏联]斯卡特金．中学教学论[M]. 赵维贤，译．北京：人民教育出版社，1985.
宋乃庆，徐仲林，靳玉乐．中国基础教育新课程的理念与创新[M]. 北京：中国人事出版社，2002.
孙国友．也谈教学的本质[J]. 中国教育学刊，1998(1).
汪霞．课程开发的过程模式及其评价[J]. 外国教育研究，2003(4).
汪霞．小学课程与教学论[M]. 上海：华东师范大学出版社，2011.
汪霞．校本课程开发：理念、过程、问题及其他[J]. 教育探索，2006(1).
王本陆．课程与教学论[M]. 2 版．北京：高等教育出版社，2009.
王斌华．校本课程论[M]. 上海：上海教育出版社，2000.
王策三．教学论稿[M]. 北京：人民教育出版社，1985.
王道俊，郭文安．教育学[M]. 北京：人民教育出版社，2009.
王道俊，王汉澜．教育学[M]. 北京：人民教育出版社，1988.
王升．现代教学论[M]. 石家庄：河北人民教育出版社，2004.
王天一．外国教育史(上册)[M]. 北京：北京师范大学出版社，1984.
王婷．斯腾豪斯过程模式及其评价[J]. 天津市教科院学报，2009(2).
吴也显．我国中小学常用教学模式[M]. 昆明：云南教育出版社，1993.
项家庆．教你开发校本课程[M]. 广州：世界图书出版广东有限公司，2012.
肖甦，周耀慈．俄罗斯基础教育阶段课程管理政策变化评述[J]. 全球教育展望，2004(1).
[苏联]休金娜．中小学教育学[M]. 北京：人民教育出版社，1984.
徐辉．当代世界基础教育课程改革的发展趋势[J]. 西南大学学报(社会科学版)，2009(3).
徐继存，徐文彬．课程与教学论[M]. 北京：高等教育出版社，2009.
徐学福．教学论[M]. 北京：人民教育出版社，2012.
徐玉珍．校本课程开发的理论与案例[M]. 北京：人民教育出版社，2003.
徐玉珍．校本课程开发：概念解读[J]. 课程・教材・教法，2001(4).
叶澜．新编教育学教程[M]. 上海：华东师范大学出版社，1993.
于海波，马云鹏．论教学反思的内涵、向度和策略[J]. 教育研究与实验，2006(6).
余进利．我国基础教育三级课程管理体制实施评述[J]. 当代教育科学，2004(4).
余文森，刘家访，洪明．现代课程论基础教程[M]. 长春：东北师范大学出版社，2007.
[美]约翰・杜威．民主主义与教育[M]. 王承绪，译．北京：人民教育出版社，1990.
张传燧．课程与教学论[M]. 北京：人民教育出版社，2008.

张华．课程与教学论[M]. 上海：上海教育出版社，2000.
张立昌，郝文武．教育哲学[M]. 北京：中国社会科学出版社，2009.
张新平，褚宏启．教育管理学通论[M]. 北京：高等教育出版社，2012.
赵昌木．教师在批判性教学反思中成长[J]. 教育理论与实践，2004(9).
郑梦丹．校本课程开发的意义及困境[J]. 现代教育科学，2011(10).
郑显波．浅谈启发式教学与注入式教学[J]. 新课程(上)，2012(9).
中华人民共和国教育部．物理课程标准[M]. 北京：北京师范大学出版社，2001.
钟启泉，崔允漷，张华．为了中华民族的复兴　为了每位学生的发展——《基础教育课程改革纲要(试行)》解读[M]. 上海：华东师范大学出版社，2001.
钟启泉．课程论[M]. 北京：教育科学出版社，2007.
钟启泉，汪霞，王文静．课程与教学论[M]. 上海：华东师范大学出版社，2008.
钟启泉．现代教学论发展[M]. 北京：教育科学出版社，1988.
钟启泉．现代课程论[M]. 上海：上海教育出版社，1989.
钟启泉，杨明全．基础教育课程改革的背景与理念[J]. 河南教育，2002(1).
周韫玉，张瑞玲．中小学校课程开发与示例[M]. 北京：清华大学出版社，2002.
[日]筑波大学教育学研究会．现代教育学基础[M]. 钟启泉，译．上海：上海教育出版社，1986.
Bruce Joyce，Marsha Weil. Models of Teaching(second edition)[M]. Prentice-Hall，1980.
R. W. Tyler. Basic Principles of Curriculum and Instruction [M] . The University of Chicago Press，1949.
Stenhouse，L.. An Introduction to Curriculum Reserch and Development[M]. London：Heinemann，1975.
Snyder，J.，Bolin，F. & Zumwalt，K.. Curriculum Implementation in Jackson，P. W.. (ed.) Handbook of research on Curriculum[M]. New York：Macmillan Publishing Company，1992.